21 世纪高等教育系列规划教材

领导科学与艺术

主　编　徐　觅　刘卫民
副主编　李　丹　陶建国
编　委　刘　芬　章　红　倪勇健　余　洁
　　　　黄　秦　王　凤　汤志强

北京邮电大学出版社
·北京·

内 容 简 介

领导者不是天生的,而是后天培养的。他们需要具有什么样的技能?这些技能是如何学得的?领导者应当具备怎样的素质?什么是领导作风?什么是领导体制?领导者应该怎样激励下属?领导者如何创新?……

《领导科学与艺术》将在这里为您掀开领导者的神秘面纱。本书集聚了编者们多年的经验与科研积累、总结和升华,是为了推动领导科学的繁荣发展和领导活动的改革创新而精心编写的。全书从领导学的概念、理论以及领导学的产生、发展及领导班子与领导环境对领导活动的影响,以及全面提高领导者自身的素质以适应领导活动的要求讲起,然后分别从领导作风、领导体制、领导决策、领导激励、领导艺术领导技能、领导效能以及领导创新等多方面的内容入手,全面系统地阐述了领导科学和领导艺术应注意和把握的问题。

本书体系完整且具有科学性,内容新颖且凸显时代感,语言生动而极具感染力,论证充分而富于说服力。适合作为大中专院校的教材,也适合相关普通读者作为提升领导能力的参考资料。

图书在版编目(CIP)数据

领导科学与艺术/徐觅,刘卫民主编. —北京:北京邮电大学出版社,2008(2023.10重印)

ISBN 978-7-5635-1832-6

Ⅰ.领… Ⅱ.①徐…②刘… Ⅲ.领导学 Ⅳ.C933

中国版本图书馆 CIP 数据核字(2008)第 117105

书　　名:	领导科学与艺术
主　　编:	徐　觅　刘卫民
责任编辑:	周　堃
出版发行:	北京邮电大学出版社
社　　址:	北京市海淀区西土城路 10 号(邮编:100876)
发 行 部:	电话:010-62282185　传真:010-62283578
E-mail:	publish@bupt.edu.cn
经　　销:	各地新华书店
印　　刷:	北京虎彩文化传播有限公司
开　　本:	787 mm×1 092 mm　1/16
印　　张:	15.25
字　　数:	350 千字
版　　次:	2008 年 8 月第 1 版　2023 年 10 月第 11 次印刷

ISBN 978-7-5635-1832-6　　　　　　　　　　　　　　　定 价:35.00 元

・如有印装质量问题,请与北京邮电大学出版社发行部联系・

前　言

拿破仑说过："不想当将军的士兵不是好士兵。"那么,我们可以说不想当领导的员工不是好员工。如果想当领导,就必须要充分了解领导的一切。在这里,我们将揭开领导科学以及领导艺术的神秘面纱。

领导科学主要是研究现代领导工作规律及其方法的一门学问,其研究对象是领导活动诸要素内在的、本质的、必然的联系及矛盾运动的一般规律。领导科学实质上是领导工作理论与领导工作实践的辩证统一。总的来说,领导学是一门研究领导活动各个因素之间的相互联系、相互作用的客观规律及其有效运用的综合性科学。

现代领导学既是现代社会发展的产物,也是现代科学发展的结果。一方面,现代社会的发展,因素越来越复杂,变化越来越迅速,整个社会越来越走向综合化,任何一个方面要想求得发展,都必须同时顾及相关方面的协调发展,而且也只有在多方面的协调发展中,才能真正获得发展。另一方面,现代科学技术的发展又为领导科学的产生创造了条件。科学技术革命正在深刻地改变着自然科学与社会科学的传统关系,两大科学门类之间长期存在的堡垒正在被打破。自然科学中的一些重要方法正在向社会科学迅速移植,科学技术的革命使数学在各门科学、尤其在社会科学的领域得到了广泛应用,这都给领导科学提供了丰厚的理论基础和广阔的发展空间。

领导学的研究对象,是整体的领导系统以及这个系统本身运动的一般规律。它要从领导系统的整体上研究领导的产生和发展、领导观念特别是现代领导观念,以及领导的基本原理和一般原则;它要研究一般领导的模式、过程及其活动规律;它要研究作为领导系统诸要素的领导者、被领导者、作用对象和客观环境之间的关系,以及组织机构的合理设置和领导者个人的素质与修养等;它还要研究影响领导效能的各种因素,诸如决策、用人、用权、激励下属、领导方法和领导艺术以及领导的创新等对领导系统的整体特征、领导系统本身的功能及规律的影响。

本书作为一本优秀的领导方面的书籍,与同类书相比具有以下有几个突出特点:

1. 理论的创新性

书中许多观点和见解都是近年来领导科学理论研究界所没有涉猎或刚开始接触的新知识,使人在耳目一新之余,又为之震动,为领导科学理论的创新树起了一面崭新的旗帜。

2. 鲜明的时代性

把对国际国内形势的准确把握、客观实际的不断变化以及任务要求的适时调整纳入了领导科学研究和科学实践的范畴。特别是把落实科学发展观等新一代中央领导集体的一系列重大战略思想作为领导科学理论研究和领导工作实践创新的重要内容,对领导科学的发展具有里程碑意义。

3. 实践中的可操作性

书中的内容多是作者从领导工作实践中分析、总结的经验,尤其是在观点的表述和案例的引用上更加贴近实际、贴近工作、贴近基层,具有较强的现实性、人本性和可操作性,是一本领导工作不可多得的工具书。

编　者

2008 年 8 月

目 录

第一章 领导与领导学 ... 1

第一节 领导的基本原理 ... 1
一、人类生活与领导活动 ... 1
二、领导的概念 ... 2
三、领导的特征 ... 3
四、领导的重要性 ... 5
五、领导的原则 ... 6
六、领导与管理的区别和联系 ... 8

第二节 领导学的产生和发展 ... 11
一、领导学产生的背景 ... 11
二、领导学产生的标志 ... 12
三、领导学在西方的发展 ... 12
四、领导学在中国的发展 ... 14

第三节 领导学的研究对象和学科分析 ... 16
一、领导学的研究对象 ... 16
二、领导学与相关学科的关系 ... 16

第四节 领导学的理论研究 ... 21
一、领导特质理论阶段 ... 21
二、领导行为理论阶段 ... 24
三、领导权变理论阶段 ... 26

第五节 研究领导学的方法和意义 ... 28
一、领导学的学习和研究方法 ... 28
二、学习和研究领导学的意义 ... 29

第二章 领导环境 ... 32

第一节 领导环境概述 ... 32
一、领导环境的概念 ... 32
二、领导环境的特点 ... 32

         三、领导环境的内容 …………………………………………………… 33
         四、研究领导环境的意义 ……………………………………………… 36
    第二节　构成领导环境的变量 …………………………………………… 37
         一、自然因素 …………………………………………………………… 37
         二、政治因素 …………………………………………………………… 38
         三、经济因素 …………………………………………………………… 39
         四、教育因素 …………………………………………………………… 40
         五、技术因素 …………………………………………………………… 40
         六、社会文化因素 ……………………………………………………… 41
    第三节　领导环境的优化 ………………………………………………… 42
         一、领导环境对领导活动的作用 ……………………………………… 42
         二、提高领导活动的能动性 …………………………………………… 44

第三章　领导者 ……………………………………………………………… 46
    第一节　领导者概述 ……………………………………………………… 46
         一、领导者的含义 ……………………………………………………… 46
         二、领导者的构成 ……………………………………………………… 47
         三、领导者的类型 ……………………………………………………… 47
         四、领导者与管理者的区别 …………………………………………… 48
    第二节　领导者的职位、权力和职责 …………………………………… 50
         一、领导者职位 ………………………………………………………… 50
         二、领导者的权力 ……………………………………………………… 50
         三、领导者的职责 ……………………………………………………… 54
    第三节　领导者素质 ……………………………………………………… 55
         一、领导者素质的本质 ………………………………………………… 55
         二、领导者素质的理论研究 …………………………………………… 56
         三、领导者的政治素质 ………………………………………………… 58
         四、领导者的道德素质 ………………………………………………… 59
         五、领导者的知识素质 ………………………………………………… 61
         六、领导者的心理素养 ………………………………………………… 64
         七、领导者的身体素质 ………………………………………………… 65
    第四节　加强领导班子建设 ……………………………………………… 66
         一、领导班子建设的重要性 …………………………………………… 66
         二、加强领导班子建设的原则 ………………………………………… 68
         三、建设领导班子的途径 ……………………………………………… 69

第四章 领导作风 73

第一节 领导作风概述 73
一、领导作风的概念及特点 73
二、领导作风的本质 74
三、领导作风的地位和作用 75

第二节 领导作风的基本构成 77
一、领导作风的主要内容 77
二、领导作风的优良传统 78
三、领导者的不良作风 81

第三节 加强领导作风建设 83
一、社会主义领导作风的基本要求 83
二、加强领导作风建设的途径 84

第五章 领导体制 87

第一节 领导体制概述 87
一、领导体制的含义 87
二、领导体制的性质 88
三、领导体制的特点 89
四、领导体制的内容 90
五、领导体制的作用 92
六、领导体制的类型 94

第二节 领导体制的演变 97
一、家长制的领导体制 97
二、经理制的领导体制 98
三、"软专家"式的领导体制 99
四、专家集团式的领导体制 99
五、多级领导体制 100

第三节 领导体制的改革 100
一、我国传统领导体制的弊端 100
二、我国领导体制的改革 104

第六章 领导决策 107

第一节 领导决策的概述 107
一、领导决策的含义 107
二、领导决策的特点 108

三、领导决策的地位和作用……………………………………………………… 109
第二节 领导决策的类型和原则……………………………………………… 110
  一、领导决策的类型………………………………………………………… 110
  二、领导决策的原则………………………………………………………… 112
第三节 领导决策的程序和方法……………………………………………… 113
  一、领导决策的要素………………………………………………………… 113
  二、领导决策的程序………………………………………………………… 114
  三、领导决策的方法………………………………………………………… 117
第四节 领导决策的评估……………………………………………………… 118
  一、领导决策评估的含义…………………………………………………… 118
  二、领导决策评估的内容…………………………………………………… 119
第五节 领导决策的发展……………………………………………………… 120
  一、领导决策体制的结构…………………………………………………… 120
  二、领导决策民主化、科学化……………………………………………… 124
  三、群体决策………………………………………………………………… 126
  四、决策的智能化…………………………………………………………… 128

第七章 领导艺术 …………………………………………………………… 131

第一节 领导艺术的概述……………………………………………………… 131
  一、领导艺术的含义与类型………………………………………………… 131
  二、领导艺术的特征………………………………………………………… 132
  三、领导艺术的重要性……………………………………………………… 133
  四、领导艺术与领导方法的区别和联系…………………………………… 134
第二节 领导用权的艺术……………………………………………………… 136
  一、领导的权力观念………………………………………………………… 136
  二、领导用权的技巧………………………………………………………… 137
  三、领导授权的艺术………………………………………………………… 138
第三节 领导用人的艺术……………………………………………………… 141
  一、领导用人的理论基础…………………………………………………… 141
  二、领导用人的原则………………………………………………………… 142
  三、领导用人的境界………………………………………………………… 144
第四节 协调人际关系艺术…………………………………………………… 145
  一、协调人际关系在领导活动中的意义…………………………………… 145
  二、协调人际关系的原则…………………………………………………… 146
  三、协调人际关系艺术的方法……………………………………………… 147
第五节 领导者运筹时间和开会的艺术……………………………………… 149

一、领导者运筹时间的艺术 ……………………………………………………… 149
　　二、领导开会的艺术 ……………………………………………………………… 151
　第六节　领导讲话和公关的艺术
　　一、领导讲话的艺术 ……………………………………………………………… 153
　　二、领导公关艺术 ………………………………………………………………… 157
　第七节　领导日常事务和突发事件的艺术 ………………………………………… 161
　　一、领导日常事务艺术 …………………………………………………………… 161
　　二、处理突发事件的方法与艺术 ………………………………………………… 164

第八章　领导激励 …………………………………………………………………… 167

　第一节　领导激励的概述 …………………………………………………………… 167
　　一、领导激励的概念 ……………………………………………………………… 167
　　二、领导激励的作用 ……………………………………………………………… 168
　　三、领导激励的原则 ……………………………………………………………… 170
　第二节　领导激励的理论 …………………………………………………………… 171
　第三节　领导激励的方法和技巧 …………………………………………………… 176
　　一、领导激励的方法 ……………………………………………………………… 176
　　二、领导激励的技巧 ……………………………………………………………… 179

第九章　领导方法与技能 …………………………………………………………… 182

　第一节　领导方法的本质 …………………………………………………………… 182
　　一、领导方法的含义 ……………………………………………………………… 182
　　二、领导方法的特征 ……………………………………………………………… 183
　第二节　领导方法的种类 …………………………………………………………… 184
　　一、基本的领导方法 ……………………………………………………………… 184
　　二、专门的领导方法 ……………………………………………………………… 186
　第三节　领导技能 …………………………………………………………………… 189
　　一、领导的五种技能 ……………………………………………………………… 189
　　二、领导技能的应用 ……………………………………………………………… 192
　第四节　领导方法与领导方式的异同 ……………………………………………… 195
　　一、领导方法与领导方式的区别 ………………………………………………… 195
　　二、领导方法与领导方式的联系 ………………………………………………… 196

第十章　领导效能 …………………………………………………………………… 197

　第一节　领导效能的概述 …………………………………………………………… 197
　　一、领导效能的含义 ……………………………………………………………… 197

二、领导效能的特点 199
第二节　领导效能的理论 200
　　一、封建制领导效能理论 200
　　二、科层制领导效能理论 201
　　三、权变式领导效能理论 201
第三节　领导效能的考评 202
　　一、领导效能考评的内容 202
　　二、领导效能考评的原则 204
　　三、领导效能考评的方法 205
　　四、领导效能评估的步骤 207
第四节　领导效能的提升 208
　　一、影响领导效能提升的因素 208
　　二、提高领导效能的基本途径 210

第十一章　领导创新 212

第一节　领导创新概述 212
　　一、领导创新的含义 212
　　二、领导创新的特征 213
　　三、领导创新的内容 214
　　四、领导创新的地位和作用 215
第二节　领导创新的环境因素 217
　　一、组织成员的创新意识与能力 217
　　二、组织文化 217
　　三、组织的制度 218
　　四、组织的结构和资源 219
　　五、参与式的组织管理 221
　　六、创新中领导者的素质 222
第三节　领导创新程序 227
　　一、环境的分析 227
　　二、信息的处理 228
　　三、想法的产生 228
　　四、方案设计与评估 229
　　五、领导创新的实施 230
　　六、领导创新的追踪 231

参考文献 233

第一章 领导与领导学

领导是一种特殊的社会现象,这种社会现象具有不同于其他社会现象的独特本质。现代社会,科学技术的发展日新月异,管理的方式也不断创新,为领导学的研究提出了新的挑战和更高的要求。领导与其他社会现象的相对分离,才使领导学从管理学中分化出来成为一门独立的学科。从领导学的渊源来看,它必然与政治学、社会学、组织行为学、管理学及社会心理学等学科有着千丝万缕的联系,但是又与各学科有不同的研究领域。因此,我们必须拓展研究范围,转换研究视角,全方位、多层次地了解和学习领导学,以便更好地为日益现代化、科学化的领导实践服务。

第一节 领导的基本原理

一、人类生活与领导活动

人类最初的领导活动产生于原始社会人类的共同劳动,当人类还处在母系氏族社会时期,氏族的首领就已经开始负责统领本氏族的生产和管理生活以及对外事务的联络,尽管氏族首领没有特权,但遇到重大事件的时候还是要召开氏族议事会集体讨论决定,这应该就是人类历史上最早的领导活动了。据《史记》的记载,中华民族的始祖——黄帝——不仅统帅各诸侯部落的大军灭掉蚩尤,还分封官职,黄帝所封的官职都用云来命名,比如军队被称为云师,他还设置了左右大监,由他们督察各诸侯国。这正是人类领导活动的最初形态。随着分工的发展,奴隶和封建社会的领导职能由生产资料的占有者行使,这一时期的领导活动属于经验领导,即凭借领导者个人的经验、知识和才干来实施领导。春秋战国时期,有所作为的统治者纷纷礼贤下士,招募人才,把有用的人都招至麾下,为自己出谋划策,所以,当时的四大公子之一——孟尝君——才会有"鸡鸣狗盗之雄"的称号。《孙子兵法》也是在这个年代形成的,它把领导活动上升到了领导谋略,书中有了"不战而屈人之兵,善之善者也"的论述。唐宋时期开始的科举考试,更是广泛征集有才之士为国家服务的一种方式,唐太宗李世民曾说过要搜罗天下豪杰为己所用,并且提出了"贤与不肖各得其所"等为政的领导思想,这是他对用人之道的深切体会。以上这些事实说明了人类的领导活动是随着社会的发展在逐步地完善和发展。

在西方,领导活动也是伴随着社会的发展而发展的。领导的思想在一些史书、传记、故事以及文献记载中均有所体现。在16世纪初的时候,意大利思想家马基雅维利就在他写的《君主论》等著作中,依照自己的实践经验总结了领导的四项"必须"。即领导必须得到群众的同意；必须维持组织内部的凝聚力，为此，领导者需要对组织成员给与报偿，并增进上下级的相互了解；领导者必须具备坚强的意志，以免被人推翻；领导者必须具备领导的品德和能力。这些对领导行为的概括总结对当时的欧洲产生了重大的影响。

到20世纪30年代，人们开始用科学的方法对企业的领导问题进行系统的研究，领导学才成为了一门独立的学科。

不管人们所处的文化背景有何不同，领导活动这一特殊现象总是存在于任何社会群体之间。总体来看，人类的领导活动经历了一个否定之否定的螺旋式上升过程，即从原始的平等、集体领导方式到个人专制、充满阶级剥削和压迫的领导方式，又到社会主义新的平等关系、集体领导方式。纵观领导学的发展历程可知，每一时期的领导活动，总是受当时物质资料的生产方式、社会政治关系以及科学文化水平等因素制约的。

二、领导的概念

人类自从有了社会以后，领导便出现了。展开人类历史的画卷，我们可以发现，在政治、军事、商业等各个领域，总有那么一些卓越的名字永远闪着耀眼的光芒，像中国的李世民、欧洲的亚历山大、美国的杰克·韦尔奇和比尔·盖茨等。然而，给领导下个定义却是一个复杂的问题，这很大程度上是因为领导是表面上最容易观察到但本质上最不容易理解的现象。人类直到20世纪，有关领导的科学研究才真正出现，随着这种研究的进展，人们对领导本质的理解才慢慢地成熟起来，人们才开始意识到领导对我们的组织和社会起到的真实、强有力的影响。

尽管领导（leadership）是一种复杂的社会现象，但透过大量有关领导的研究与实践，我们普遍接受了这样一种概念：领导是在领导者和追随者之间有影响力的一种关系，当一些人试图真正地改变现实并期望得到反映他们共同目标的结果的时候，在这些人当中就会很自然地产生领导与被领导的关系。这个定义是基于以下六个要点得到的，这六个要点是：影响力、个人责任、变革、意图、共享目标、追随者。毫无疑问，领导意味着影响力，它产生于人群中，人们期望发生重要的变化，并且这种变化反映了领导者和追随者的共同目标。在传统观念中，领导被简单地看作是领导者对追随者产生的一种行为。事实上，领导行为是相互的，在很多组织中，上下级总是相互影响的。人们总是希望能发生某种实质性的变化，带来产出和成果，领导则创造了这种改变并且尽力保持这种改变。进一步讲，这种变化带来的产出和成果正是大家共同憧憬的和希望得到的。不管是解决现在的问题，还是引导未来的发展，都需要领导者的影响力。

刚刚去世的管理学大师杜拉克对领导的定义，被管理学界普遍认可，即领导就是"动员别人实现组织目标的过程"，后来有人加了一句话："别人认为这种动员是合理的。"由此可知，成为一个领导者有两个条件：一是行为与目标的间接性；二是拥有追随者。我们可以发现，领导者最重要的一个因素，实际上就是一种影响力。

由上可知，领导即是影响的艺术或者过程，以便一群人能朝向某种组织目标心甘情愿地奋斗。有人对领导的定义是：领袖使追随者去做追随者本不会去做的事情，或者领袖使追随者去做领袖希望他们做的事情。正如伯恩斯对领导的定义："领袖劝导追随者为某些目标而奋斗，而这些目标体现了领袖及其追随者共同的价值观和动机、愿望和需求、抱负和理想。"他认为,领袖与追随者之间的关系,实质上就是具有不同动机和权力(包括技能)的人们相互影响以寻求并实现一个共同的目标。

领导又是一个社会组织系统,这个系统由领导者、被领导者、群体目标和客观环境四个要素组成,这四个要素之间的良性互动作用就构成了领导活动的过程。领导者在领导活动过程中处于一个极其重要的地位,是领导活动的主体。领导活动的顺利推行必然有被领导者的参与,它是在群体成员的积极参与和领导者与被领导者相互沟通的过程中实现的。领导活动的最终目的是实现领导目标,在实现目标的过程中,绝不是领导者自身的单一化受益,而是使组织价值、个体价值和领导者自身的价值三个方面都获得社会的肯定。任何领导活动必须在适应或有效地改造外在客观环境的前提下,使之适应领导活动的开展,才能获得有效性。因此,我们绝不能把领导理解为以领导者为原点,在单一的、自上而下的权力运动过程中进行的行为。它实际上是通过都能接纳的目标将领导者、被领导者、环境和组织成员贯通在一起的行为,其中领导者的发动作用和被领导者的执行功能都应该是等量齐观的重要因素。

真正的领导是一个集体进程,它是领导者与追随者在动机和目标上从冲突到和谐的产物。它不需要领导者像对待奴隶一样把自己的动机和目标强加给追随者,也不需要追随者以同样的方式对待领导者,而是通过各种途径调动、满足和重塑追随者的需求和其他动机,促使领导者与追随者建立起全方位的关系,可以引导他们一起向更高级的动机转移,从而提升领导者和追随者的个人素质。领导的目的是通过影响下属而达到组织的目标。

西方学术界是从四个不同的角度去界定领导这一概念的。第一,领导者中心说;第二,互动说;第三,结构说;第四,目标说。总之,领导就是在社会共同活动中,具有影响力的个人或集体,在特定的结构中通过示范、说服、命令等途径,动员下属实现群体目标的过程。这一概念的界定涉及了领导活动的前提、主体、结构、手段与目标五个环节。

(1) 领导活动是存在于群体之中的,一个人不能形成领导。

(2) 领导活动的主体是由领导活动的发动者、组织者与执行者共同组成的。领导活动的主体包括两个要素:一是领导者,二是被领导者。因为领导活动必须依赖于下属积极地执行决策和实现目标,才能使完整的领导活动全盘展现出来。其中被领导者的主体地位在一定程度上是不可替代的,被领导者的积极程度是领导活动顺利开展的关键。

(3) 领导活动的结构是领导者发动和组织领导活动所依存的体制或规则。

(4) 领导活动的手段是领导者调动和激励下属的方式。

(5) 领导活动的目标是领导活动的最终归宿。

三、领导的特征

领导作为人类社会中的一种活动,同其他社会活动相比,有其独有的特征。概括地讲,领导主要有权威性、综合性、服务性、间接性、超前性和战略性、超脱性和全局性的特征。

1. 权威性

无论是从领导过程看,还是从领导结果讲,权威性都可以说是领导的首要特性,因为领导权威是领导得以开展活动的前提和基础。领导权威是一种理性权威,因为领导活动是以理性为基础、以法律法规为依据的。在现代社会,领导权威主要来自三个方面:一是合法的确认,即按照法律法规的规定产生的领导,其权利也由法律法规配置;二是领导能力、学识的凝聚力,即有着令人信服的专业技能,无形之中就得到别人的认可;三是人格魅力,即领导者在思想道德和个人品质方面可以当作楷模,对被领导者有着深刻的影响。可见,权力并不等于权威,一个拥有权力的人不一定能够拥有足够大的权威,人们接受一个领导者的领导,并非是因为对其手中权力的害怕或恐惧,而是基于对其权威的认可和接受。

2. 综合性

领导的综合性是指领导内容和领导者的素质具有综合性。从领导内容上讲,领导所进行的指挥和协调等活动具有极强的综合性。从现代社会分工的层次上讲,领导活动涉及的范围广、领域宽。做一个被领导者,从基层开始做起,拥有一种技术即可,当你作为领导时,就需要考虑更多的事情,也就需要具备多元化的技术、多元化的能力。一个优秀的领导者要懂得政治学、社会学、心理学,还要懂经济学、货币学、银行学、贸易学、金融学、财税法规,甚至还要懂一些艺术和美学的知识。因此,担当统领和引导职能的领导活动在综合性程度上也越来越高。从社会利益多元化的角度来说,领导活动面临着多方利益表达所带来的较大的压力,因此,综合社会中各个群体的利益就构成了领导活动的一个重要内容。从领导者的素质上来说,他必须拥有政治、知识、能力、心理和身体等各方面相综合的良好的素养。不仅如此,在这些素养的每一个方面也都具有综合性,例如,在知识素养方面,领导者需要的知识素养就包括专业知识、综合性知识以及必要的法律基础知识。而且,在这些方面只有理论知识还不够,一个有效的领导者还必须要有丰富的实践经验。

3. 服务性

邓小平同志说:"什么叫领导？领导就是服务。"领导的本质就是服务,服务性是领导活动的价值取向和精神归宿。在领导活动中,领导者虽然也可以运用强制性的权力来展示其威严,但如果以此来判断其拥有的权力是私有的,那么他就从根本上违背了领导的本质属性。现代社会普遍认为,领导者的权力是由人民授予的,领导者不是权力的拥有者,而是民意——公权力——的代理者,其承担的是一种公共使命。因此,作为居于特定职位上的民意的代言人和代理人的领导者,就必须要为全体组织成员的利益服务,为全体社会成员的利益服务。领导者也只有把自己的身心投入到公共使命当中,才可能不断地加强和巩固自身的权威。领导者要以仁爱之心对待被领导者,并为后者提供服务,乃至做出牺牲。因此,领导者要有忍耐、仁慈、谦卑、恭敬、无私、宽容、诚实和忠诚的品格。

4. 间接性

从领导的含义可以得知,领导是一种依靠别人来实现组织目标的特殊活动,也就是领导与组织之间具有间接性。领导活动与组织目标之间的间接性是所有领导活动共有的属性,也是领导原理和领导艺术具有相通性的决定性力量之一。组织目标与下属之间具有直接性,所以,组织目标是否实现的关键在于下属,而下属的积极性和创造性是否能有效发挥,关键又在于领导的用人策略。用人是领导活动艺术化的重要特征,也是领导活动是否高效的重要衡量标准。用人也是一种技巧,古今中外,大凡优秀的领导者,都是一个用人专家,他能准确判断下属的需要,通过去满足需要来激发下属的积极性,从而有效地实现组织目标,方才成为一个成功的领导者。

5. 超前性和战略性

一个成熟的领导,对未来应有科学的预见。毛泽东在中共七大上所作的结论性报告中说过:"坐在指挥台上,如果什么也看不见,就不能叫领导。坐在指挥台上,只看见地平线上已经出现的大量的普遍的东西,那是平平常常的,也不能算领导。只有当还没有出现大量的明显的东西的时候,当桅杆顶刚刚露出的时候,就能看出这是要发展成为大量的普遍的东西,并能掌握住它,这才叫领导。"在发展迅猛而多变的现代社会,领导者只有远见卓识,才能够准确判断未来可能发生的变化,正确把握组织未来的发展方向。因此,超前的思维方式是一个有效领导者的必要素养。领导的超前性不仅有利于组织把握成长和发展的机会,还有利于组织识别威胁。领导的战略性指领导活动是以未来为导向的,领导者的眼光是具有前瞻性的,领导者通过战略决策和战略规划来实现组织的愿景和目标。可见,领导的超前性和战略性是一致的,是连为一体的。

6. 超脱性和全局性

在现实生活中,领导是与地位、权利、能力以及拥有影响力等因素联系在一起的。因此,领导就是在社会共同生活中具有影响力的个人在特定的结构中,通过各种有效的途径,动员下属实现组织目标的过程,实际上就是带领他人实现群体目标的过程。因此,领导活动要有超脱性和全局性。在现代社会,领导活动要求领导者能够超越各种利益,从全局利益入手,对各种事务进行整体性的统领和协调,动员和激励下属实现组织的目标。领导者只有超脱于繁杂的具体事务之上,才有可能从根本上把握领导活动的全过程。因此,它是领导者进行战略规划和引领组织变革的前提,是全局性的基础,即领导者只有在保持自身超脱的前提下,才有可能从战略上把握组织的方向,从整体上有效配置组织的资源,从而最终实现组织的整体目标。领导的超脱性和全局性不仅有利于领导者在各种纷繁复杂的矛盾中保持清醒的头脑,还有利于不断提高领导的效能。

四、领导的重要性

领导活动广泛存在于社会生活的各个方面,尤其是进入 21 世纪之后,社会化大生产迅速发展,现代科学技术更加广泛的应用,使得整个社会生活变得广泛而复杂,信息量大且瞬息万变,领导活动在经济、政治以及军事等领域也显得越来越重要。

1. 在组织体系中起到权衡和调动的作用

社会组织是一个庞大而复杂的社会系统,在这个系统中,有许多人同时进行着不同的社会生产活动。要达到社会组织的生产目的,生产活动的协调统一就显得非常必要。组织的资源从来都是不均衡分布的,有重点才能有成果,到底哪些资源该用在哪儿,孰轻孰重,这就需要领导者去权衡,在权衡的基础上才能进行合理的调度和安排。正如马克思所说:"一切规模较大的直接社会劳动或共同劳动,都或多或少地需要指挥,以协调个人的行动,并执行生产总体的运动——不同于这一总体独立器官的运动——所产生的一般职能。一个单独的提琴手是自己指挥自己,而一个乐队就需要一个乐队指挥。"要保证社会生产活动的协调统一,就必须使所有组织成员的意志服从于一个人或一个集体的意志,即必须有统一的意志和领导。随着社会的不断进步和科学技术的不断发展,社会生产劳动的范围将会更宽,劳动的分工将会更细,不同的组织成员之间的关系将会更加复杂,特别是在人类社会已步入21世纪的今天,社会组织面临的新情况将会更多、更复杂,面临的新的挑战将会更大、更频繁,统领和引导组织协调发展的领导就显得更加重要了。

2. 组织社会资源实现社会组织目标

任何一个社会组织都是为了一定的使命或目标而存在的,但是能否达成既定的目标,关键在于组织的资源能否有效地被整合利用。一般来讲,组织资源不仅包括人力资源,还包括物资资源、信息资源以及技术资源等。显然,这些不同资源之间的合理配置不会自我实现。我们知道,人力资源是由许多不同的单个成员组成的,而且不同成员在性格、喜好、价值观念、个人素质方面都会有所不同,因此,如何在社会成员之间建立和维系一种健全的关系,以使他们能够很好地一起为共同的目标一起工作,必须依靠领导。如果没有领导,社会组织中的成员之间就很难形成合力。组织的物质、信息、技术等资源的有效整合和利用,也必须依靠领导。如果领导不力,组织资源的整合和利用就很难有效地转化为效率、创新或服务等结果,也就很难达成组织希望的目标。

3. 在决策过程中起指向和决断的作用

一个组织在其存在和发展的过程中,不但需要一个明确的目标,而且还需要选择通往这个目标的道路,所以对组织来说一致性是非常关键的。如果大家的目标不一致,或者说虽然大家的目标一致,但是每个人努力的方式、方法都互相冲突,这样的组织就没法存在和发展。所以任何一个组织都需要有能够深谋远虑、高瞻远瞩的人为组织指明方向。

任何环境的生存和发展都有赖于一定的内在环境。如何才能驾驭组织的内部环境,提高组织对外部的分析与预测能力和决策能力呢?必须依靠有力的领导!英国邓洛普公司总裁雷伊·杰第斯曾经说过:"从数百年的战争史中,我们发现,将领的才能对战役的输赢有着极大的影响力,即使在武器先进的现代战争中也一样。竞争激烈的商场正如战场,领导者正如战场的将军!"可见,一个组织要想生存并发展下去,就必须有杰出的领导来为组织把握方向、引导组织创新、做出战略抉择。即使领导对将来的预测无法做到完全正确,但其对提高组织的环境应变能力却有着至关重要的作用。

4. 在组织行为方面发挥的是激励与协调的作用

组织目标的实现,不仅取决于领导者的正确决策,还有赖于被领导者即组织成员的全力配合。那么,如何才能保证全体组织成员的行动同组织目标保持一致呢?换言之,组织要实现其目标,其原动力在哪里?关键在于组织的领导。领导活动能够根据组织发展的需要以及组织的环境状况确定组织目标,并通过宣传、沟通、让有关成员参与决策等措施,使全体组织成员认同和接受组织目标,从而塑造起组织价值,为组织目标的实现发掘原动力。没有领导的宣传与沟通,组织的目标就不可能被全体组织成员认同和接受。没有领导对组织价值的提炼和塑造,组织成员就可能认为自己所从事的工作没有什么意义,工作起来就没有热情,组织的目标也就难以实现。领导者的领导过程如果用一个简单的表述来概括的话,就是在权力支撑的基础上实施指引、激励、沟通和营造氛围的工作,以便能够影响员工的行为,促使他们共同努力去完成组织的目标。

五、领导的原则

我们所说的这些原则,并不是所有应遵循的原则,而是领导过程中一些基本的、必不可少的原则。但是,仅仅理解领导技能和将其有效运用以谋求长远的成功是有差别的。

1. 自知性原则

领导者应根据对形势所作的科学分析,对自己所从事的事业形成明确的领导概念。既要正确认识自己的职责,明确自己应该做什么工作,又要正确认识自己事业的发展方向,密切注视未来,规划未来。此外,还要正确规定自己的领导目标,制定出科学、具体的目标。

大部分人都认为自己比别人更了解自己,这就意味着自己知道自己需要的东西。其实不然,人们只有在经受了困难和挫折之后才会体会到,我们对自己的认识是十分有限的。而一个优秀的领导只有充分了解自己,才能明确自己的职责,才能制定科学的计划,才能带领组织成员达成共同的目标。

2. 创造性原则

社会始终在不停地发展,这客观上要求我们的思想观念也要随着时代的变化而变化。三国时期,曹操、刘备、孙权三分天下,成鼎足之势。得人才者得天下,三人揽才各具特色。其中孙权用人的一大显著特点就是不拘年龄格,重用青年将领,才会在著名的赤壁之战中大败曹操。因此领导者也要注重与时俱进,在解决问题的时候,不要局限于旧的条条框框的束缚,要敢于尝试前人未曾走过的路,敢于运用前人未曾运用过的方法。此外,领导者要善于综合分析环境当中的各个要素,最后采用创造性的思维拿出解决问题的最佳方案。

3. 高效性原则

领导能力是实现有效沟通的基础,同时也是保障工作高效性的关键条件。领导力和内部沟通存在着因果关系,领导能力是实现有效沟通的基础。在整个组织沟通的过程中,一个非常关键的要素就是团队负责人的带头示范作用。工作每个发展阶段都依赖于组织成员良好的沟通,而组织成员良好的沟通又依赖于领导者的能力。团队负责人在团队沟通中起到举足轻重的作用。一旦团队领导者的思维观念转变过来,将团队成员之间的沟通放在一个非常重要的位置,那么,"上行下效",下面的员工自然而然的会随之转变自己的思想观念,努力实现领导的"意图",最终有利于后续的团队之间的沟通工作。这是实现工作高效性的一个基本的前提。

4. 激励性原则

在西方,人们在大量调查研究的基础上,列出了有关激励的十种因素,根据雇员和雇主的偏好分别对其进行了排序。具体请见表1-1。

表1-1 雇主和雇员对激励因素的排序

雇主的顺序	雇员的排序	雇主的顺序	雇员的排序
(1) 金钱	(1) 赏识和认可	(6) 对组织的忠诚感	(6) 工作的有趣型
(2) 工作职位的稳定性	(2) 成为资深雇员	(7) 惩罚的压力	(7) 提升的机会
(3) 提升的机会	(3) 对个人的同情和关心	(8) 赏识和认可	(8) 对组织的忠诚感
(4) 工作环境	(4) 工作职位的稳定性	(9) 对个人的同情和关心	(9) 工作环境
(5) 工作的有趣型	(5) 金钱	(10) 成为资深雇员	(10) 惩罚的压力

许多情况下激励效果不大,往往是因为行动开始时缺乏明确的目标。当然,有效激励,还依赖于准确的评价和恰当的惩罚,这往往都是比较困难的。不论个人还是团体,要激励他们工作,最好的办法就是调动他们内在的自我激励目标,让他们全身心投入到工作中来。

5. 具体性原则

领导者为了使事业成功,达到预期的目的,必须"具体情况具体分析",科学地制定达到目的的具体途径、具体阶段、具体任务、具体工序和具体做法。

不能低估计划在领导过程中的作用,但把什么事都预先定死同样也是一个大错误。对于领导过程来说,应制定一个总体规划,具体的管理工作可结合总体规划,再制定详细目标。制定总规划的方法可参见表1-2。

表1-2 主规划模型的五个主要步骤

I 研究	II 确定目标	III 规划	IV 实施	V 监督和控制
经济	紧急的(当前的)	危机规划	谁	工作记录
市场	短期的(12个月)	利润规划	怎样激励实施	激励报酬机制
组织	中期(2~4年)	中期规划	实施时间表	中间的调整
其他	长期(5年)	长期规划	怎样实施(方法、系统、程序)	研究新的目标

领导过程本身就是领导者与被领导者之间的一种关系。领导过程可能会涉及所有的人际关系,包括相互信任、相互赏识等。充分地建立关系和利用关系,是上述几个原则成立的前提和实现的基础。

现代领导方法的自知性原则、创造性原则、具体性原则和高效性原则等是一个互相联系、互相作用、互相制约的整体。在领导工作中,违反某一原则,其他原则也不能真正贯彻。因此,孤立地强调某一原则而轻视其他原则或将各原则分割开来,都是不对的。

六、领导与管理的区别和联系

很多人容易把领导和管理的概念相混淆,然而,管理并不是领导,领导也并不是管理,二者之间既有相同之处,也有不同之处。

1. 领导与管理的区别

美国哈佛大学商学院教授约翰·科特在其《变革的力量——领导与管理的差异》一书中指出,领导与管理之间存在着差异。管理的计划和预算过程趋向于注重几个月到几年的时间范围,强调的是微观方面,着重风险的排除以及合理性;而领导过程注重经营方向的拟定,着重于更长的时间范围,注重于宏观的、战略的规划以及个人的价值观念。风险较大的行业企业组织的人员配备越来越注重专业化,并注重挑选或培训合适的人员担任各项工作,管理上要求服从安排;而联合群众的领导行为则注重于整体性,使整个群体朝着正确方向前进,并且投入进去,实现所确定的目标。管理行为的控制和管理问题的解决常常侧重于抑制、控制和预见性;而领导的激励和鼓舞则侧重于授权和扩展,并不时创造出来惊喜来调动成员的积极性。

领导能带来有用的变革,而管理则是为了维持秩序。约翰·科特的观点旨在说明,管理主要是处理复杂的问题,优秀的管理者通过制订计划、设计规范的组织结构以及监督计划实施的结构而达到有序一致的状态。相反,领导主要是处理动态的问题。领导者通过开发未来前景而确定前进的方向,然后把这种前景与组织中的其他成员进行交流,并激励他们克服障碍达到这一目标。约翰·科特还进一步指出,要达到组织的最佳效果,领导与管理具有同等的重要性,两者缺一不可。但是,大多数组织总是过分强调管理而忽视领导的重要性,因此,在社会活动中应该注重开发领导的作用。

管理主要在于计划、组织和控制,具有一定程度的可预见性,通过把事情做好来建立合理的企业秩序;领导则主要是确定方向与愿景、协调关系和激励员工,并做正确的事情,以打破陈规而着力变革。所以,从另一层面上来说,领导是艺术,而管理则是技能。领导与管理的区别还可以从以下几个方面来理解,见表1-3。

表1-3 管理与领导的比较

管理	领导	管理	领导
约束	鼓励、授权	严密管辖	勇于挑战
控制	自由、民主	抑制	参与
安全行事	敢于冒险	严谨	灵活
塑造	个性发展	稳定	预见
强迫	鼓励、鼓舞	正确的做事	做正确的事

领导侧重于宏观与未来,管理则侧重于微观与现在。领导者更多地关注外部,在对国内外的政治、经济、法律、文化、商业等诸多宏观因素的洞察与了解的基础上,发现机会,抓住机会,勾画企业未来的愿景并制定科学的战略规划;管理则更多地关注内部,在对企业人、财、物等各种资源分析与判断的基础上,科学合理地进行制度设计和资源分配与整合,将战略和机会转化为企业现实的经营成果和竞争力。换句话说,领导注重的是整体效益,而管理更注重于局部的效率。领导活动中的计划、协调和控制等环节多是以提高组织某一项的工作效率为目的的。领导活动多注重驾驭全局,从宏观上把握过程,强调从根本上解决问题。管理则较多的注重微观细节问题,注重组织资源的合理配置和具体性事务的科学安排。

领导侧重于"人"的工作,通过选人、用人、育人、留人,打造一支具有凝聚力、创造力和战斗力的团队;管理则侧重于"事"的工作,通过将企业各类事务标准化、制度化、规范化和程序化,从而建立稳定而连续的企业经营秩序。

领导强调激励、授权和教练,通过发挥领导者的非权力性影响力去激发和调动下属的积极性与创造性;管理则强调指挥、控制和监督,通过发挥管理者的权力性影响力去规范下属的行为。领导活动致力于组织发展愿景的创造,领导通过结合组织成员的不同需要,确定组织预期达成的未来境况,并使其发展成为一种可行的构想。这种愿景和构想主要体现在决策和目标的制定上。而管理活动则侧重于当前工作的落实以及现实问题的解决。

2. 领导与管理之间相辅相成

领导与管理之间虽然存在诸多区别,但也并非泾渭分明,而是相互渗透的。也就是说,二者有区别,但也有一定的联系。在现实生活中,领导活动与管理活动在诸多方面存在着相融性和关联性。管理学大师彼得·杜拉克甚至常把管理和领导混用,视管理为领导的同义语。具体来讲,领导与管理之间的联系主要有以下两个方面。

(1) 领导是从管理中分化出来的

领导活动的历史悠久,但在资本主义早期以前,领导同管理并没有分离,生产资料的占有者同时也是生产的决策者、执行者和监督者,也是生产的领导者和管理者。也就是说,决策权、执行权和监督权没有分工,而是三权集中,领导者与管理者没有分离,而是两位一体。到了资本主义工业革命以后的半个多世纪,社会化大生产的规模迅速增大,科学技术的发展日新月异,社会联系的程度越来越复杂,生产资料的占有者如果还像以前那样,既作领导者又作管理者,一切由个人说了算,已经难以为继了。1841年10月5日,美国西部铁路线上两辆客车迎头相撞,一时舆论哗然。以此为契机,在议会的干预下,铁路公司被迫进行了领导体制改革,实行三权分立。领导者也不再负责公司的日常管理事务,而是交由懂技术的内行、专家——经理——负责管理。这种经理制的实施是社会的进步,也是领导与管理相分离时代的开端。

(2) 二者具有较强的复合性和相容性

在现实生活中,我们常常可以听到这样的话:

"这些事是领导决定的。"

"领导要我们本月底提交项目报告。"

"我们领导不仅能力强,而且还特风趣、幽默。"

从这些话中我们可以知道,这里所说的领导就是他们的上司。那么为什么我们都称自己的上司为领导呢?理由就是因为领导与管理之间的区别是相对的。只要一个人在承担管理工作,那他必然同时也在担任领导工作。例如,一个中层的领导者在执行上级领导决策的同时,还需要根据自己部门的实际进行再决策,然后向自己的下属传达、解释自己决策的内容,以使下属能够接受并很好地贯彻执行。显然,对于他的下属来说,中层管理者就是领导。

领导离不开管理,否则领导的目标就不能实现;管理离不开领导,否则管理就没有行动方向。领导与管理存在差别,并不意味着领导比管理更重要。我们认为要达到组织的最佳效果,领导与管理具有同等的重要性,二者缺一不可。在企业相对稳定的时期,有限的领导与强有力的管理相结合可使企业具有良好的运营效果;在企业动荡和混乱时期,强有力的领导伴随着一些有限的管理可能更符合企业运作的要求。

领导能力与管理能力是经理人必须具备和修炼的两大基本能力,两者是手心和手背的关系。但是,随着领导的职位升迁,其所需要的这两种能力也有比例上的变化。而且,在不同的企业和不同的环境下,所需要的两种能力也是不同的。

第二节 领导学的产生和发展

一、领导学产生的背景

虽然从人类共同活动时就有领导活动的存在,但是作为一门独立的学科,领导学却是产生于20世纪30年代。领导学的产生不是偶然的,它是社会发展到一定阶段的产物,其产生具有鲜明的时代背景。

1. 政治上分权制的形成

西方分权制的形成与发展为领导学的产生提供了思想基础。1688年,英国资产阶级的"光荣革命"颁布了《权利法案》。这一方案的颁布实施,冲破了传统的集一切权力一身的政治专制主义,国王的无限权力受到了限制,资产阶级开始控制制定国家决策、掌握立法大权的议会,分权制由此而生。"三权分立"是洛克在英国资产阶级革命后期提出的,它迎合了当时英国资产阶级的需要。后来孟德斯鸠在《论法的精神》里进一步发展了洛克的三权分立。美国的独立战争和法国的大革命也都相继发展了分权制,并把立法、行政、司法三权分立的制度以法律的形式固定下来。

2. 军事参谋部的产生

军事领域中的领导实践不仅丰富了军事科学的内容,也为领导学的产生提供了有益的经验材料。1806年,法国的拿破仑为了适应大规模战争的需要,在其统帅部之外设立了单独的参谋部,其职责除了协助司令部制订决策之外,主要负责执行司令部的决策。这一举措给拿破仑带来了军事上的胜利,后来美国、英国等其他国家相继效仿。这在一定程度上有利于领导学的产生与发展。

3. 经济管理方式的转换

19世纪末20世纪初,资产阶级的产业革命改变了西方世界的经济运营模式,社会化大生产迅速发展,大规模的工厂取代了手工工场生产,集中劳动逐渐取代了家庭作坊式的分散作业。统揽一切的家长制管理方式很难再继续下去了。在此情况下,为了提高社会生产效能,经营权和管理权的分离以及决策同执行的分开,已经成为当时一种不容置疑的选择。

随着社会发展和科学技术的不断进步,人们交往越来越频繁,相互之间的关系也越来越密切,特别是经济领域,相互之间的关系也越来越复杂。为了更好地关注和研究经济领域中的领导者和领导活动,领导学从管理学中独立出来,到了20世纪30年代,以经济领域的领导活动为主要研究对象,同时兼顾政治、军事等其他领域领导活动的新兴学科——领导学——终于成为一门独立的新学科。

二、领导学产生的标志

领导学作为一门从管理学中分化出来的新兴学科,其诞生主要有两个标志,这两个标志使领导学从此有了自己的特色而屹立于学科之林。

1. 决策工作日益专门化

在20世纪之前,几乎世界上各国的大公司都是采用决策与执行融合在一起的领导体制,但是随着经济的不断发展,决策逐渐从日常的管理和生产领域中分化出来,即"决策工作专门化",就直接导致了领导这一特殊现象的产生。例如,在经济领域,美国的卡耐基并不精通钢铁生产的知识与技能,但是他却成为了"钢铁大王",这都要归于他卓越的领导艺术和领导才能。卡耐基的成功实质上就是决策权与执行权的相对分离。后来,这一现象逐渐从政治领域向经济、科技、教育和军事领域扩展。科技领域中决策与执行的分离产生于二战时期,美国的科学帅才奥本海默并非一流的物理学家或技术专家,但是他却以其非凡领导才能使得制造原子弹的"曼哈顿工程"一举成功。由此可见,一切现代意义上的领导(包括政治领导、经济领导、科学领导等),都专门从事决策,而不是决策的执行与操作。即"决策"与"执行"处于相对分工的状态。

2. "谋"与"断"的分离

决策活动因为涉及多重变量,故而对决策人员的知识结构、人员素质、技术水平等要素的要求相当高。正是在这一状况下,咨询业才从决策中分化出来,成为一种专业性的工作。形式多样的智囊团成为领导活动中一道独特的风景。咨询业盛行以后,领导者在决策过程中的功能主要体现为抉择,智囊团的作用主要在于对备选方案的提供与论证。"谋"与"断"的相对分工,使得抉择成为领导者的主要工作。

三、领导学在西方的发展

1. 西方领导学的发展

20世纪30年代,领导学作为一门学科诞生于西方,其产生和发展的历史大致上分为起步阶段、成长阶段和科学化阶段。

(1)起步阶段

领导学在其形成初期,主要是受经济管理科学发展的启示,随着管理学的发展和行为科学的出现才逐步形成了自己的体系。因此,领导学同经济管理科学存在着诸多相似之处。据有关领导学的研究专家称,早期的领导学界的专家和学者们通过对泰勒的科学管理理论和方法积极地评价和吸收,形成了一些共同的领导理论原则,如系统化原则——要求领导组织系统化,计划性原则——要求领导过程有实际、周详的规划,协调化原则——要求科学的分工合作,完成整体使命,效率化原则——要求以最大经济的手段获取最大的效果。当然,这些原则对于改进领导工作、提高效率、建立和发展领导学起了不容忽视的作用。行政管理科学的发展使领导学得到了丰富和发展。但这一阶段的领导学理论存在突出的缺陷,主要表现在过分地注重提高工作效率,忽视了人的因素;过分注重物质资源的控制和作用,忽视了领导主体的心理和社会层面。这也反映了领导学在这一阶段尚处于起步阶段。

(2) 成长阶段

任何新生事物的产生与发展过程都不是一帆风顺的,领导学也是如此。就在领导学产生的同一时代,西方主要国家遭遇了前所未有的经济大萧条,社会动荡不安,领导工作、领导理论也受到了很大的冲击。作为对现实的反思和对学科未来发展的关注,一些从事管理学和领导学研究的学者,开始运用心理学、社会学、人类学等领域的最新成果来关注管理和领导活动中的人的行为问题,以期为领导学的发展增添新的活力。例如,美国哈佛大学教授梅克等人的"霍桑试验"结论和马斯洛的需求层次理论都从不同侧面表明,在领导活动中实行民主领导、积极沟通、满足需求、发挥潜能等措施能起到积极的作用。参照其他学科的理论成果来研究领导学,关注领导行为及影响人们行为的因素和规律,标志着领导学的发展进入了一个新的阶段。但是,由于这一时期的领导理论过分重视"人"的因素,因此忽视了组织结构及法规的作用。

(3) 科学化阶段

随着经济的发展,科学技术的进步,领导学的研究工作也不断地发展成熟,领导学的理论研究也日益科学化。在这个阶段,研究者广泛地运用自然科学、社会科学以及管理科学的成就来研究领导活动,特别是运用系统论、信息论、控制论以及计算机科学来研究领导活动的科学化问题。领导活动是一个由许多相互连接、相互依存的不同要素所构成的具有一定功能的整体,其各个部分彼此独立又相互制约,因此,在领导活动中既要看到与外界环境之间的关系,又要看到本系统内在各部分之间的关系;既要强调组织结构、工作程序等静态方面,又要强调人的因素。现代的西方领导学研究的广度和深度都不断拓展,已经发展成为一门系统的全面的学科体系。

2. 西方领导学的发展趋势分析

领导学的产生历史很短,是一门发展中的学科,也是一门逐渐成熟的学科。西方领导学的发展趋势主要体现在以下几个方面:

(1) 研究范围由宽泛到具体

在领导学产生初期,学者们常常把领导学作为管理学的一部分,因此,有关领导学的研究也被作为管理规律研究的一部分。早期的领导学研究主要侧重于管理规律的研究,通过对高层管理者的正确决策和成功经验进行分析,得出规律性的结论供人们借鉴。美国著名的经济学家赫伯特·西蒙就是把领导作为管理的一部分的观点的代表。美国当代著名的管理大师彼得·杜拉克也没有把"领导"与"管理"加以区分,而是相互混用。随着领导学从管理学中独立出来,也有了更为具体的研究对象,其研究范围也会日益具体化。领导学的研究工作会越来越多地关注领导活动的本身。

(2) 研究对象由个体到整体

领导学产生的初期正值资本主义垄断经济的顶峰,垄断组织中高层的能力大小对本组织的成功与否有着重要的影响,因此,早期的领导学关注较多的也是对成员个人能力培养的研究。但是,在现代社会,一个组织活动的成败不再单纯地依赖组织中某个人的力量,还要看这一组织的团体力量如何,也就是说,单纯地研究个人能力已经不能全面反映整个领导系统的运作过程了。影响领导活动外部因素逐渐增多,因此我们必须更多地关注领导活动同领导环境之间的关系。领导者的决策是依靠被领导者执行的,因此,不研究领导者与被领导者之间的关系,我们就很难把握决定领导活动成败的决定性力量。重视领导活动及其相关因素的整体性研究是西方领导学发展的又一大趋势。

(3) 研究重点由外到内

人们之所以重视领导方法和领导艺术的研究,是因为领导学既是一门科学,又是一门艺术。掌握领导方法,有助于改善领导工作;熟悉领导艺术,有助于提升领导意境。但是,领导方法运用得当、领导艺术把握娴熟的关键还在于领导者的素质。不仅如此,领导者的魅力对于领导者开展工作也具有至关重要的作用。一个具有魅力的领导者很容易赢得组织成员的信赖、敬仰与服从,能更好地带领大家渡过难关,开创新的局面。因此,除了外在的艺术及方式方法的研究,更多地关注领导者内在的素质和魅力也成为西方领导学研究的发展趋势。

四、领导学在中国的发展

1. 我国领导学的发展阶段

领导学作为一门新兴的学科在我国兴起得较晚,始于 20 世纪 80 年代。经过近 30 年的发展,领导学现在已经进入一个新的发展阶段。我国领导学的发展历程大致上划分为酝酿阶段、初创阶段和发展阶段。

(1) 酝酿阶段

领导学从其在西方国家产生以后,就开始对我国产生影响。早在 1848 年,毛泽东就正式提出了"马克思列宁主义的领导艺术"的概念,并对它的具体内容作了精辟的阐述。但是把领导学作为一门独立的学科开始研究则是在 1979 年到 1981 年期间。1980 年,在全国首届未来学学术讨论会上,"领导学"的名称被正式确定下来。为了建设有中国特色的社会主义,搞活改革开放,需要培养一大批思想解放、观念更新的领导干部,因此,以邓小平同志为核心的新一代领导集体非常重视领导干部的培养和选拔。

(2) 初创阶段

十一届三中全会上党中央向全党以及各级领导干部提出了一个重要课题,即学习和掌握领导理论、提高领导干部素质。1982 年 10 月中共中央、国务院发出的《关于中央党政机关干部教育的决定》,把领导学列为党政干部必须学习的共同业务基础课之一。1982年到 1983 年间,首先从党校系统开始研究建立领导学体系的问题。这期间,从中央到地方举办了各式各样的领导学研讨班、讲座、培训班和讲习班,《领导与科学丛书》也得以出版,成为出版最早的比较系统的领导学教材。紧接着,夏禹龙等几位教授编辑出版了《领导学基础》,王景燿、陈鸿苏、孙钱章三位专家也编辑出版了《领导学概论》。这些著作的出版为我国领导学理论体系的建立做出了重大贡献。1985 年 4 月,河南省社会科学联合会主办了全国第一家公开发行的《领导学》杂志。此后,河南省领导学研究联合会联合发起的全国首届领导学学术讨论会在河南洛阳召开,并成为这一时期的重要标志。1986年,江泽民同志在上海"领导学系列讲座"开讲典礼上作了题为"各级领导干部都要研究领导学"的重要讲话。关于领导学这门学科,江泽民认为,领导学是一门高度综合的科学,它要解决的问题是现在化建设中的综合性的问题,要解决这样复杂的问题,就要做到领导决策的科学化,不研究掌握科学的规律是不行的。

(3) 发展阶段

从1986年开始,我国的领导学进入了一个全新的发展时期。据统计,到1990年,全国已经创办领导学专业报纸杂志11家,领导学研究所9个,13个省、市、自治区建立了领导学研究会,全国领导学研究会正在筹建之中。各省、市、区党校和100多所高等院校相继开设了领导学课程。领导学著作图书的出版,也由1990年的大约200本上升到1996年的500本。这一时期的研究成果可以概括为如下几个方面:基础理论研究,主要包括领导规律的研究、领导体制的研究、学科建设问题、基本概念、学科的逻辑起点以及学科体系等问题的研究;部门领导理论研究;分支领导理论研究;古代领导思想、经验研究;当代伟人领导思想专题研究;领导宏观决策研究;微观领导方法研究。

2. 我国领导学的发展趋势分析

据我国一些从事领导学研究的学者分析,我国的领导学的发展趋势呈现以下几个现象:

(1) 细化趋势明显

专业细化是当今社会的一个发展趋势,领导学也不例外。领导学的研究将由综合性、整体性研究逐步走向分支研究及专题研究。在今后,有关各专业领域的领导学将得到不断完善。各专业领域的领导学主要有:行政领导学、企业领导学、军事领导学、商业领导学、科研领导学、教育领导学等;分支科学则有:领导战略学、领导组织学、领导协调学、领导决策学、领导方法与艺术、领导心理学、领导素养学、领导效能学和领导思想史等。

(2) 实用化趋势

理论来源于实践,也用于指导实践,领导学是一门实践性很强的学科,领导学形成与发展的动力源于丰富多彩的领导实践,其理论研究的成果也必然要应用到领导实践当中去。因此,要发展有中国特色的领导学,一定要结合我国的实际情况,把领导活动的实践经验认真加以总结,使其服务于实践,并在实践中接受检验和发展。

(3) 日益规范化

运用现代科学方法,把定量分析引入到领导活动当中,实行定性分析与定量分析相组合的方法,将是领导学发展的必然趋势。随着现代社会的不断发展以及科学技术的不断进步,领导活动的构成要素越来越复杂多变,干部队伍的结构也在不断调整,这就必然要求领导活动的精确性和规范化程度愈来愈高。

(4) 学科交叉趋势明显

学科之间相互交叉是现代科学发展的一个重要趋势,领导学也是如此。领导学是一门社会科学和自然科学相互交叉的综合性学科。领导学是研究领导活动、领导行为一般规律的科学,它在很大程度上属于社会科学的研究领域,但领导活动也涉及生产力的组织协调和对客观环境的分析、控制等,显然,这又是自然科学的研究领域。

第三节　领导学的研究对象和学科分析

一、领导学的研究对象

任何一种理论或一门学科都是通过对客观世界中某一事物、现象或过程进行综合分析,以求认识其本质联系或规律性,进而形成学科的概念、范畴以及原理和方法的理论体系。领导活动是一种具体客观的社会活动及过程,它构成了领导学的研究对象。领导活动是指为了达成一定的组织目标,领导者采取一系列的手段和方式影响其下属,以使其实现这一目标的过程。因此,以领导的本原和基本要素为逻辑线索,领导学主要研究的问题包括领导学的产生与发展、领导学的基本原理及领导理论的发展与演变,领导的权力与制约,领导环境与文化,领导者的个体素质与群体结构;以领导的结构为逻辑线索,主要研究的问题包括领导体制与改革,领导关系与角色;以领导的功能与方法为逻辑线索,主要研究的问题包括领导决策与战略,领导选才与用人,领导艺术与方法,领导思维与创新,领导效能与发展,现代领导与电子政务。

由上可知,领导学是一门研究领导活动的规律、原则和方法的学科,我们也可以把它界定为一门综合运用多种学科和研究方法来研究领导活动及其规律性的学科,它的目标是通过提高领导者的素质和能力,促进社会组织的全面发展。

领导学是一门边缘性交叉性学科,它涉及管理学、政治学、经济学、社会学、人才学、心理学、教育学、行为科学等,因此,领导学具有很强的综合性。领导学也是一门集理论与实践于一身的应用学科,具有很强的针对性和可操作性。在现代社会领导活动越来越趋于复杂的环境下,把领导学的原理和方法更好地应用于具体的领导实践将具有积极的时代意义。总之,领导学有其独立的研究领域和研究对象,有其特定的研究方法和社会功能,这些特殊性构成其存在的理由,并使其成为一门独立的学科。

二、领导学与相关学科的关系

领导学具有明显的社会性、高度的综合性以及很强的应用性,因此,它同相关学科之间就会呈现出相互渗透、交叉,以致在某些研究内容上重复的现象。但是领导学研究界限上的"模糊性"并不是其研究对象上的"稳定性"。就领导学的研究界限来看,它与马克思主义哲学、管理科学和党的建设学说之间都是既密切联系又相互区别的。

1. 领导学与马克思主义哲学

领导学与马克思主义哲学有着密切的联系。这是因为领导学中处处渗透着辩证唯物主义和历史唯物主义的世界观和方法论原则,它是马克思主义理论在领导活动领域的具体运用。而马克思主义哲学是以整个世界为研究对象的,它的任务是要揭示自然界、社会与人类思维最一般的规律。作为无产阶级的世界观和方法论,马克思主义哲学对领导学的研究工作具有指导作用。如果研究领导学拒绝马克思主义哲学的指导，或是遵循其他的指导原则前进，那会如列宁所说："除了混乱和谬误之外，我们什么也得不到。"当然，马克思主义哲学也不可能代替领导学，因为领导学的任务是要研究社会中领导活动的一般规律，具有综合性应用科学的性质，而马克思主义哲学则是基础性的理论科学，二者之间是不可等量齐观的。二者的学科性质以及研究内容决定了我们不仅要学习马克思主义的基本哲学理论，而且要运用马克思主义哲学这一科学的世界观和方法论，去揭示现代领导活动的规律性，以使之更有效、更具体地指导我们的领导工作。如果一个领导者，既有马克思主义哲学的基础理论，又有领导学的系统知识，那在实际的工作当中就会如虎添翼了。

2. 领导学与管理学

领导学是从管理学中分化出来的，两者既有交叉，但又分工不同。领导学和管理学是各有侧重的。领导学的产生是借助管理学的一些原理、原则和方法。现代管理学中有关于领导、结构以及领导行为方式等问题的论述，这对于领导学的研究是十分有用的。管理学所研究的领域比较广泛，诸如计划管理、设备管理、科研管理、质量管理、财务管理、人事管理等，都属于管理学的范畴。而在这一切管理中，都含有领导的因素，从这个意义上讲，领导学是管理学中的管理学，是更高层次的管理学。但二者又是有区别的，领导科学与管理科学的主要区别是：

（1）研究深度不同

管理学的研究领域，集中在事业层的具体业务规律上，专业性和可操作性都比较强，因此，范围相对具体，如国民经济管理学、部门经济管理学等，是研究经济管理的规律性、探讨经济系统、单位内部诸因素之间最佳结合形式和规律的。而领导学研究的则是如何对社会发展和社会组织的活动进行宏观指导以及如何保证重大决策的优化问题，揭示的是领导者与被领导者之间的关系和发展规律。因此，其研究内容与管理学相比，具有一定的深度和高度。

（2）研究内容不同

在研究的内容上，管理学主要研究如何把有限的人力、物力、财力资源合理地进行配置和使用。管理学虽然也研究人的行为，但主要是从生产力要素的合理配置和组合的角度加以研究的，侧重于研究如何对有限的人、财、物等资源进行合理地分配和使用；而领导学则主要研究人与人之间的关系，即社会活动中的群体活动的组织、领导、行为引导和激励等问题。

（3）表现形态不同

管理工作的实践，在很大程度上是技术性的，所以，管理学相对而言已形成比较稳定的专业理论，更接近硬科学，较多地使用定量分析的研究方法。如目标规划、线性规划、投入产出比、网络计划技术、存贮论、价值工程、变动成本法、回归分析法等。这些都是数学方法在管理中的有效运用。而领导工作所面临的问题常常是非规范性的，较为复杂且千变万化；领导工作在一定意义上可以说是一项实践的艺术。所以，领导学更多地接近软科学。许多领导工作活动不能用数学工具进行定量描述，它更多地需要在正确的观念和创造思维基础上的经验与智慧。

（4）应用的范围不同

管理学是较专业化的"将才"理论和方法。它包含的知识面比较窄,应用领域也有一定的局限性。如质量管理不适用于科研管理,人才管理不适用于成本管理;而领导学也是一种专业理论,但是这种专业要比别的专业面宽得多,是"帅才"的理论与方法。

3. 领导学与政治学

政治学是一门历史悠久并且发展较为成熟的学科。古典政治学主要研究权力问题,从广义的角度讲,这时的领导学包含在政治理论之中。近代政治学获得了长足的发展,尤其政治哲学的发展,更成为现代政治诞生的理论基础。现代领导学的奠基之作——意大利著名政治学家马基雅维利所撰写的《君主论》,就是用政治学方法研究领袖权力及其运作的经典著作。随着时代的发展,现代政治学的学科发展趋于细化,政治哲学、政治科学的划分,使得政治学对于现代政治现象的分析更为深化。现代政治学是构成领导学最深厚的学理基础之一。

领导学与政治学是不同的两门学科,二者之间的不同具体表现在以下两个方面:

（1）研究对象不同

政治学是对整个人类社会的政治现象加以研究。而领导学的研究对象,比政治学的研究对象显得更为专业。领导学是以领导者、领导活动、领导环境以及领导活动的基本规律为研究对象的。

（2）研究方式不同

政治学已经拥有了经典学科的地位,其发展较为成熟,已经形成了一个全面而又系统的理论架构。而领导学才刚刚脱出经验描述的状态,尽管它在理论的建构上已经有巨大的突破,但是,借重经验事实的研究方法,还在目前的学科建设中起着主要作用。

另外,行政学作为政治学的一个分支学科,它对领导学的学科建设也具有不容忽视的作用。因此,行政学与领导学之间的关系也有必要加以简略的说明。行政学是研究国家行政机关依法管理国家事务、社会公共事务和机关内部事务的客观规律的科学。行政学与管理学有一致之处,即它们都研究权力的规范化操作问题。但是,它们的差异也是很明显的。行政学关注的是国家行政机关的活动及其规律性,对于行政机关的工作人员虽然也作研究,但不作为研究的中心;领导学虽然也研究领导机关的活动,但关注点在于领导者、被领导者、领导目标及领导环境的互动状态。简单地说,行政学重"事",领导学重"人"。

4. 领导学与经济学

在现代社会的背景下,领导学未来的研究,必须借助于经济学的帮助。一方面是因为经济学的学科分化,使得经济学对现代社会生活的解剖显得层次分明、鞭辟入里。政治经济学对国家(政府)作用及其限度的研究,对国家、市场、社会相互关联性的深入分析,为领导学对于领导的活动背景,社会机制的研究奠定了基础。另一方面则是因为部门经济学的高度发达,为领导学具体分析领导和活动展开的各种宏观、微观条件,提供了社会经济的理性研究成果作为其借鉴与征引的对象。

领导学作为研究领导活动的学科,关注的是领导者与领导环境互动的公共后果。领导学也要对领导者、被领导者和环境三要素的"私人性"因素加以考虑。但是后者相比于前者而言,重要性明显要低一些。这样,领导的活动主要是公共活动,领导的决策主要是公共决策,领导者的影响主要是公共影响。在这一方面,由现代经济学家开创的公共政策科学,为分析领导活动与过程的公共性,提供了最直接的理论支持。

至于领导学与经济学的差异则是再明显不过了。领导学以领导者的活动过程及其规律为研究中心,经济学则以揭示客观的经济现象及其规律为研究目标。二者的研究对象、方式、目标、范围和功能都有所不同。

5. 领导学与党的建设学说

领导学与党的建设学说都研究领导问题,就无产阶级领导的基本原理来说,两者是相通的,但它们又有明显的区别。

领导学的研究对象比起党的建设学说,是个更大更复杂的系统。党的建设学说是研究党的领导同其他各方面的领导,是从如何保证实现无产阶级政党对国家政治、经济、军事、科教以及群众的领导这个角度去研究的;而领导学则是把政党领导同各个领域的领导看作一个大的领导系统,从总体上研究它们共同的原理,即领导活动的一般特点和规律。

在研究的内容上,党的建设学说侧重于党的性质、宗旨、党的纲领路线、党的组织原则、党的干部、党的政治思想工作及党的作风等问题。而领导学则要研究领导组织和领导者、领导职能、方式及运行机制,领导方法和领导艺术等一般性的社会领导问题。

6. 领导学与领导艺术的关系

所谓领导艺术,是指领导者在一定的知识和经验的基础上,巧妙地运用领导条件、领导原则和领导方法的基本技能。这种技能往往表现为能够灵活地运用已有的社会知识具体地分析复杂社会因素的综合能力。而领导学则是领导艺术中具有稳定性、规律性的东西的结晶,是对领导艺术的系统化、规范化的总结。每个领导者由于知识、经验、气质和意志的不同,运用知识、综合分析的能力也不相同,因而掌握的领导艺术的水平也相差很大。就是说,领导艺术因人而异,而领导学则具有普遍的指导意义。

(1) 领导艺术是领导学的基础

现代的领导工作离不开领导艺术。领导艺术表现为非模式化的技能,而领导学则表现为规范化、模式化的知识体系。领导艺术愈是高超,非模式化的经验技能愈是丰富,那么包含其中的模式化知识就会愈加成熟。把领导艺术中具有稳定性、规律性的东西,加以提炼,经过总结,就可以上升为领导学的内容。相对来说,领导艺术更忠实于也更接近于生活实践,它要追逐生活实践的浪花而不断充实、发展、更新自己;而领导学是规范化的知识体系,一旦形成,则具有很大的稳定性,这就使他很容易在生活的"常青树"面前显得逊色和尴尬。所以,光有领导学知识还不够,还必须发展和提高领导艺术。这不仅是生活实践向领导学发展提出的要求,也是现代领导工作的需要。现代社会化大生产的复杂性、多变性,要求领导工作必须适应新的形势。一般来讲,领导者的层次越高,领导工作的随机性越强,程序化的可能性越小,就越需要高超的领导艺术。领导艺术能够体现领导者生气勃勃的创造力,它经常在经验的基础上激起创造性思维的火花。没有丰富的领导经验或者不能将领导经验与现代科学知识融会贯通起来灵活地加以运用,若要取得领导活动的成功,是很困难的。

(2) 领导学能够促进领导艺术的发展,领导工作不能离开领导学的指导

我们知道,领导艺术是领导经验和知识的综合运用。无论经验的取得,还是经验的把握与运用,都离不开一定的知识。领导艺术的高超,不仅说明领导者所掌握的领导学知识扎实、深厚,还证明领导者善于把理论与实践很好地结合起来;领导学知识掌握得越好,领导者越能在复杂的问题面前应付自如,其领导艺术就会越加完善。我们很难设想一个知识贫乏的人会创造出高超的领导艺术。领导艺术构成了执行领导原则过程中的灵活性。没有这种灵活性,领导学就会变成僵死的理论教条;但是,若失去领导学的原则性指导,那么领导艺术也就会成为机会主义的行动。所以,接受领导学的指导,不仅是运用和发展领导艺术的需要,而且是领导工作科学化的需要。

一个优秀的领导者,是那些既掌握了大量的领导学、管理学知识,又善于运用领导艺术的人。只谈领导学知识而不懂领导艺术的人,很容易成为教条主义的书呆子;只讲领导艺术而不讲领导知识,则有可能陷入资产阶级权术和主观主义的泥坑。领导艺术只有建立在领导学知识的基础上,才能运用自如。我们的事业正迫切需要大批善于把理论与实践、经验与科学、艺术与知识统一起来的领导人才。让我们记住屈原的勉励:"路漫漫而修远兮,吾将上下而求索。"

7. 领导学与自然科学

科学技术是第一生产力。现代科学对于社会发展的巨大推动力,已经为现代历史所充分证明。自然科学在其中所起的作用又是一个为人们所耳闻目睹的事实。而自然科学对于我们认识和改造世界的认识能力的提高,也是一个为人所公认的事情。自然科学不仅提供了现实世界的完整图景,而且提供了人们认识自然、社会以及自身思维的有效工具。数、理、化、生、天文、地理等基础学科,有力地推动了人们认识的飞跃性发展。此外,自然科学的发展还有助于树立科学的方法,并将其普遍地运用到各门具体学科的具体建构之中。还在19世纪时,马克思就曾经强调,一门科学要具有科学的尊严,就要看其能否应用数学。

在领导学的研究与运用中,有与数理学科紧密结合的研究成果,那就是运筹学。运筹学是指在涉及决策的经验过程中,尤其是政府和商业部门的决策过程中采用数字计算的方法。在运筹学中使用的数学技术包括最优化理论、动态规划和规划理论、数据分析方法——包括最传统的统计学和许多最新的非概率技术、模拟方法,即涉及产生有关一个系统的数学模式和在计算机上验证这种模式的程序。运筹学除了在商业上的广泛应用之外,还对公用事业和社会服务部门预先规定计划和需求预测有极其重要的价值。

除此之外,领导学与人文科学中的历史学、心理学、语言文学,与社会科学中的社会学、民族学等众多学科的联系也比较紧密。

第四节　领导学的理论研究

领导理论是西方的产物,西方领导学的发展经历了这样几个研究阶段:首先是领导者特质研究阶段,其研究之重点在于认定领导者的素质或特性,从而了解竟何种人才适合充任领导者,如 Birs 的早期研究发现用于区别领导人和非领导人的 79 种特质等;其次为领导者行为研究阶段,其研究旨趣在于描述领导者行为或领导方式,即了解作为一个领导者应该做些什么以及如何做好,如勒温的领导作风理论以及布莱克与穆登的"管理方格图"等;再次是领导的权变理论研究阶段,其研究目的在于探究领导方式与团体组织效能之间的关系。

领导理论发展的三个阶段的划分,并不是绝对的。各个阶段的理论观点也不是相互独立或者相互排斥的,而是相互交叉、前后继承的。例如,研究领导者的素质和特性,这是第一阶段理论研究的特征,但是,这并不排斥进入第三阶段仍然对这方面的问题作深入的研究。不过,这时对领导者特性的研究是在权变理论的指导下进行,并将其纳入权变领导理论的范畴。又如第二阶段对领导行为的研究,主要还是一种静态的研究,但是,这种研究仍然是必要的。对领导行为类型的研究,仍然是权变领导理论的基础。动态的权变理论研究,是第二阶段对领导行为研究的进一步深入和发展。

一、领导特质理论阶段

从 20 世纪开始到 30 年代,领导学的研究主要侧重于从领导者所具有的特质去理解领导,主张以领导者为中心去探讨领导者不同于其他人的特点,例如,研究和关注领导人的性格、素质方面的特征等。这是人们研究领导理论的起点。心理学家从人们的个性心理特征出发,试图通过观察、调查等方法找出领导人同被领导人在心理特征方面的区别。其主要目的是企图制定出一种有效的领导者的标准,并以此作为选拔领导人和预测其领导工作有效性的依据。他们的研究内容,主要集中在以下三个方面:身体特征,如领导人的身高、体重、性格、健康程度、个人容貌和仪表等;个性特征,如领导人的魅力、自信心和感觉力等;智力特征,如领导人的判断力、讲话才能和聪敏程度等。

但是,经过多年的研究,学者们并没有对领导者们不同的才智、个性、身体等特征的评价拥有一致的意见。综合分析,可以知道这一阶段的研究存在着以下的缺点:一些用来表达心理特征的概念内涵不清楚,有的甚至在语义上有交叉和矛盾的地方。例如,熟练程度、主动性和自信心等概念,它们的内涵就有交叉,彼此之间的区别不是很清楚。而且根据这些性格特征,在实践上还是难以挑选领导人,甚至难以区别领导者与被领导者。例如,不管是领导人还是被领导人,都拥有一定的自信心、判断力和主动性。更重要的是研究人员在领导方法的研究上忽略了领导行为发生作用的环境和条件。例如,忽略了被领导者(成熟程度、激励需求等)和企业管理的环境(领导工作的性质、难易程度和领导人权力的大小等)。因此,这一阶段的研究方法很难对不同领导者的能力和领导的有效性做出确切的分析和比较。另外,在研究思想上,学者们还有意无意地认为领导者的各种性格特征都是先天性的,而研究的任务仅仅是按一定的标准挑选出天才来。由于存在上述缺点,这一阶段的实验和研究报告虽然很多,但是并没有出现公认的普遍原理和准则。

这一阶段,比较有代表性的理论流派有:美国杜拉克的"五项主要习惯",美国吉赛利提出的八种性格特征和五种激励特征,法国亨利·法约尔提出的大企业高级领导应具备的素质,日本企业界提出的领导应具备的十项品德和十种能力,以及美国管理学家彼特提出的难以胜任领导的十二种品质等。

1. 杜拉克的"五项主要习惯"

杜拉克通过自己的研究和观察,提出了管理者要做到有效性所需要的条件,他认为要成为有效的管理者必须养成如下的五种思想习惯:

善于处理和利用自己的时间:一个有效的管理者最显著的特点是珍惜并善于利用自己的有限时间。这主要包括记录自己的时间,管理自己的时间,集中自己的时间和减少非生产性工作所占的时间。

把工作当成事业干:把工作当成事业干就是要注重贡献和工作绩效,这里的贡献主要是指对外界、对社会和服务对象的功效。

善于发现和用人所长:杜拉克认为,有效的管理者应注重用人的长处,而不介意其缺点。成功的管理者对下择人任事或者对上级的有效服务,都以一个人的长处和他能做什么为基础。

善于抓住主要矛盾:有效的管理者做的是有效的决策,这就要求它们首先要抓住主要矛盾。他们给自己定出优先考虑的重点,并坚持重点优先的原则。因为他们知道,在别无选择的情况下,他们只有将首要的事情先做好,次要的事情不做。否则,将一事无成。

有效的管理者做有效的决策:有效的管理者要善于听取不同人的意见,集中不同人的智慧。他们善于从"不一致的意见"中作出的判断,而不是建立在"统一的看法"基础上。

2. 吉赛利的八种性格特征和五种激励特征

美国管理学家吉赛利(Edwin E. Ghiselli)在其《管理才能探索》一书中,提出了管理人的八种个性特征和五种激励特征:

八种个性特征:才智,即语言与文辞方面的才能;首创精神,即开拓新方向、创新的愿望;督察能力,即指导别人的能力;自信心,即自我评价较高;适应性,即为下属所亲近;决断能力;性别(男性或女性);成熟程度。

五种激励特征:对工作稳定的需求;对金钱奖励的需求;对指挥别人的权力需求;对自我实现的需求;对事业成就的需求。

吉赛利的这些性格的研究,由于有严密的科学性而受到尊重,他的研究结果指出了这些个性特征的相对重要性。

3. 亨利·法约尔的大企业高级领导应具备的素质

法约尔的一般管理理论是西方古典管理思想的重要代表,后来成为管理过程学派的理论基础,也是以后各种管理理论和管理实践的重要依据,对管理理论的发展和企业管理的历程均有着深刻的影响。法约尔的著述很多,1916年出版的《工业管理和一般管理》是其最主要的代表作,标志着一般管理理论的形成。在此书中,法约尔提出了管理中具有普遍意义的十四项原则：

劳动分工：劳动分工不仅局限于技术工作，也适用于管理工作，但专业分工要适度。

权力与责任：责任是权力的孪生物，是权力的必然结果和必要补充，凡有权力行使的地方，就是责任。

纪律：纪律对于企业取得成功是绝对必要的，同时还认为纪律是领导人创造的，组织的纪律状况取决于领导者的道德状况。

统一指挥：无论什么时候，一个下属都应接受而且只应接受一个上级的命令。这是一条普遍的、永久必要的原则。

统一领导：凡是具有同一目标的全部活动，仅应有一个领导人和一套计划。

个人利益服从集体利益：要实现这一原则，领导者必须以身作则并经常监督，尽可能签订公平的协议。

合理的报酬：人员的报酬是其服务的价格，应保证合理，尽可能使雇主和雇员都满意，但他并没有提出一个明确的标准。

适当的集权和分权：集中作为一项管理制度，本身无所谓好或坏，领导者应根据实际情况的不同把握集中的程度。

秩序：一切要素应各有其位，特别强调按照事物的内在联系事先选择好要素的恰当位置，如设备、工具以及人员等。

公平：公平是由善意和公道产生的，公道是指实现已订立的协定，但这些协定要经常加以阐明和补充。领导者应该发挥自己最大的能力使公平感深入人心。

保持人员稳定：人们熟悉自己的工作需要时间，这就要根据实际情况，有秩序地安排人员并补充人力资源。

首创精神：全体人员的首创精神对企业来说，是一种巨大的力量，尤其是在困难时刻。

人员的团结：团结就是力量，要努力在企业内部建立起和谐与团结的气氛。

跳板原则：企业管理中的等级制度显示命令统一是必要的，但这会产生信息延误现象。为解决这个问题，法约尔提出跳板原则，以便越过权力执行的路线而直接联系。但只有在有关各方都同意且上级知情的情况下才能这样做。

4. 日本企业界的领导应具备的十项品德和十种能力

有的研究认为，特质仅仅是领导者应具备的前提条件。领导者与被领导者的区别主要表现在六个方面：动力、领导的渴望、诚实与正直、自信力、商业知识和个体的高自我控制。其中个体是否是高自我监控者，主要是指个体在调节自己行为以适应不同环境方面所具有的灵活性。如表1-4所示。

表1-4　日本企业界要求领导者应具有十项品德和十种能力

十项品德	十种能力
使命感：无论遇到什么困难，都要有完成任务的坚强信念	思维决策能力
信赖感：同事之间、上下级之间保持良好的关系，互相信任与支持	规划能力
诚实：在上下级之间和同事关系中，要有真心实意，以诚相待	判断能力

续 表

十项品德	十种能力
忍耐:具有高度的忍耐力,不能随意在下属面前发脾气	创造能力
热情:对工作认真负责,对同事与下级热情体贴	洞察能力
责任感:对工作敢负责任	劝说能力
积极性:对任何工作要主动,以主人翁的态度去完成	对人的理解能力
进取心:能在事业上积极上进,不满足现状	解决问题的能力
公平:对人对事都要秉公处理,不徇私情	培养下级的能力
勇气:有向困难挑战的勇气	调动积极性的能力

5. 彼特的难以胜任领导的十二种品质

美国管理学家彼特提出的难以胜任领导的十二种品质是:对别人麻木不仁、吹毛求疵、举止凶狠狂妄;冷漠、孤僻、骄傲自大;背信弃义;野心过大,玩弄权术;管头管脚,独断专行;缺乏建立一支同心协力的队伍能力;心胸狭窄,挑选无能之辈作为自己的下属;犟头犟脑,无法适应不同的上司;目光短浅,缺乏战略眼光;偏听偏信,过分依赖一个顾问;懦弱无能,不敢行动;犹豫不决,缺乏决断力。

二、领导行为理论阶段

20世纪40年代到60年代,领导学的研究处于行为理论研究阶段。由于在特质理论阶段的研究中,人们未能取得预期的效果,研究人员开始把目光转向领导者的行为上,试图通过对领导者行为的研究找出领导者行为同领导效果之间的关系。领导行为理论是从人际关系和情感因素的角度去研究领导行为,强调通过领导活动对组织成员施加影响、激发员工的工作热情,从而完成组织的任务。

20世纪40年代以来,随着企业规模的不断扩大以及工人运动的发展,工人的组织程度和文化水平日益提高,企业的管理思想也相应地发生了变化。人的因素、被领导者的因素成了领导理论研究中不可忽视的重要组成部分。这一阶段的研究者开始从领导者的风格和领导者应起的作用入手,把领导者的行为划分为不同的类型,然后分析各类领导行为的特点以及对领导效果的影响,并进行相互比较。实际上,这一阶段的研究摒弃了前一阶段注重对领导者应具备的素质、特性的研究方法,转向了对领导者的领导方式、领导作用和领导方法的研究。这一时期的领导学研究主要呈现以下几个特点:

首先,推动了领导学问题的研究。为了测定某一领导者的领导行为的类型,研究者设计了大量的问卷式量表,并在实际中应用。这丰富了领导学的研究方法,并在一定程度上推动了领导学问题的研究。

其次,在指导思想上有很大变化。从天赋论转向后天的培养论,认为领导者的素质绝大多数可以通过后天培养而获得和改进。与此相适应,许多学者发展了很多对企业领导人进行培训的方法,如组织发展、敏感性训练等。

另外,各种理论对领导行为的类型划分大同小异。这一阶段基本上把领导行为按两类职能加以划分。例如,有的把他们区分以工作为中心与以职工为中心;有的则归纳为对生产关心与对人的关心。这两方面本来都是作为一名领导者应有的职能。这种两维度的研究方法避免了以往领导理论研究中趋于极端的方式,要求领导人采取综合的领导方式,将两方面的职能有机结合起来。

这一阶段,提出来的有关领导的理论中具有代表性的主要有:麦格雷戈(Megrgor)提出的"X 理论"和"Y 理论";威廉·大内提出的"Z 理论";美国俄亥俄州立大学的斯托格尔(Ralph M. Stogdill)和沙特尔(Carroll L. Shartle)提出的"两元理论";由布莱克(Robert R. Blake)和穆登(Jane S. Mouton)提出的"管理方格"理论;由美国密歇根大学的利克特(Rensis Likert)及其同事提出来的"支持理论"等。

1. 麦格雷戈的"X 理论"和"Y 理论"

麦格雷戈把传统管理学称为"X 理论",他自己的管理学说称为"理论","X 理论"和"Y 理论"都是在人性假设的基础上提出的。

"X 理论"认为:多数人天生懒惰,尽一切可能逃避工作;多数人没有抱负,宁愿被领导、怕负责任,视个人安全高于一切;对多数人必须采取强迫命令、软硬兼施的管理措施。

"Y 理论"则认为:一般人天生并不厌恶工作,多数人愿意对工作负责,并有相当程度的想象力和创造才能;控制和惩罚不是使人实现企业目标的唯一办法,还可以通过满足职工爱的需要、尊重的需要和自我实现的需要,使个人和组织的目标融合一致,从而达到提高生产率的目的。

2. 威廉·大内的"Z 理论"

威廉·大内通过分析日美两国企业的不同管理特点,在"X 理论"和"Y 理论"管理学说的基础上,提出了"Z 理论"。"Z 理论"强调了组织管理的文化因素,认为组织或企业在生产力上不仅需要考虑技术和利润等硬性指标,而且还应考虑软性因素。例如,东方的人性化因素,如信任、人与人之间的密切和微妙的关系等。有人认为"Z 理论"是东西方文化和管理哲学的碰撞和融合,是对"X 理论"和"Y 理论"的一种补充与完善。

3. "两元理论"

"两元理论"又称为四分图理论,它是由美国俄亥俄州立大学领导行为研究小组在广泛调查研究的基础上提出来的。他们列出了刻画领导行为的一千多种行为因素,经过逐步淘汰、筛选、归并和概括,最后把影响领导有效行为的因素归为主动结构和体谅两个方面。主动结构指的是领导行为以工作为中心,侧重强调组织的需要;体谅指的是领导者的行为以人际关系为中心,侧重强调职工的个人需要。

主动结构和体谅两种因素发生在领导过程中,实际上就是指"抓工作"和"关心人"这两个方面。"两元理论"的贡献在于它从"抓工作"和"关心人"两个方面来考察领导行为,为人们分析领导行为提供了一种思路,同时为后来类似的研究奠定了基础。

4. "管理方格"理论

"管理方格"理论也是一种从"关心工作"和"关心人"两个方面来研究领导行为模式的行为理论。这一理论是由美国德克隆斯大学管理学教授布莱克(R. R. Blake)和莫顿(J. S. Mouton)在研究"四分图理论"的基础上,进一步发展而成的。他们设计了"9-9 管理方格图",其中,横坐标表示关心工作的程度,纵坐标表示关心人的程度。1 表示关心程度比较低,逐级递增,9 表示关心程度最高,最后形成了 81 种领导风格。管理方格理论是领导行为理论中较有影响的一种,它为领导者鉴别和确定自己的领导风格提供了科学的依据。管理方格理论也存在着局限性,它忽略了影响领导成效的其他因素。因而,它不能适用所有情况。

5."支持理论"

支持理论又称为四领导模式理论。这一理论是在美国利克特的主持下,对企业的领导模式进行了长期的研究而提出的一种关于企业领导模式的理论。利克特领导小组将企业管理的领导方式归结为四种体制。

专权独裁式:采用这种方法的领导人极为专制,对下属缺乏信任,主要用恐吓和处分去激励人们,惯用自上而下的方式传达信息和命令,决策权集中于最高层。

温和独裁式:采用这种方法的主管人对下属不摆架子,以奖赏的方式为主、恐吓为辅,并且允许下级反映一些意见和要求。

协商式:采用这种方法的主管人员对下属有相当程度但并不完全的信任,采用酌情接受下属意见、赏罚并用的管理方式。

参与式:采用这种方法的主管人员对下属在各个方面都完全赋予信赖,总是听取下属的想法和意见,并且酌情采用。

三、领导权变理论阶段

所谓权变,是指行为主体根据情境因素的变化而做出适当的调整。权变理论阶段大约始于 20 世纪 70 年代。受特质理论阶段和行为理论阶段的研究成果和研究方法的影响,人们在领导理论的研究思路上得到了进一步的拓展,领导理论的研究也得到了很大的发展。最早的领导权变理论的研究方法开始于研究组织所处的环境,注重如何才能使领导行为与环境相适应以达到最佳的领导效果。但是,这终究还是一种静态的研究。20 世纪 60 年代末 70 年代初,以菲德尔的领导理论提出为标志,逐渐形成了权变领导理论。该阶段的领导理论研究主要有以下特点:

一种领导行为的效果,不仅取决于领导者本人的素质和能力,还取决于许多客观的因素,如被领导者的特点、领导的环境等。领导行为好不好,是一个很多因素的函数。它们是诸多因素起作用并且相互影响的过程。这一观点可用公式表示为:

$$领导 = f(领导者、被领导者、环境)$$

因此,没有一种"最好"的领导行为。一切要以时间、地点、条件为转移。例如专制式的领导方式在一定条件下也可能是一种好的、有效的领导方式。当企业里组织设备事故紧急抢修时,这种命令指挥就完全是必要的。

因此,领导者的任务在于学会各种领导方式,以便"一把钥匙开一把锁",针对不同的被领导者、不同的环境而采取相应的领导方式,对症下药。能够灵活运用各种领导方式,关键在于提高领导者判断所面临各种情况的能力。

权变理论阶段的主要理论流派有：菲德尔的领导理论、豪斯(R. J. House)的途径与目标领导理论、弗雷姆(V. H. Vroom)和耶顿(P. W. Yetton)的领导参与模型、坦南鲍姆(R. Tannebaum)和施米特(W. H. Schmid)的领导连续统一体模型以及雷定(W. J. Redin)的三因素领导理论等。

1. 菲德尔的领导理论

伊利诺大学的菲德勒(Fred E. Fiedler)经过长达 15 年的调查研究，提出了一个"有效领导的权变模式"，通常叫菲德勒模式。菲德尔的权变领导模式(确定领导风格、确定情境、领导与情境相匹配)。

确定领导风格：任务取向型(以工作为中心)或关系取向型到以人际关系为中心。

确定情境：领导行为同环境状况紧密结合的权变理论，与领导有关的情境因素分为领导-成员关系、领导-任务关系、领导-职权关系三种。

领导者与情境的匹配：个体的领导风格是稳定不变的，因此提高领导有效性有替换领导者以适应情景和改变情景以适应领导者两种途径。

2. 豪斯(R. J. House)的途径-目标领导理论

加拿大多伦多大学教授豪斯(R. J. Hoase)融合了领导理论和动机激励理论，于 1971 年提出了途径-目标理论。这个理论有两个部分：

(1) 核心

领导者的工作是帮助下属达到他们的目标，并提供必要的指导和帮助，以确保他们各自的目标与组织或群体的总体目标相一致。一个成功的领导者能够提高组织成员对组织目标的认同感，并激励他们从实现目标中获得满足感。

(2) 领导行为分类

指令性领导：让下属知道期望于他们的是什么以完成工作的时间安排，并如何完成任务给与总体指导。

支持性领导：十分友善并表现出对下属需求的关心。

参与型：与下属共同磋商，制定决策之前充分考虑下属的建议。

成就主导型：领导设置有挑战性的目标，并期望下属发挥。

3. 领导参与模型

领导参与模型的领导权变理论是弗洛姆(V. H. Vroom)和耶顿(P. W. Yetton)在 1973 年提出的。总体来说，这种理论是规范化的，它根据不同的情境类型给领导者提供了应遵循的原则和规范，并用来确定决策参与的类型和程度。这一复杂的模型包含 5 种可供选择的领导风格。

独裁：领导者独自做出决策，以宣布和说服的方式告知全体成员。

个别磋商：领导者以个别接触的方式，与个别成员交流问题所在，听取其意见和建议，然后做出决策。

群体磋商：领导者通过会议形式，向群体成员说明问题所在，听取群体的意见和建议，并在此基础上做出决策。

推动促进：领导者通过会议形式，向群体成员告知问题所在，明确具体问题并规定决策范围,起助推器的作用。

授权:领导者让群体做出决策,但同时要求在规定的限制条件下完成。

4. 领导连续统一体模型

坦南鲍姆(Tannenbaum)和施米特(Schmidt)在1958年提出了领导连续统一体理论,他们把专制的领导方式(即以上级为中心的领导方式)和民主领导方式(即以下级为中心的领导方式)作为领导方式连续统一体的两个端点设计了一个领导模型,按照领导者运用职权的程度和下属享有自主权的程度把领导模型看作一个连续变化的分布带。当然,这两个极端也不是绝对的,二者都有一定的限度,即使专权的领导,也不能不让下属保持一点自由度。他们认为领导者总是选择其中最合适的领导方式以求得有效的领导。在不同的情况下,为了取得有效的领导,领导者也可能采取不同的领导方式。

5. 雷定三因素领导理论

三因素领导者效能模式是雷定在"领导行为四分图"与"管理方格图"的基础上,于1967年提出的一种领导交效能模式。所谓三因素是指领导情势中的领导者与成员之间的相互关系、任务结构和职位权力三个要素。

雷定三因素领导理论的基本点是:各种不同的领导方式的有效或无效,是由环境决定的。当领导方式适应于某一情景时,它是有效的,反之无效。在此模式中,效能以一条连续直线表示,在某一特定情况下,任何领导方式都可能落在这条线的某一点上。因此效能是一种程度问题。在领导情势的三个因素中,领导者与成员的关系是最重要的因素。一个领导者要想取得理论的领导效能,必须通过一定的领导方式来对领导情势实施有效的控制,而领导者对领导情势程度又决定于领导者使领导情势三因素相互配合的状况。

第五节 研究领导学的方法和意义

一、领导学的学习和研究方法

任何一门学科要想形成系统的全面的理论,都不可忽视研究方法,领导学也不例外。领导学因其综合性的学科性质,在研究的过程中借鉴了很多相关学科的研究方法。随着科学技术和社会实践的发展,领导学的研究方法不断地得到补充、更新和完善。领导学是一门集理论性与实践性于一身的学科,具有很强的综合性和应用性,因此,学习和研究领导学,必须根据其学科特征,采取积极有效的方法。领导学主要的研究方法有:比较分析法、系统分析法、案例分析法和历史分析法。

1. 比较分析法

有比较才能有所鉴别,有鉴别才能有发展。比较分析法就是通过对不同事物或同一事物在不同历史时期的情况进行比较,从中找出共同点或其他规律性的东西。领导学中的比较分析法要求研究者对不同国家、不同地区、不同领域或不同历史时期的领导组织及其过程(或某一侧面)加以比较,以探究领导活动中的普遍原理和最优方案。

2. 系统分析法

系统分析法是社会科学研究经常采用的一种方法。就其本质而言,它是根据客观事物所具有的系统特征,从事物的整体出发,着眼于整体与部分、整体与层次、整体与结构、整体与功能、整体与环境等各个部分间的相互联系和相互作用,以求得优化整体目标的现代科学方法。领导学的研究使用系统分析法的目的,是要帮助人们理解领导系统及领导环境之间的关系,鼓励对领导系统的各个组成部分、领导环境的环节进行同时研究,并引导人们注重这一系统中的结构、层次和功能,促使人们从不同的角度提出问题、开拓新的知识领域。系统分析法的内容包括整体分析、环境分析、结构分析、层次分析和相关分析等。

3. 案例分析法

案例分析法是对特定的问题从实证的角度进行分析和评价,然后根据所归纳的结果确定处理这类问题的可行性方案的一种方法。其要点是通过对已经发生的领导活动、尽可能地从客观公正的观察者的立场加以描写和叙述,以脚本等形式说明与一个时间有关的情况,力图再现与事件有关的当事人的观点和当时的环境,以供读者进行评判。案例分析法强调人际关系、政治、经济、科技等因素对领导过程的影响,而不是抽象的推理或单纯的细节表述,因此,它比较适合领导学的学习和研究。但案例分析法的不足是易就事论事,以偏概全,因此,运用中要注意分析问题的个性以及所选案例的代表性。

4. 历史分析法

历史分析法是按照时间的顺序对事件的发展情况进行分析和评价。具体来说有纵向和横向两种不同的方法。这种分析方法最大的特点是把领导活动放到了一个大的时间和空间之内来剖析,让人思维开阔,看得远。譬如,经理人从监工发展到目标制定者与考核者,顾客由被动消费到追求价值的满足等。组织职能的演变、竞争态势分析、竞争环境的变化等这些都是历史分析法。

二、学习和研究领导学的意义

领导学是一门研究领导活动的规律、原则和方法的科学,它在人类社会生活中扮演着越来越重要的角色。学习与研究领导学是提升领导者整体素质的必要条件,是社会历史发展的必然要求,也是增强综合国力、推动现代化建设和促进民族发展的需要。

1. 培养科学的领导观念

在21世纪,人类社会的不断发展和科学技术的不断进步给传统的领导方式提出了诸多新的挑战,这就要求新世纪的领导者们必须提高领导水平,更新领导观念,更好地为人民服务。

要提升理论水平,就必须拓展理论视野,加强理论思维。为此,领导者必须学习和研究现代领导学理论,正确把握领导工作的基本原理、原则、方法和技术,用理论指导实践,从而实现领导工作民主化、科学化。

要更新领导观念,就必须完善知识结构,丰富知识内涵,这就要求领导者学习和研究领导学,以实事求是的科学态度和与时俱进的时代精神来认识领导工作,培养正确的领导观念。

要有民主精神。在当今社会,领导者不仅要具有市场意识、平等意识,而且还需要民主精神。要实现领导工作的民主化,用科学的领导理论作指导也是必不可少的。

2. 完善科学的领导体制

领导体制在整个领导活动中具有决定性的意义。领导体制是否科学健全,关系到领导活动的成败,更关系到党和国家的命运和前途。

当前,加强和完善社会主义民主和法制建设是领导学对领导体制科学改革的总体要求。因此,应从以下方面注意科学的改革,完善领导体制:改进和完善人民代表大会制度与中国共产党领导的多党合作、政治协商制度;从上到下建立健全一套民主的、科学的决策制度和程序,充分走群众路线,广泛听取各方面的意见,做到集思广益;进一步推进政治体制改革,实行精兵简政,提高各级领导机关和职能部门的工作效率,克服官僚主义;进一步改革组织人事制度以保证领导体制改革的顺利进行。

3. 掌握科学的领导方法

(1) 坚持群众路线的领导方法

毛泽东同志说:"在我党的一切实际工作中,凡属正确的领导,必须是从群众中来,到群众中去。"群众路线的领导方法是毛泽东思想领导方法的精髓,它体现了马克思主义的认识论原理,是科学领导方法的思想基础。将群众路线作为基本领导方法,是党的优秀传统和良好作风的重要体现,必须永远继承和发扬光大。

(2) 采用科学的领导方式

科学的领导方式能对领导目标的达成起到不可估量的作用。采用科学的领导方式,我们应该注意以下几点:首先,应注意领导者的表率作用。其次,应坚持说服教育的领导方式。领导者要对人民群众的行为进行正确、科学的引导,只有通过科学、有效的思想政治工作才能达到目标。是否善于做思想政治教育工作,是评价领导者领导水平高低的一个重要标志。再次,应坚持民主集中制的领导方式。民主集中制是党和国家的基本组织原则,深刻地反映了我们党的"从群众中来,到群众中去,集中上来,坚持下去"的群众路线思想。

(3) 讲究科学的领导艺术

领导艺术是科学领导方法的一种升华,是领导者在其自身知识、经验和辩证思维的基础上,运用领导学的理论、原则,达到高超领导境界的能力和表现,它体现着领导者驾驭领导工作的高超才能。掌握高超的领导艺术的根本途径有两个:

首先是注重学习。除了要掌握政治、经济、社会、历史等各方面的广博知识外,还要有文学艺术修养及一定的自然科学知识。

其次是注重实践。要从自己的领导实践中总结经验,观察体会别人的领导方法艺术,还要勤于思考、勤于动手、勤于总结,这样就会不断把自己的领导经验化为科学领导的艺术,进一步增强科学领导的能力。

4. 总结实践经验以提高实践能力

较强的实践能力是做好领导工作的重要前提和基础。但是,领导的实践能力不是凭空就有的,而是源于实践经验(包括个人经验、他人经验和历史经验)的总结。"一个领导干部不善于从总结历史中汲取营养,就不可能成为高明的领导者;一个政党不善于从历史中继承和发展本民族与世界其他民族创造的优秀文明成果,就不可能屹立于世界民族之林。"因此,对于一个领导者来说,只有善于总结实践经验,不断提高领导能力,才能不断地改进领导工作。在总结实践经验时,我们既要借鉴国外优秀的领导经验,又要积极总结我们自己在领导工作中的成功经验。

5. 感悟领导艺术,提升领导意境

领导学既是一门科学,又是一门艺术。领导艺术也是领导者的领导方法,但它又不是一般的领导方法。领导艺术是指领导者在认识领导活动规律的基础上,灵活地处理模糊性、随机性问题的能力和技巧。它主要是处理那些无章可循的非规范性问题,因此显得复杂和困难。但领导艺术并不因此而神秘,领导艺术像其他任何一门艺术一样是可以训练的。学习和研究领导学,便有助于我们感悟领导艺术,提升领导意境。

第二章 领导环境

任何领导活动都是在一定的环境中进行的。环境对领导活动具有广泛的影响,它左右着组织目标的确定,制约着领导决策的选择和实施。领导者只有正确认识、主动适应以及充分利用和改造有限的环境,才能实现科学而有效的领导。

第一节 领导环境概述

一、领导环境的概念

环境最初的含义是指环绕而成的区域,主要是指空间层面上的范围大小,因此它具有明确的空间界限。随着社会的发展,环境逐渐突破了其狭隘的空间属性,被赋予了更深层的社会意义和人文意义,其概念也得到了细化,如工作环境、家庭环境、领导环境等。现在我们说的"环境",是指某一中心事物的外部空间、条件、状况等各种因素的总和。

所谓领导环境,就是制约或推动领导活动发展的各种自然要素和社会要素的总和,它与领导、领导者共同构成了领导活动的基本要素。领导环境在概念上又有微观和宏观之分:

微观的领导环境主要指组织内部对领导活动产生制约或推动作用的各种要素的总和,即领导活动发生的具体的内部环境。微观的领导环境也叫内部领导环境,它的主要内容包括职位权力、任务结构、领导关系、组织的性质与类别、组织的物质和经济基础、领导者的特质等几个方面。

宏观的领导环境是指在领导活动中,所有能参与或影响领导行为或领导过程的外部的有效因素的总和。宏观的领导环境也叫外部领导环境,它是构成领导环境的重要部分,其对领导活动的影响和作用具有层次性、方向性的特点。宏观领导环境的主要内容包括政治、经济、文化、社会、教育、技术、资源等。

另外,对于领导活动来说,领导环境是一个不可或缺的因素,它和领导者、被领导者共同组成了现代领导学研究的基本内容。

二、领导环境的特点

领导环境的特点是领导科学研究中不可忽视的重要方面。充分认识领导环境的特点,有助于领导者全面地把握领导过程、准确地引导领导方向。领导环境的特点主要有动态性、客观性、复合性、能动性及联系性五点。

(1) 动态性

运动是世界上一切物质的绝对存在状态,构成领导环境的各因素随时间、空间及其他因素的变化而变化,因此,领导环境也具有动态性。领导环境作为物质性的存在,处于永恒的变化之中。一个优秀的领导者不仅注意领导活动所处环境的变化,而且注意现实中各种领导环境构成要素的变化,尤其是事件发展过程中的转变,他们善于从中分析并把握事件未来的发展趋势。一个成熟的领导者不仅关注自己感受到的领导环境的变化,而且注重依靠外在的力量,他们相信群众对于环境变化的感受更为直接。

(2) 客观性

客观性是一切存在物质的基本属性之一,领导环境作为物质性的存在,也具有客观性。领导环境的客观性表现在:无论领导者和被领导者能否认识和把握领导环境,它都照样发挥作用,因为领导环境是客观存在的。领导环境的客观性要求领导者除了认识到之外,还必须充分认识和把握这种客观性,领导活动中决策方案的选择、行为方式的转变以及领导过程中的控制与调整等都必须顺应领导环境的客观性要求。否则,组织目标就难以达成。此外,领导者还要善于用联系的观点自觉地培养自己的领导环境意识。

(3) 复合性

领导环境不仅包括政治、经济、文化、教育等较大的环境因素,还包括权力、职位、任务、领导特质等具体的环境因素,因而领导环境是一个较为复杂的环境因素集合体。要想真正的认识和把握领导环境,就必须研究和了解关于它的一切方面。领导环境的复合性要求领导者必须用全面的观点来看待问题,全面性可以阻止错误的产生。所以领导者必须尽可能多地去掌握和搜集有关领导活动的因素。

(4) 能动性

领导环境的动态性和客观性并不意味着领导者只能消极地等待或者接受领导活动的结果。在人类社会发展的各个领域,人的主观能动性都有着极为重要的积极作用。"大禹治水"、"愚公移山"即是中国古人发挥主观能动性最好的说明。在领导活动中,领导者可以在遵守其客观规律的前提下,通过增加或减少、强化或弱化某些构成因素来改造领导环境,从而使领导环境和谐,以促进使领导活动的顺利开展。

(5) 联系性

任何事物都不是孤立存在的,领导环境的诸因素之间也是相互联系、相互制约的,其中某一因素的变化时常会引起一系列的变化。比如,自然环境的变化会影响领导活动的进程,任务的变化会影响领导者的决策等。所以,领导者只有认清各个因素的现实状况以及它们之间的相互关系,把握各个因素的变化规律,才能更好地推进领导活动的进程直至目标的达成。

认清领导环境的特点,对于领导者利用和改造环境有着不容忽视的作用。所以,领导者就必须认真分析所处环境的特点、探索其发展规律,以便塑造一种有益于领导活动推进的环境,以使自己能应付各种环境状况,做好领导工作。

三、领导环境的内容

领导环境所包括的因素很多,有政治、经济、文化等方面的外部因素,也有职位、任务、领导关系、领导者的特质等内部因素。领导环境按照不同的标准可以有不同的分类。按环境的性质分,有自然环境、经济环境、政治环境、社会文化环境和科技环境等;按组织范围来划分,又可分为内部环境和外部环境;按对领导活动产生的效果可分为有利环境和不利环境;由此可见,领导环境的分类非常丰富。本节我们重点介绍领导环境的内部环境和外部环境。

1. 领导的内部环境

所谓内部环境就是指组织内部由各种要素组合起来的一种情势。它主要包括组织的性质与类别、组织文化、组织的物质基础、工作的规范化程度、领导者的特质、被领导者的状况、领导者与被领导者的关系等几个方面的要素。

（1）组织的性质与类别

组织不同,领导方式也不同。比如教育组织、军事组织及企业组织,其领导方式的差异是显而易见的。教书育人为目的的学校、救死扶伤为责任的医院以及以谋取利润为目标的企业,其领导者的领导行为显然也不会相同。因此,不同的组织当中,领导行为也各不相同,领导者应该根据组织的性质采取相应的领导行为。

（2）组织文化

任何组织在自身的发展过程中都会形成独具特色的文化模式,即自身的组织文化。组织文化指的是组织成员所共有的价值观念、行为方式、信仰以及道德规范,它具有较大的稳定性,影响着组织成员的行为准则,也影响到计划、组织、用人、领导和控制等各个管理职能的实施方式。每一个成熟的组织都有自己的文化,尤其是企业组织,例如,大庆油田以铁人"王进喜"为代表的艰苦创业、三老四严的精神,国际商用机器公司"以人为核心,并向用户提供最优质的服务"的文化,通用电器公司"我们最重要的产品是进步"的口号等。优秀的组织文化能对组织的可持续发展能起到不可估量的作用。

（3）组织的物质基础

物质的存在是一切形而上的东西存在的基础,离开了物质基础,一切的精神、文化及其他都是无稽之谈。任何组织活动都离不开一定的物质基础,领导活动也不例外。组织的物质基础决定了领导行为的不同。组织的物质基础较好,就会为领导者在开展研究开发、吸引人才、组织变革等方面提供有利的支持;组织的物质基础不好,领导者在开展这些工作时就会受到束缚。

（4）工作规范化程度

工作的规范化程度是分析领导有效性的一个重要因素。组织工作的规范化程度越高,就越有利于组织成员工作的开展,领导活动越顺畅,组织目标就越容易实现;反之,组织工作的规范化程度越低,组织成员在工作中越感到茫然无从,工作效率就会越低,结果会直接影响领导决策的实施,从而导致组织计划难以落实、组织目标难以实现。

（5）领导者的特质

领导者的特质即是一个领导者明显区别于他人的领导素质,具体表现在进取心、领导愿望、正直与诚实、自信、智慧和工作相关知识等。领导者的特质是构成组织内部环境的一个重要方面。领导者不仅是在领导一个组织,同时更是在领导自身。所以,西方学者认为,一个优秀的领导者必须学会领导自己,因为领导者如何将自身的特质和组织特征有效地结合,在很大程度上取决于领导者自身很强的环境适应能力,领导者只有根据环境的要求及时调整自己的状态,将自身特质与组织特征有效结合起来,才能获得比较满意的领导效果。

(6) 被领导者的状况

被领导者是指在领导活动中执行具体决策方案、命令、任务,实现组织目标的具体执行者。被领导者的知识技能与积极性在很大程度上影响着领导决策是否能被有效地执行。如果被领导者有经验、受过专业培训或独立性强,领导活动就能轻易地被理解和有效地执行。不同性格的被领导者的行事方式也是不一样的,孟子曾根据人格把下属区分为"盛德的下属""行道的下属""安定的下属"和"容悦的下属"。

(7) 领导者与被领导者的互动关系

领导者与被领导者之间的关系,是领导活动中的基本关系。二者相互依存、相互制约,既协调统一又相互矛盾。它们的互动关系主要有两个方面的内容:

第一,领导者对被领导者的影响具体表现在:领导者对下属的工作能力和业绩给予认可,并激发他们的工作热情;领导者通过及时了解和掌握下属的需求并对下属的需求予以适当的满足;领导者通过经常有效的沟通,与下属分享信息,帮助下属了解组织对员工的要求、明确工作努力的方向。

第二,被领导者对领导者的影响具体表现在:领导者的决策效能有赖于被领导者执行与实施的程度;领导者权威的大小取决于被领导者心理认同的程度;被领导者在一定程度上决定了领导者的命运。

2. 领导的外部环境

领导的外部环境,是指组织外部对领导活动发生影响和作用的各种有效因素的总和,是政治、经济、文化、法律、科学技术以及自然要素影响领导行为模式的外部氛围和条件。领导外部环境一般包括以下几个要素。

(1) 政治环境

政治环境是领导者进行行为选择时,可能面对的总的政治状态。它包括一国或一个地区的政治体制、党政关系状况、政党制度、执政党的权威与作风、阶级与阶层结构、利益集团的构成与活动状况、政府的结构与功能功效、政治稳定程度以及政治民主化程度与状况等。任何组织内的领导体制、领导方式、领导活动都不能超过国家政治所允许的范围,一旦超出,就会难以生存。在全球化的今天,许多公司建立了海外分公司,开展领导活动就要先预测当地的政治变化及可能带来的影响。

(2) 经济环境

经济环境是领导者可能面对的并作为资源利用的总的经济状态,即整个世界经济的格局与运行状态,一国或一个地区经济体制、经济结构、经济发展速度、经济总量等诸要素的总和。在经济高度发展的现代社会,领导者只有对经济环境的彻底了解与把握才能够做好决策,才能够下属更好地实现组织活动的目标。

(3) 文化环境

文化环境是领导者可能面临的总的文化状况,它是一国或一个地区教育、科技、道德等的总和。任何组织领导活动的有效性都受制于所在社会的文化心理沉淀的影响,例如某项决策触犯了当地的宗教信仰,很可能遭到极力反对。这些文化沉淀在人们的心中成为一个评判领导活动的指标体系,只有能被这些文化接受的领导活动才能有效开展。尤其是在全球化时代,任何一个领导者都应该对不同文化之间的差异性具有必不可少的敏感性。

(4) 科学技术

"科学技术是第一生产力",科技的发展对经济发展有巨大的促进作用,同时也对组织发展有较大的影响力。技术的进步是促使西方社会的经济模式由手工作坊向社会化大生产转变的原动力。它在改变经济模式的同时,也改变了生产的组织结构,使得组织形式由传统的家长式向现代领导方式转变。例如,网络的普及使得人们利用电子邮件等先进快捷的方式互相联系,这给依赖于网络的企业带来了无限商机,同时却给传统的邮政业带来了巨大的冲击。高新技术的发展影响并改变着现有的产业结构,也对领导者提出了更高的要求。

3. 内部环境与外部环境的相互作用

由于任何一个组织都是一个开放系统,这就决定了内部环境与外部环境必然处于一个动态的相互作用的过程之中。内外环境的互动程度,在很大程度上是决定组织发展和领导有效的重要变量。两者之间的关系主要体现为以下两个方面:

(1) 外部环境对内部环境产生压力

外部环境的压力往往是一个组织图谋变革的原动力。丹尼尔·A 雷恩在《管理思想的演变》一书中有这样一段话:"经济环境能带来新的机遇,也能增大竞争压力;政治环境可以带来自由,但也能限制个人与组织的权限;而开放系统中的社会环境会给恰当的行为造成更多或者说是不同的预期。"一个组织图谋变革常常源于外部环境的压力。政府的倡导和管制、市场竞争的加剧、外来文化的冲击都会称为组织内部的领导体制和领导方式变革的重要因素。因此,能否有效地应对外部环境的压力,是衡量组织内部领导有效性的一个重要指标。

(2) 内部环境对外部环境存在着反作用

内部环境对外部环境有反作用。内部环境是指组织内部的各种影响因素的总和,它是随着组织的产生而产生的,在一定的条件下内部环境是可以控制和调节的。外部环境对内部环境的影响往往是双重的,比如,经济环境能为组织带来新的发展机遇,也加剧了组织间的相互竞争。相应地,内部环境对外部环境的反作用也表现为适应和抵制两个不同的方面。领导者应该综合分析并把握内部环境与外部环境间的作用方式,以便更好地进行领导活动。

四、研究领导环境的意义

领导活动的顺利进行离不开一定的环境条件,领导决策和经营管理活动都是在由经济、社会、政治、法律及技术等要素组成的开放系统中进行的。任何脱离社会环境的领导活动都是不切实际的,领导行为的有效性必然依赖于一定的客观环境。因此,领导者还要努力改变环境并使之有利于领导决策以及活动的执行。领导环境是领导活动的物质基础,研究领导环境对于提高领导效能、实现组织目标具有十分重要的意义。

(1) 有助于领导者提高领导效能

提高领导效能是研究领导环境最重要也最直接的目的。领导环境为领导者开展领导活动提供了舞台和物质条件,领导环境是一个复合的开放的系统,在这个系统中,领导活动不仅要受到内部环境的制约,还要受到外部环境的影响。这就是领导科学研究跨文化领导活动、探求领导环境与领导有效性之间关系的原因。有利的领导环境能促进领导效能的提高,而不利的领导环境则会阻碍领导活动的开展,并最终影响领导活动的效能。因此,认真研究领导活动,了解领导者、被领导者同领导环境之间的关系,有助于领导效能的提高。

(2) 为创造良性的领导环境奠定基础

在人类社会发展的过程中,人们不仅仅是接受客观环境所营造的一切,还要充分发挥主观能动性去认识环境,并运用合理的方法去改变不利的环境条件。领导系统在整个社会系统中不是孤立存在的,它与政治、经济、文化等有着密不可分的联系。领导系统与社会系统存在着相互影响、相互制约的关系。一方面,秩序良好的社会系统是领导系统生存和发展必不可少的条件;另一方面,领导系统反过来影响和推进社会的发展。只有正确认识领导环境对领导活动的影响,分清领导环境的优劣,才能为领导活动创造良性的领导环境。

第二节 构成领导环境的变量

环境是一个复合的开放性的系统,包含有很多方面的因素,从自然、社会到历史、文化,都是环境的构成变量。综合考察整个社会环境,可以得出,影响整个领导活动的因素主要包括以下几个部分。

一、自然因素

自然环境就是指那些直接和间接影响人类社会的自然条件的总和,它包括的因素很多,但其中最重要的是气候、人口、地理位置这三类因素。自然环境对领导活动的影响是潜在的,不具有明显性。比如,大陆文明和海洋文明可能会造就不同的领导体制,热带季风区和热带雨林区也会形成不同的领导组织。

下面详细介绍对领导环境起重要作用的几个自然因素:

(1) 地理位置

地理因素包括位置、面积、地形、地貌、矿产、森林、水资源等,这些因素对领导环境的影响十分明显。不同的地理位置会有不同的政治、经济、文化、军事等传统条件,这些不同的传统条件就构成了不同的领导环境。例如,历史悠久、农业资源丰富的中国,相比于西方发达的工业社会,必定会成长出大批农业管理、林业管理等不同类型的领导人才。地理位置为领导环境提供了一个天然的大环境,深刻地影响着领导组织的类型及结构。

(2) 人口

人口因素主要包括出生率、死亡率、人口增长率和人口密度等,它对领导环境的影响主要表现在两个方面:一方面是人口数量,其多少和人口密度的高低对领导工作有着直接的影响,人口密度过大,领导者的工作就会偏离以经济为中心的发展方向,转而控制人口增长的速度。另一方面是人口分布,其对企业组织的投资有着直接的影响,它不仅决定某一产品的需求规模,而且也决定这一地区劳动力的供给状况,这直接影响着领导的决策。人口数量过少和人口密度过低也会影响生态平衡,领导者想要实现的可持续发展的目标就难以实现。

(3) 人工生态系统

人类社会在发展的过程中,逐步形成了乡村以及城市等不同的生活环境,在各自的环境里,人们通过改造自然建立起能够满足自己需求的生活系统,即是所谓的人工生态系统,不同的人工生态系统之间的差别直接影响着领导活动的目标、行为方式以及领导效能。例如我国的乡村是以农业为主,那么农业的治理就会成为领导活动中的一项重要内容,这会直接影响到整个领导活动的战略规划。相对于乡村而言,城市的环境污染程度要严重得多,但在交通、教育、卫生保健、生计等方面存在问题,却要比大城市严重得多。可见,人工生态系统中的许多因素在一定程度上也决定了某些领导组织的活动。

二、政治因素

政治因素也是构成领导环境的一个重要方面,因为任何领导活动都不是一种自然人的行为,它总是与一个国家的政治传统、政治精神和政治权力结构联系在一起的。对于企业组织来说,政治环境和法律尺度对企业组织内部的领导与管理的影响之大是不言而喻的。许多不发达国家的企业组织引入先进管理方法的主要障碍即是过多的政府控制以及法律条文的限制。而在政府干预强和干预弱的国家中,企业组织、教育组织和群众组织的领导活动也具有迥然不同的特征。领导者是否拥有足够的自主性和规范性是衡量政治环境影响领导行为的重要指标。影响领导环境的政治因素主要有以下几点:

(1) 政体类型

所谓政体,就是指国家政权的组织形式。一个国家的政体决定了国家管理的基本体制。一个民主制的国家,其政策法规也灵活多样,而在实行中央集权的国家,其政策也就比较集中统一。领导者在上述两种体制的国家开分公司所要面临的领导环境就会大不相同。因此,对政治因素的较为透彻的把握有助于领导活动的顺利开展。

(2) 国际关系的现状与发展趋势

对领导环境的了解与把握,还要考虑国际关系的现状及其发展趋势。在和平年代,各个国家所采取的政策都侧重于发展,因此,会采取很多有利于经济发展的政策条文,从而有利于领导活动的进行。而在战争时期,国家会把大部分的资源投入到国防建设上,资源紧缺与分配不平衡必然会影响到各个组织的领导环境,影响到组织对人力、物力和财力的分配,从而影响组织的战略发展方向以及组织目标的实现。

(3) 政府经济干预的政策与手段

政府干预是经济发展过程中的一个不容忽视的因素,与市场决策相比,政府干预及其政策的制定是一件更为复杂的事情。然而由于市场运行本身的不足,政府干预有着不可替代的作用。例如,"二战"后,美国政府利用宏观调控等手段,根据经济发展的实际情况,采取相应的政策,使宏观经济运行稳定且高速发展。

政府对经济的干预也因国家体制不同而分为管制、宽松等不同的情况。政府对市场与企业如果采用宏观调控手段以及宽松的经济政策,市场与企业的发展环境也就会宽松,领导者也就有更为有利的活动环境;如果政府对市场和企业采取管制措施或过多的干预,那么,市场与企业就会缺乏发展的自由空间,领导者所面临的领导环境也就非常糟糕。

(4) 党和国家的方针政策导向和体制改革方向

党和国家的方针政策导向直接影响着领导的外部环境。当方针政策和政治体制改革顺应时代发展的趋势时,组织的领导者所面临的领导环境就相对有利;如果这些方针和政策导向以及政治体制改革方向同社会发展的趋势相背时,组织的领导者所面临的领导环境就会非常不利。例如,我国1978年的十一届三中全会确立了改革开放的决策,随后国家制定了很多有利于社会各项事业发展的方针政策,相对宽松的政治环境大大促进了领导活动的成效。从此,我国的社会主义事业进入了一个崭新的发展阶段。

(5) 法律对企业生产经营的限制条件

法律规范了一切组织和个人在各项活动中的权利和义务,是组织领导者决策的重要依据。不同的国家、法律会给组织的领导者带来不同的领导环境。例如,美国的公司主管可以在其权限内合理解雇其员工,而且不会为此招致太多麻烦,也不会花费太多代价,但相同的做法在日本却行不通。

三、经济因素

经济活动,是指围绕商品所进行的生产、交换、分配和消费的活动,而经济环境是由生产力和生产关系的发展状况构成的,即是指生产力的性质以及发展水平、生产资料所有制的性质及成熟程度等。不同国家甚至同一国家的不同地区生产力发展都存在着差异。因此,不同的地方领导者所面临的经济环境不同,领导活动的物质基础也不相同。即使是同一地区,不同组织所拥有的经济条件也有很大的差异。经济水平的高低影响着上层建筑的形态,同样也影响着领导者的决策。经济环境主要包括以下几个方面的内容:

(1) 经济制度

经济制度是指一个国家的生产资料所有制的形式,是国家统治阶级创设的各种有关经济问题的规则和措施的总称。一定社会的经济制度是由社会生产力发展的状况所决定的。经济制度构成一个社会的经济基础,它决定其政治制度和社会意识形态,并受到政治法律制度的保护。经济制度不同,会直接影响企业组织的管理方式及组织目标。例如,在私有制企业中,领导者必须根据出资的多少来分配企业管理的权力,而以公有制为主导的企业中,领导者在其行使管理权时则必须实行真正的民主管理。

(2) 经济发展水平

不同的经济制度会对领导活动产生不同的影响,不同的经济发展水平同样影响着领导活动的成效。经济发展水平越高,就越能提供丰富的物质基础,领导者在领导过程中的活动空间就越大,领导者能采用的领导方式和手段就越多、越灵活,工作效能也就随之越高。经济水平越低,领导者所依赖的物质基础就越贫乏,领导效能就会随之降低。

(3) 经济政策

经济政策是国家或政府为了达到充分就业、价格水平稳定、经济快速增长、国际收支平衡等宏观经济的目标,为增进经济福利而制定的解决经济问题的指导原则和措施。国家宏观管理的手段有财政、税收和金融等经济政策。金融政策可以通过信贷来影响和引导一个组织的发展方向;税收政策通过调节国家、企业、个人三者之间的收益比例来影响组织的受益;财政政策通过加强资金监管、控制资金投向等措施来降低组织成本以及最大限度地实现社会公平。这些政策通过对经济的影响,进而影响组织的决策与发展。

四、教育因素

组织机构的品质与效率在很大程度上取决于组织机构人员的整体素质。因此,一个国家教育的性质和质量是决定其管理者业绩水平的关键因素。如果一个管理者只能从文盲和未受过任何训练的农夫中挑选组织成员,而另一个却可以在熟练工人和大学毕业生中挑选组织成员,那么两者组建的组织机构将是完全不同的。关于教育对领导者素质的影响有两种不同的观点:

一种观点认为,在所有的外部变量中,教育在改变管理者和领导者工作态度方面所施加的影响是最大的。受过高等教育和培训的管理者和领导者往往比较信任他们的下级、能放权给下级。他们比较有远见,在挑选和评价下级的时候往往更具目的性。在吸取控制、引导和决策等方面的现代技术时,他们也颇具潜能。

另外一种观点则认为,是否受过系统的、较好的教育,对于领导者和管理者来说,似乎并没有必然的影响,或者说完整的知识结构和开阔的知识视野,不能保证领导者和管理者对下级抱有充分的信任,也不能保证他们通过授权实施分权式领导。相反,他们的自信反而加剧了集权和专断的程度。更有甚者,他们有时会把下属视为一窍不通的蠢货。

实际上,这两种观点仅仅是过分突出了知识和教育变量在领导环境中的重要性,而没有与其他环境变量联系起来进行分析,更没有把它与领导者个人的性格、观念以及习惯联系起来。良好的教育体制、较高的教育水平如果与现代民主制度、领导者尊重人的观念和具有包容性的性格相结合,那么就会得出前一种结论;如果领导者和管理者是在一种集权化的政治环境中诞生的,再加上领导者自身的独断、专横和自我中心主义,那么他们的知识容量与开明、民主的领导方式之间非但没有必然的逻辑关系,反而有可能将之推向一个专断者的位置之上。从这一视角入手,得出后一种结论,也就可以理解了。可见,教育变量虽然是重要的,但它是否对领导活动具有强大的影响力量,要把它与其他变量和领导者自身的特质联结起来进行整体考察,才能得出较为中肯的结论。

五、技术因素

在高科技日新月异的现代社会,技术因素在各个领域中所占的比重越来越大。对于社会的组织结构来说,它不仅改变了传统的组织关系和市场竞争规则,而且正从根本上改变了传统的组织模式和领导管理模式。技术因素对社会的影响愈加的广泛而深入,它对社会和人类生活的影响主要表现在以下几个方面:

* 计算机网络技术的高速发展为人类提供了极大的便利,它不仅提高了某些脑力劳动者的机械化和自动化程度,也为组织活动的顺利开展提供了技术支持。
* 铁路、汽车、飞机以及宇宙飞船的发明和运用,使得组织之间的货物交换时间越来越短,从而在一定程度上提高了领导效能。
* 技术的发展进步改变了社会的产业结构,体力劳动逐渐被机械化和自动化所代替。
* 合金钢、合成纤维、塑料和新药物等的发明与运用表明人类设计新材料和改变原有材料性质的能力大有提高。
* 电力、核动力、激光等的运用提高了生成、储存、运输与分配能源的能力。
* 雷达、电子显微镜、夜间观察仪器等的发明和运用扩大了人类感觉事物的能力。
* 医疗技术的进步和医疗设备的改进促进了人类对疾病的防治和治疗。

此外,还有很多对现代社会的组织结构以及人类行为方式产生重大影响的技术因素。例如,信息技术的高速发展,它们把人类社会带入了一个全新的时代,一个被人们称为"明显区别于工业化时代的信息时代"。在这个信息时代,无论是国家的领导体制、领导结构和领导职能,还是组织的领导者、被领导者,都要面临新的挑战和选择。信息技术革命也正是领导创新时代的背景之一。

六、社会文化因素

社会文化因素主要体现在文化传统、社会心理、意识形态、个人价值取向等几个方面。在不同文化中的决策活动和领导方式是否不同?从一个国家到另外一个国家的过程中到底会发生哪些变化?这是领导学要研究的一个重要问题:即不同文化中的领导。也就是说,领导理论提出那些领导方式对于跨文化是否适用呢?所以斯道戈迪尔说,我们必须思考独特或一般的领导活动与特定环境之间的关系,在这种特定背景下的领导要求对于一般的文化制度进行检验和考察。但是,"民族或国家边界"确实在领导者的晋升速度方面制造了一些差别。同样,领导者对目标、冒险、实用主义、人际交往能力、有效的智能、情感坚定性以及领导风格等方面的态度也与他们的晋升速度有一定的相关程度。研究表明,领导方式的跨文化差别确实存在。

研究者发现,在不同国家,"关心人"和"关心组织"的领导方式有着不同的表现方式。例如,英国"关心人"的管理人员比其他国家的管理人员更容易被下属看成是倾向于任务型和商量型的;而美国的高度"关心人"的管理人员比其他国家的管理人员体现了更多的商量性和参与性行为;日本的高度"关心人"的管理人员会帮助下属解决个人困难,花很多时间同群体在一起;香港的高度"关心人"的管理人员则同下属讨论他们的个人生活问题,工作之余花时间同他们讨论事业前途问题,在工作时间同他们频繁见面。因而,香港的管理人员同英国的管理人员一样,相对美国的管理人员而言。在"关心人"和"关心组织"之间的区分不太明确。总之,一个国家的文化有助于确定不同领导方式的表现与风格。

一个社会中绝大多数组织与领导者、管理者如何运作的指导方针是由该社会中的价值观、态度、社会准则、风俗习惯和期望来确立的。比方说,在某些文化和社会中,社会反对妇女从事管理工作。组织成员在工作时表现出的价值观和态度源自于其宗教信仰、家庭和一些社会惯例。梅塔比较了印度与美国管理层中的人际关系方法,并写道:在美国文化中大多数人认为选择的自由是一个重要的社会价值观,而人际关系的方法却历来强调参与。在印度,选择的自由并不在大多数人的价值观中,印度的就业机会较少,因此在公司工作的人们主要关心的是工作的稳定性。由家庭和教育体系中培养出来的依赖意识在工作中也有所体现。在社会文化大融合的今天,外来文化的影响越来越不容忽视,管理者和领导者应该认知和预测社会文化的变化,并找出适当的方法来应付这些变化。

第三节 领导环境的优化

领导生态系统包括领导者、被领导者与领导环境三个方面的因素。在领导生态系统中,领导者、被领导者及领导环境之间是一种相互影响、相互作用、相互制约的关系。领导环境和领导活动之间也存在着相互影响、相互制约的关系,具体包括两个方面的内容:

首先,外部环境为领导活动的存在和发展提供外部条件,为领导活动的顺利开展提供物质基础。就像细胞在有机体中的生存一样,为了维持自己在环境中的生存,细胞必须凭借自己的内部功能,不断地从周围环境中吸取营养,以维持生命活性,同时又要不断地为有机体提供营养物质。外部环境对领导活动的存在和发展作用更加显著,领导活动不仅需要外部领导环境信息和能量的支持,同时还要根据外部环境的要求对组织进行内部调整和改变,使之与外部领导环境相协调。领导环境的稳定性是领导系统发挥正常功能的前提和基础。

其次,领导活动依赖于外部环境又改变着外部环境。领导者根据外部环境的要求对组织内部进行调整和改变之后,重新向外部领导环境输出各种信息和产品。从而使得领导活动的成果影响着外部环境的改变。这种相互制约的关系,使得领导活动和领导环境构成一个既对立又统一的整体,二者之间的对立统一,推动领导活动不断发展。

领导活动具有动态性,特别是在现代社会,领导环境的变化也是很快的。但领导环境应该是相对稳定、有序的发展,而不是经常处于激烈动荡之中。如果领导环境是动荡不安的,领导活动就无法正常进行,领导者的工作效能也就无从谈起。领导系统只有提高自身对领导环境的适应能力,才能在迅速多变的领导环境中生存和发展。

一、领导环境对领导活动的作用

领导环境对领导活动的方方面面都有着深刻的影响,其中最主要的影响包括领导的性质和领导体制、领导职能的内容和实现程度、领导活动主体的发展、领导活动的全过程和领导方法等几个方面：

(1) 领导环境影响领导的性质和领导体制

一个国家的政治制度、政党制度以及政治体制等环境因素，对领导活动的根本性质以及领导体制具有直接的作用。组织的性质和领导模式往往受制于所在国家的政治环境。因为政治环境与同属上层建筑的政治制度及法律法规关系密切。例如，在西方实行三权分立制划分其权力的国家，其领导体制一般也会采用分权制。在国家方面是立法权、司法权和行政权分别由议会、法院和总统负责，在企业组织方面是决策权和经营权分别由董事会和总经理负责。

(2) 领导环境影响领导职能的内容和实现程度

物质基础决定上层建筑，领导环境同样决定了领导活动的内容及其能够实现的程度。领导活动受制于领导环境，领导环境的变化必然会对其提出新要求和条件，领导活动的职能也必然会随之发生变化。在领导环境发生改变，对领导活动的职能提出新的要求时，如果领导者认识不清这种改变，就会影响领导决策以及领导活动的顺利开展，从而影响领导职能的实现。

(3) 领导环境影响领导活动的主体的发展

特定的领导环境决定特定的领导活动，同时要求有合适的领导者和被领导者。选择领导活动主体的最根本的依据是领导活动的外部环境和领导职能的变化。环境保护问题、组织的变革、价值观念的转变、科技的迅速发展、全球化以及知识经济的到来等多方面问题都会向领导活动的主体——领导者和被领导者——提出了挑战。领导者和被领导者要想在未来多变的社会中更好地生存和发展，就必须根据领导环境的变化不断改变自己，提高自己的适应能力。

(4) 领导环境影响领导活动的全过程和领导方法

领导环境不仅影响领导活动的性质和领导职能的实现，还可以影响领导活动的运行进程，可以加快或推迟甚至完全终止领导活动。一方面，领导环境支持和参与程度影响着领导活动的进程。各个地区的资源分布不平衡，因此，领导活动开展的周期也不相同。比如，我国西部地区地域辽阔、资源丰富，但交通不便，信息不灵、人口稀少。在这种领导环境下，组织的领导活动过程不可能等同于我国东南沿海地区组织的领导活动过程。相同的领导活动在不同的领导环境里进程也有所不同。另一方面，物质基础决定上层建筑，领导决策者必须充分考虑环境因素，才有可能形成科学的方案和目标。因此，领导环境的不同客观上决定了领导方法的不同。同一个领导活动在同一个地方展开，战争时期与和平时期所要采用的领导方法也必然不同。

总而言之，领导环境对领导活动具有决定意义，影响着领导活动的各个方面。因此，领导活动的开展要时刻关注领导环境的改变，并调整相应的领导方法使之与领导环境相契合。只有使领导环境和领导活动真正地结合起来，才能达到领导成效以及组织目标。

二、提高领导活动的能动性

领导环境对领导活动的制约性作用并不表明领导活动在领导环境面前是消极被动地适应和接受。领导活动通过领导者的能动性来积极适应并改变环境,从而创造适合领导活动顺利开展的领导环境。领导活动不仅可以适时适地地调整领导策略,还可以改变自己的生存土壤和发展空间。

1. 领导活动对领导环境的作用效果

领导活动对领导环境的作用效果有两个方面:一方面,领导活动顺应了时代的发展趋势,能够为领导活动的开展创造更为宽松和有力的领导环境,这样会对领导活动起积极地推动作用;另一方面,领导者采取了错误的领导决策,作用于领导环境诸因素的改变,会阻碍领导活动的开展。正如恩格斯在论述国家权力对于经济发展的作用时曾做过的表述:"国家权力对于经济发展的反作用可能有三种。一是它可沿着同一方向起作用,在这种情况下就会发展的比较快;二是它可以沿着相反方向起作用,在这种情况下,它现在在每一个民族中经过一定的时期就都要遭到崩溃;三是它可以阻碍经济发展沿着某些方向走,而推动它沿着另一个方向走。第三种情况归结起来为前两种情况中的一种。但是很明显,在第二种和第三种情况下,政治权力能给经济造成巨大的损害,并造成大量的人力和物力的浪费。"

2. 领导活动对领导环境的利用和改造

通过上文我们知道,领导活动对领导环境有正反两个方向的作用,那么我们在处理领导活动和领导环境之间的关系时,就应该注意发挥领导活动积极方面的因素,尽量避免或者限制消极的领导活动。具体地讲,主要应从以下几个方面入手:

(1) 认识和把握领导环境的特点及其发展规律

对领导环境的特点及其发展规律的充分认识和把握是取得领导成效和达成组织目标的前提。认识领导环境及其发展的基本规律,领导者作为认识主体必须充分发挥其主观能动性,这是领导者对环境的成功认识和改造的必要条件,也是领导者对环境成功利用和改造的必然要求。为此,领导者首先要做好以下几个方面的工作:

采用调查研究的方法,充分了解与领导活动相关的情况和问题;综合分析所取得的情况和问题,弄清他们的之间的相互关系;在分析得到的结果的基础上做出科学合理的决策。在领导活动中实施决策并肯定或修正自己已经形成的认识,注重领导经验的积累并从中总结领导环境发展变化的规律。

(2) 有效利用领导环境变化所带来的机遇

领导决策一旦开始实施,就要想法设法往组织要达成的目标上靠近。为此,领导者必须密切关注领导环境的细微变化,从而为领导活动的顺利进行创造理想的领导环境。在发现环境发生变化之后,领导者首先要迅速判断这种变化是否对领导活动的进行有利,并且要及时地采取相应的措施应对这种变化。面对突如其来的变化,领导者首先要保持清醒的头脑,综合考察当时环境中的诸因素之后做出科学合理的决策。此外,领导者不应被动地适应环境变化所带来的后果,而是应该在环境变化之前便对领导环境有一个清醒的认识和透彻的把握,并主动地为领导活动创造一个有利的环境。

(3) 能动地改造领导环境

领导活动可以改造客观世界,领导环境的改造即是其中的一个重要组成部分,它是领导者在其主观能动性方面所表现出来的最高境界。改造领导环境之前,领导者首先综合分析构成领导环境诸要素的现存状态,并要对改造过程的复杂性和艰巨性有一个较为充分的认识。一方面,改造领导环境要面临一个及其复杂的状态,单靠一个人的力量是有限的,领导者要学会集思广益,最后确定一个科学合理的方针政策。另一方面,改造领导环境是一个相当艰巨的任务,领导者不可急功近利,而要循序渐进,逐步实现改造环境的目标。

以上三点是一个有机联系的整体。领导者只有在充分认识和把握领导环境的特点和发展规律的前提下,才能有效利用领导环境变化所带来的机遇和有利条件,从而采用合理的方法能动地改造领导环境,促进组织目标的实现。三者之间不可偏废,只有把三者有机结合起来,,才能实现社会主义事业的不断发展,才能促进人类社会的不断进步。

第三章 领 导 者

领导者是在社会共同的生活中,经过选举、任命,或从群众中涌现出来的能够指导和协调组织成员向着既定方向努力的、具有影响力的个人或者是集体。领导者的权力和职责是相互的,在一定的职位上拥有一定的权力,但也要承担相应的责任。领导者能力的大小对于一个群体或一个社会组织的生存和发展意义重大,事关大局,所以要提高领导者个体的素质,并加强组织的领导班子建设。

第一节 领导者概述

一、领导者的含义

领导者能力的大小对于一个群体或一个社会组织的生存和发展具有很大的决定作用。但是对于领导者的定义是怎么界定的呢?

一种观点认为,领导者就是权力的执掌者,即他是在特定的社会组织中,依法享有职权,并通过决策、组织、指挥、协调、控制和影响等活动,率领被领导者实现既定目标的人。也就是说,领导者就是指一个组织中的当权者,是组织或者机构的掌舵人,他履行的是一定的领导职务。这种观点把权力作为领导者存在的基础,尤其是把职权当作构成领导者的一个必备要素。这一观点虽然也在一定程度上反映了正式领导者的内涵,但却大大缩小了领导者的内涵,即忽略了非正式领导者的存在。

另一种观点认为,领导者就是其身后拥有追随者的人。美国著名的管理大师皮得·杜拉克在其所著的《未来的领导》一书的序言中写道:领导者的唯一定义就是其后面有追随者。一些人是思想家,一些人是预言家,这些人都很重要,而且也很急需,但是,没有追随者就不会有领导。一个成功的领导者不一定是受人爱戴的人,而是使追随者做出正确事情的人。领导者都是受人瞩目的,因此必须以身作则。领导地位并不意味着头衔、特权、级别、金钱,而是责任。按照杜拉克的观点,领导者是无处不在的,群众中的领袖人物以及没有正式职位但仍有一定影响的人物都可以称为领导者。在大多数社会中,领袖并不局限于少数一群有限权力的杰出人物的范围内,而是包括人数众多但尚不明确的人员的行为在内。因此,领导者不局限于政治家、政府首脑、大企业经理等,那些只有四五个下属的加油站站长或者配备了一两个秘书、技术公认的医生,也都是领导者。

以上关于领导者定义的两种不同观点,分别从最狭义和最广义的角度描述了领导者的面貌。综合这些观点,我们可以总结出领导者的定义,即领导者是在社会共同的生活中,经过选举、任命,或从群众中涌现出来的能够指导和协调组织成员向着既定方向努力的、具有影响力的个人或者是集体。

正确理解领导者的含义应把握三个方面的内容:领导者就是一个组织正常运作和发展的发动者和推动者;领导者通过计划、组织、指导和监督成员的活动,发展和维持组织成员之间的团结以及调动其工作积极性,使之成为一个有机的整体;领导者之所以能够指导和协调其组织成员,真正起作用的不是因为他被冠以某种头衔,如主管、经理等,而是因为他所具有的影响力。

二、领导者的构成

领导者是由个体领导者和集体领导者两个基本部分组成的。

1. 个体领导者

个体领导者即普通意义上的领导者或领导人,也就是我们常说的上司、领导、主管、总裁、董事长、经理等。这是领导者的主要含义所在,是集体领导者存在的前提。个体领导者还可以分为领袖、主要领导人和一般领导人等。在主要领导人和一般领导人之间,又分为高层领导人、中层领导人和基层领导人等。他们在不同的单位、不同的岗位、不同的时间和场合发挥着不同的作用,特别是在集体领导者中间表现得更是如此。

2. 集体领导者

集体领导者,又称领导班子,是由在同一群体或者组织内完备的一组领导岗位上任职的领导者组成的领导集体。这一领导集体不是由若干个领导者简单、松散地拼凑而成的,而是若干领导者按照一定的原则、制度科学地排列组合起来的,且彼此之间相互作用、相互影响的具有高度组织性和能动性的有机整体。这一有机整体由其中的最高层领导者负责和统领,由一般领导者,即通常与最高领导者在级别上相差不太大的次一级领导者充当领导集体成员。这一集体对于国家中央政府来说,就是内阁,对于其他一般的组织而言,就是一般的领导团队。

三、领导者的类型

关于领导者的划分,依据的标准不同,类型就不同。按照领导者的特征,可分为仁人型领导者和能人型领导者;按照领导者的工作作风,可分为独裁型领导者、专制型领导者、民主型领导者和放任型领导者;按照领导者的心态,可分为变革型领导者和交易型领导者。本书中我们就一些比较有代表性的类型加以介绍。

1. 以领导者产生的方式划分

按照领导者产生的方式划分,领导者可分为正式领导者和非正式领导者。

(1) 正式领导者

这种类型的领导者是由组织指定的,他们拥有组织结构中的正式职位、职权和责任,并通过领导活动实现组织的目标。正式领导者通常按照组织给与的权力,根据既定的路线和严格的章程进行活动。正式领导者的领导职位相对稳定,它不会因某一领导者的离职而消失,而是由其他人进行补位。正式的领导者可以运用合法的权力来影响下级的思想和行动,必要时可以采取权力的消极形式来影响下级。

(2) 非正式领导者

这种类型的领导者是在正式组织或者非正式组织中通过组织内成员的自发选择而产生的领导者。他们不拥有正式的职位、职权和责任,其领导地位主要是因为他们具有某一方面的才能而取得的,非正式领导者是靠个人的魅力赢得追随者的敬仰和拥戴的。非正式领导者总是以满足人们的需要和情感为宗旨,主要帮助组织成员解决私人问题、帮助组织成员承担某些责任、协调组织成员之间的关系、引导员工的思想和信仰,并影响他们的价值观。非正式领导者同其他组织成员具有内在的统一性与和谐性,因而其适应组织和环境的能力较强。由于非正式领导者的影响力是基于组织内部成员对他的信赖,因此,其号召力和影响力不可低估。

2. 以领导者的权力来源划分

马克斯·韦伯依据领导者的权力来源不同,把领导者划分为法理型领导者、超凡魅力型领导者和世袭型领导者。

(1) 法理型领导者

这种类型的领导者的权利来自于理性和法律。在领导者与被领导者的关系中,法律具有至高无上的地位。领导者与被领导者双方的权力和义务都是法律所确定的。无论是领袖、官员,还是一般公众,在法律面前一律平等,他们的行为都要受到法律的规范和约束。

(2) 超凡魅力型领导者

超凡魅力型领导者通常通过他的神奇之举或英雄行为,把人们吸引到自己的周围,称谓追随者或信徒。他们之间的领导者和被领导者关系,是基于被领导者对领导者的超凡魅力的信仰,而不是基于某种形式的强制力。一旦领导者丧失了来自被领导者的信仰,这种领导关系就会解。

(3) 世袭型领导者

世袭型领导者又称为传统型领导者,这种领导者是以世代沿袭下来的惯例来获取权力的。领导者的命令在内容上必须是基于某种传统,即历代相传的神圣规则,超出这种限制就会导致领导失败。在这种领导关系中,被领导者对领导者的服从是基于对拥有这种神圣不可侵犯的正统地位的个人的服从。服从的义务不是根据与人无关的命令,而是在习惯的义务范围内对拥有传统权力的个人的绝对忠诚。

四、领导者与管理者的区别

很多人把领导者同管理者混为一谈,其实他们之间存有诸多不同。正如领导与管理各有自己专门的职能一样,领导者与管理者在社会生活中各自扮演的角色是不一样的。"领导者把事情做正确(doing things right),管理者做正确的事情(doing right things)。"这一经典命题揭示了领导者同管理者之间的差异。具体地讲,领导者同管理者之间的区别主要表现在以下九个方面:

1. 对待目标的态度不同

在对待目标的态度上,领导者同管理者存在明显的不同。管理者的目标通常是源于需要而非欲望,因此,管理者往往倾向于以一种不带有个人情感的态度对待目标。领导者则常常以一种富于个性化的、积极的态度对待目标,他们提出设想而非为回应设想。领导者寻求潜在的机会及回报,并以其自身的魅力激励下属、激发创新。领导者对于改变行为模式、激发想象力、确立具体的设想和目标等方面的影响,决定着一个组织的发展方向。而且,这种影响的结果直接改变了人们思考问题的方式。

2. 权威基础不同

领导者和管理者的权威基础也不一样。我们知道,领导从其本质上讲是一种影响力的扩展过程,领导者同其下属的关系更多的是一种追随关系。也就是说,领导者之所以成为领导者,是因为他们有众多的认为他们可以提供满足其需要的追随者的追随。尽管在现实生活中,一个人也可以同时担当领导者和管理者的双重角色,但是领导者并不一定是管理者,管理者也不一定是领导者,因为领导者的权威基础源于其自身的独特魅力。

3. 职责不同

新的理念、新的制度、新的愿景是由领导者引进、规划与制定的,在此过程中,领导者要站在队伍的最前面,启到示范带头作用,以身作则。而管理者在此过程中是保证此工作的正常而顺利的运行,控制过程,发现不正之时及时向上汇报情况并提出合理方案,力保革新过程的顺利进行。简而言之就是领导者在队伍前面示范,管理者在队伍中间控制。

4. 存在的空间不同

相对于管理者生存空间只存在于正式组织中言,领导者的生存空间则更宽、更广。领导者既可以存在于正式组织中,也可以存在于其他非正式组织或群体中。管理者虽可以运用职权迫使下属从事某一项工作,却不能影响他人去追随自己。而领导者就不同,尽管有的领导者没有正式的职权,但只要他能以个人的影响力去影响他人。

5. 关注的对象不同

领导者与管理者各自关注的对象及其思维方式有着明显的不同。管理者通常是问题的解决者,他们会问:什么问题需要解决？解决问题的最佳方法又是什么？怎么能维系组织的延续？可见,管理者关注的是具体的业务和程序,而领导者关注的则是组织发展的方向和该部门的人际关系协调及其成员需要的满足程度,并引发整个组织的变革,为整个组织和全体人员注入一种精神和希望。

6. 思维方式不同

领导者与管理者在履行管理职能和领导职能的时候,会有明显的角色倾向。管理者一般履行一种技术化、程序化的思维方式,而领导者则履行一种社会化、非程序化的思维方式。

7. 待人的态度不同

管理者和领导者对待下属以及他人方面的态度也有着明显的不同。管理者通常运用奖励、惩罚以及其他强制性措施来改变反对者的想法,限制下属的选择,力求把下属纳入到一种程序化的工作轨道上来。管理者依据自己在某一事件或某一决策中的角色来与人交往。这表明,管理者关心的是事情应该怎样进行下去。他力图将一胜一负转化为双方皆胜,从而化解分歧,保持权利的平衡。管理者以时间为武器,并力图保持控制、理性的结构平衡。领导者则力图拓展追随者新的思路,并为他们的发展开启新的空间。为了更富有成效,领导者必须使其计划更富有想象力,从而激励人们去拓展新的选择空间并使其计划更为现实。

8. 自我意识不同

管理者常常把自己视为现存秩序的卫道士以及规则的制定者,以此来实现着自身价值并获取物质利益。管理者的自我意识通过现存的组织的强化和永久化得以加强,他们与所承担的职位的职责和责任协调一致。而领导者的自我意识的存在并不依赖于同事、工作职位以及其他任何社会的参照物,也许正是这种自我意识,可以解释为什么某些个体总是追求变化的理论基础。

9. 生活方式的抉择标准不同

在生活方式的抉择方面,管理者和领导者也有很大的不同。领导者是通过个人奋斗来谋求发展,这种发展方式促使社会个体为追求心理乃至社会的变化而奋斗。而管理者则是借助社会谋求发展,在这种发展轨迹中,社会要求个体指导组织并维护已有的各种社会关系的平衡。管理者所选择的人生方式可以称之为"每一步最优"者,而领导者所选择的人生方式则为"总体最优"。

第二节 领导者的职位、权力和职责

一、领导者职位

领导者的的权威保障是同他的领导职位联系在一起的。可以说,领导者的职位是一个领导者有效工作的首要条件。

一般来说,领导职位是指国家权力机关和人事行政部门根据法律的规定,按照规范化程序选举、聘用和任命领导者担任的职务和责任。因此,就其构成要素来讲,领导者的职位由职务和责任两个不同分割的部分构成。担任某个职务就要负起某个组织的责任。

领导者的职位是因"事"而设。也就是说,领导者的职位不是为"某一个人"而设立的,而是根据组织发展的需要,以"事"为中心而确定下来的。领导者的职位的设置具有一定的数量规定性。通常来说,领导者职位的设置遵循最低数量原则。领导者的职位具有相对的稳定性。领导职位的稳定性包括两个方面的内容:一是领导者的职位数量是由法律、法规明确规定的,因此它一经确立,就不可轻易废除,或者是轻易增设。二是某一职位上的领导者担任的职务与所负的责任具有一定的时限性,而这种时限性对职位本身不构成什么影响。也就是说,一个领导者应当以他是否具备基本的工作能力,保障基本的领导效能,为其是否足以担任某一实际的领导职位的判断标准。如果不足以担任,就应当离职,但这个领导职位并不因为领导者的离开而消失。

二、领导者的权力

1. 权力的概念

通常情况下人们都以为权力就是职权,其实这是比较片面的。不可否认,职权也是一种权力,它是根据职务确定的,是为了旅行职务所规定的职责而赋予领导者的对人和物的支配力。这种支配力是在职位基础上产生的,没有职位就没有职权,但是职权并不是权力的全部。

马克斯·韦伯认为权力是把一个人或者更多的人的意志强加在其他人的行为之上的能力。法约尔认为:"权力是下达命令的力量以及要求他人严格服从的权限。必须将管理人员的政治权力和由智力、经验、道德价值、领导能力、过去的工作经历等形成的个人权力区别开来。作为一个出色的领导人,个人权力是正式权力不可或缺的构成部分。权力既可以产生于组织,也可以产生于对匮乏供给和对生产资料的占有和控制,也可以产生于法律和其他一些要素。因此,权力是一种影响他人做某种事情的力量。这种力量可能是强制性的,也可能是来自于领导者自身的人格感召力,它表现为下属的自愿服从和自愿归依。"

由此我们可以总结出,权力就是一个人或许多人的行为使另一个人或其他许多人发生改变的一种力量。正确理解权利的概念,还应注意把握以下几点:

* 权力是一种人与人之间的关系,而非人与物之间的关系。
* 权力所界定的这种人与人之间的关系具有支配与被支配、领导与服从的关系的特点。任何权力都由三个要素组成:领导者、被领导者以及领导者迫使被领导者服从的社会手段或力量。这三个要素构成了一种特殊的社会关系,离开了其中的任何一个要素,权力便不复存在。
* 权力既是一种手段,也是一种目的。人们既可以把它当做达成某种目的利益的手段,也可以把权力当做所追求的目的本身,成为人类欲望的一种实现形式。

2. 权力的类型

为了研究权力及其运用的效果,学者们通常都将其进行类型上的划分。目前流行的观点是将组织中的权力划分为两类五种:职位权力(合法权、奖励权、强制权)、非职位权力(专家权、参考权)。

(1) 职位权力

职位权力是领导者依据其职位所取得的权力,是领导者行使指挥与统领过程的支配性影响的实质条件。职位权力与职位具有同质同量的关系,其大小同职位的高低相对称。它同领导职位一样,都须有法律的认可和确认,并都会对领导效能产生一种双向的影响。职位权力主要是指合法权、奖励权和强制权。

合法权指因拥有组织中的正式职位而获得的权力。合法权常常同职位联系在一起,与一定的权力容量相结合,得到下属和人们的认可才能使占据某一职位的人拥有权力。合法权要想得到有效运用,领导者必须做到:一是要求要有礼节,傲慢、无礼的要求不仅不会使成员顺从,而且还会使其抗拒;二是要求要明确,领导者要使其下属清楚地了解其要求和要达到的目的;三是要求要合理、合法,不合理、非法的要求会被忽视或抗拒,合理、合法的事情可以加速下级的接受;四是要求要坚持得到服从,领导者应避免下级明显地拒绝贯彻某一命令或要求的事情发生,如果开了恶例,就会降低领导者在组织成员中的威信。

奖励权是指对于领导者施加的影响,被领导者如果接受这一影响,就必然会接受某种程度的奖励。一般而言,同领导者奖励权的大小密切相关的因素包括两个方面:一是被领导者对领导者实施奖赏的能力的信任程度,被领导者只有在认为领导者具备这种能力时才会接受他的影响;二是领导者实施的奖励大小,奖励越大,领导者的影响力也就越大。

强制权与奖励权相对应,强制权是建立在组织成员认为不接受服从,便会受到惩罚的基础之上的。强制权是领导者对其下属不服从其领导所给予的一种强制性剥夺,通常会立即见效,但它易产生抑制和报复、破坏信任以及破坏人与人之间的关系等后果。对于一个成功的领导者来说,应尽量避免使用强制权。领导者使用强制权时应注意将规定和罚则明示,在处罚之前有足够的警告,在处罚之前了解事实真相,处罚要适度,维持惩罚的公正等。

(2) 非职位权力

非职位权力又称个人权力,是指与组织的职位无关的权力。换句话说,领导者非职位权力的获得不是依赖于他在组织中的职位,而是因为领导者具备某方面的特质。非职位权力主要是指专家权和参考权。

专家权是指专家在他们的专业知识和技能领域所具备的权威。在日趋高度专业化和精细分工的组织背景下,具有专门知识和技能的专家在组织中的地位越来越高。应用专家权时应注意:一是建立专家形象,即领导者应使其下属、同事和上级确知其教育背景和相关的工作经验以及在专业领域显著的成就;二是维持信用,即领导者对于不太了解的事情应避免随意评论,否则,领导者的专家权就会削减、就会大打折扣;三是做到果敢而自信,特别是在危急时刻,领导行使专家权要果敢而自信;四是保持信息灵通,即领导者必须了解和掌握相关专业领域的发展和变化;五是要尊重下属,避免伤害其自尊心。

参考权是指一个人的行为、意见、态度、气质等个人特质成为他人采取行为模式、表达意见和参考的对象。也就是说,领导者的参考权是建立在组织成员对领导者的忠诚、敬仰和个人情愫的基础之上。参考权主要包括个人魅力权、背景权和感情权。个人魅力权是由领导者个人的魅力所"派生"出来的权力,人们由于被领导者的魅力所吸引而将其奉为追随者;背景权来自于一个人的辉煌经历或特殊的人际关系背景、血缘关系背景;感情权是一个人由于同被影响者的感情融洽而获得的一种权力。

3. 获取权力的路径

不同组织成员的个人目标往往有所不同。因此,要想使组织成员为实现共同的目标而努力,领导者就必须借助权力来对组织成员施加影响。那么,权力是如何获得的呢?通常情况下,权力获取的路径主要有以下几条路径:

(1) 展现个人能力

才能是领导者的能源库,是领导者获得非权力影响力的重要源泉。一个有才能的领导者会给工作群体带来成功的希望,使人们对他产生一种敬佩感。敬佩感是一种心理磁石,它会吸引人们自觉地接受影响。

伯恩斯认为,对资源的占有以及合理使用是拥有权力的必备前提之一。一个人要想拥有权力或拥有更大的权力,他还必须存有谋求权力或更大权力的动机。也就是说,一个拥有权力资源的人要想真正拥有权力或更大的权力,还必须在这种权力动机之下千方百计地得到更多的权力资源并充分利用它们。要想成为领导者并拥有实际的权力,就意味着必须抓住一切机会,在恰当的时间和空间来证明自己的能力。"领导是成长起来的,而不是创造出来的",这充分说明,只有将自己的能力展示在组织和众人面前,赢得人们的信赖与支持,才有可能成为领导者和被追随者。

(2) 完成关键工作

德才兼备、勤奋努力,其结果都要通过伟业佳绩得以体现。劳而无功、劳而无获的人是难以树立起良好形象的。那些工作成绩突出,能够改变本地区、本部门、本单位面貌的人,自然能在人民群众中享有较高的威信。任何一个组织都会有诸多不同的工作,而且这些不同的工作对于组织的意义也不同,它们或主或次,或关键或一般。通常情况下,上层领导会对那些在组织中具有关键意义的工作给予更多的关注。因此,要想获取权力,就必须想方设法去争取获得完成关键工作的机会。然而,关键并不是所有的人都能够胜任。因此,追逐权力者还须施展自己的才华,尽可能地将工作做得圆满、出色。只有这样,才可能真正赢得上层领导的信任以及组织成员的尊重。

(3) 乐于助人

追求权力者应该时刻关注周围的人,在他们需要的时候立刻伸出援手,提供适当的支持与帮助。人际交往的一个显著特点,就是人人期望得到别人的理解、尊重和信任。哪怕是一个主动的招呼,一句亲切的寒暄,都会使人感到一种尊重和亲近。与人交往时,不要板着面孔,而要和风细雨,缩短彼此间的距离;要以"仁"为善,多记他人的好处,多看他人的长处,多想他人的难处,不自私、不猜疑、不嫉妒,多伸出你的手来。实际上这种感情和利益的投放也是一种恩惠的储存,在你追逐权力的过程中需要帮助时,他们也会向你投放感情和利益,即向你提供相应的支持和帮助。所以在一定程度上说助人也是在助己。

(4) 帮助组织克服危机

在一般情况下,一个人要想获得迅速提升是一件非常困难的事情。但如果在组织发生危机时,他能够临危不惧、挺身而出,帮助组织克服危机,走去困境,那么他就有可能获得权力。因为组织在处于危机时,组织原来的权力构架很容易被打破,如果在这个时候抓住机会,谁就可能获得权力。一个优柔寡断、缺乏应有的组织协调能力和决断魄力的领导者,是很难有所作为的,也很难得到工作群体的认可。所以,追逐权力者在组织处于动荡与危急之时,必须全力以赴,帮助组织克服危机,化险为夷。

(5) 谨慎地寻求顾问

一个人不管他的智商有多高,如果仅依靠他自己一个人的力量,是很难获得成功的,正所谓"智者千虑,必有一失"。因此,要想获取权力,追逐权力的人还必须明白"三人行必有我师",要知道寻求他人的帮助,要寻找相关领域的专家来帮助自己收集信息、分析情况、发现机会并做出正确决策。但是权力追逐者在寻求他人帮助或指点的过程中要把握好"度",既要注意对专家的意见进行分析采纳,又要注意不可过分地依赖专家。否则,一旦失去专家的支持,自己就会立即陷入困境。

(6) 不断提高自己

由于环境是处于不断变化之中的,所以一个人要想获取权力,成为一个理想的领导者,他是否具备应变能力。无论是对于一个组织来讲,还是对于某一个人而言,想要适应不断变化的环境,就必须具有极强的环境适应力与应变能力。要不断向书本学,向实践学,向先进人物学,向人民群众学。只有勤于学习,才能不断提高修养,才能博采众长、取长补短。追逐权力者必须随时注重通过不断的学习、实践提高自己的知识水准、专业技能，使自己逐步发展成为某一领域的权威，扩展自己的专长权。

（7）同有权势的人形成同盟

如果一个人想要拥有更多的权力，他就要努力成为拥有权力的人物的秘书或朋友。因为有权势的人往往会成为一个人是否获得晋升的决定者。同他们形成联盟，可以使自己更快、更多地获得重要信息，拥有更多展示自己能力的机会。一旦你同有权势的人建立的联盟，那么你就拥有了巨大的信息与资源优势。

4. 权力与权威

在现实生活中，人们常常习惯于把权力同权威联系在一起，因为权力是构成权威的基础。那么，到底什么是权威呢？权威是领导者对其下属的影响与控制力的展现，这种影响与控制力以领导者的职位性权力或以其个人的特质（如气质、业绩或功德名望等）为基础。

权力是权威的基础，所以依据权力的类型，权威也可以划分为职位性权威和人格性权威两种类型。

（1）职位性权威

职位性权威，即依靠职权所奠定的权威。职位性分为积极职位权威和消极职位权威。积极职位权威是指人们对领导者的职权所给予的一种合法性认可，所以领导者的领导行为就可以起到积极的效果。消极职位权威是指人们对领导者的职权缺乏合法性的认可，所以领导者只能通过强制性手段去支配下属，其结果当然是被动的、消极的。

（2）人格性权威

人格性权威是建立在个人魅力、知识、才能、资历等个人特质基础之上的权威，以个人魅力为基础。这种权威带动被领导者的自愿服从和主动追随。

通过以上所述可以知道，权力同权威是联系密切的。但是却不能把构成权力的一部分职权等同于权威。生活中有诸多靠职位权力发号施令却不能赢得下属信任和追随的领导者，这表明拥有职权的领导者不一定拥有权威。同样，拥有权威的领导者也并不一定都拥有正式的职位。

三、领导者的职责

权力同职责是对等的，有多大的权力就应承担多大的职责，领导者也是如此。领导者作为从群体中分化出来的一种角色，拥有影响力和控制力，理所当然地对其所领导的组织负有不可推卸的责任。处于一定职位并拥有相应职权的领导者由于其职位、职权都是由权力部门、上级组织或者选举者所规定和要求的。因此，他们必须对相应的权力部门、上级组织或选举者负责。拥有一定职位并享有一定职权的领导者所负责任的大小同其职位的层次以及职权的大小相关。

从根本上说，领导者的职责就是提高组织的活动效率，实现组织的目标。就领导者的职责和具体内容来说，它主要涉及职位责任和非职位责任两个方面。从职位责任来说，它主要包括：确定组织目标，制定远景规划；阐明领导立场，传达组织目标；处理各种关系，使上下级保持良好的关系；做好组织工作，配置相关人员；建立各种激励机制，为组织提供化解组织面临的危机；推动组织变革，并使组织成员不断进步。从非职位责任来说，它主要包括:为自己的追随者提供一种希望;通过自己的人格魅力凝聚一种组织的价值和精神;处理好各种非工作关系,能够满足下属和成员的非工作需求;造就新的领导文化,为下属提供更多晋升的机会等。

第三节 领导者素质

一、领导者素质的本质

1. 领导者素质的含义

要弄清楚领导者素质的含义,首先必须清楚作为一个普通人,一般应具备的素质的是什么。人的素质是指一定社会制度下所具有的认识世界和改造世界的条件和能力,一般由身体素质、科学文化素质与劳动技能和思想道德素质构成。

(1) 身体素质

身体素质指身体的健康水平和大脑机能状况。身体的健康水平包括生理的正常运转和对疾病的抵抗力、体力和精力的强度、寿命等;大脑机能状况包括大脑的器质和功能。身体素质是人的素质和物质基础,也就是生物学基础。人的身体素质主要是依靠先天的条件和后天的卫生保健保持和增强的。

(2) 科学文化素质与劳动技能

这里的科学包括自然科学和社会科学,劳动包括脑力劳动和体力劳动。科学文化水平是指人对科学文化掌握的程度,劳动技能包括人的技术水平与应用所掌握的科学文化技术的熟练程度。在一定的生产力水平下,科学文化水平的高低往往决定劳动技能的强弱,是人的素质的重要内容,是认识世界和改造世界的主要手段。

(3) 思想道德素质

思想道德素质主要是指人的思想意识形态和品质,包括世界观、人生观、思想品德、道德观念、对社会规范的遵守等。思想道德素质是人的素质的重要特征,是人的社会属性的重要表现。领导者素质就是指作为组织的领导者所具备的身体素质、科学文化素质与领导技能、思想道德素质的总称,是作为充当领导者角色的个体为完成特定的领导职责,发挥其特定的影响和作用所必须具备的用来从事领导活动的自身条件,是得自于先天和后天的、凝结在领导者身上的、有利于完成领导职责的个体特征。对领导者基本素质的要求明显不同于一般人,因为他们的行为直接关系到国家、组织及其成员等各方面的利益。

根据上面的内容,我们认为:领导者的素质是指从事领导工作必须具备的基本条件,以及在领导工作中经常起作用的内在要素的总和。

2. 领导者素质的特点

人的素质一般具有稳定性、基础性和可塑性的特点。稳定性主要是指人的素质在一定的时间内已经形成的具有稳定性的内在因素。基础性是指人的素质对人的能力、人格形成起着基础作用。可塑性是指人的素质不是一层不变的,受主客观因素的影响,人的素质可能会朝着不同的方向转化。

不同的社会角色对人的素质要求是不同的。领导者的素质除了具有人的一般素质特征之外，还有其特殊属性。领导者担负的决策、组织、协调和指挥等重要的社会角色，这必然要求领导者具有高于一般人的基本素质。因此，领导者的素质还具有以下几个方面的特征：

(1) 综合性

由于领导活动涉及组织、决策、协调、指挥、沟通等各个方面的复杂过程，因而，也对领导者素质的全面综合性提出了要求。尽管不同的组织对领导者素质的要求不同，但是作为现代组织的领导者，必须具备政治、思想、道德、知识、心理、身体素质与决策、组织、沟通、激励、用人等各方面的能力。

(2) 阶级性

领导者总是处于某一特定社会中，归属于某一阶级，代表着一定阶级的利益。领导者所承担的重要而特殊的社会角色，以及权力运动所产生的深刻、广泛的社会影响，使各个阶级加倍重视对领导者的塑造，努力按照本阶级的意志、要求，培养和造就本阶级利益的忠实维护者。

(3) 动态性

领导者是时代要求的产物，随着时代的不断发展和变化，领导素质也要不断地发生变化。这种要求的压力迫使领导者必须不断改善和调整自身的素质，才能完成领导目标。因此，领导者素质是一个动态的体系，具有明显的时代特征。另外，不同的领导者个体、不同的领导职位，对领导者的素质要求也会相应地发生变化。

(4) 层次性

层次性是组织结构中不同层级的领导职位决定的。在不同层级的领导职位上，要求领导者具备不同的素质。美国著名管理学家哈罗德·孔茨根据罗伯特·L.卡茨的研究阐述了不同层级的领导者所需要的不同能力。孔茨认为，在复杂的组织结构中，可以把领导分为高层、中层、基层三个层次，他们属于领导和活动的不同层面，各个层面有着不同的素质要求。一般来说，领导层级越高，对领导者的决策力、创造力的素质要求就越强；层级越低，对领导者的技术能力、业务素质的要求也就越强；而中层领导，因为承担着大量的上传下达的职能，所以其组织协调能力就显得十分重要。

二、领导者素质的理论研究

成功组织的领导者应当具备什么样的素质，一直是领导学关系的一个重要问题。许多研究者通过对成功的组织领导者们进行深入研究之后，提出了不同的观点和看法。

1. R. L. 卡茨的理论

美国著名经济学家 R. L. 卡茨在《成功管理所需的基本技能》一文中认为，成功的企业领导是以技术技能、人事技能和思想技能三种基本技能为基础的。

(1) 技术技能

技术技能即对某一特殊活动，特别是包含方法、过程、程序和技术的技能的理解和熟练。技术能力包括专门知识、在各种专业范围内的分析能力以及灵活地应用专业工具的技巧。

(2) 人事技能

人事技能是指一个人能够以小组成员的身份有效地工作的行政能力,并能够在他领导的小组中建立起合作的能力。技术技能主要涉及到与"物"(过程和有形的物质)的工作,而人事技能主要涉及到与人的工作。

(3) 思想技能

思想技能是把企业看成一个整体的能力,包括识别一个组织中的彼此互相以来的各种职能,一部分的改变如何能影响所有其他各部,并扩大设想个别企业与工业、社团之间,以及与国家的政治、社会和经济力量这一总体之间的关系。在任何情况下都能看出其间的关系并领会其主要的组成部分,领导者就能为提高整个组织的全面福利而采取行动。

2. 罗伊·克洛斯的理论

英国企业管理协会理事长罗伊·克洛斯则认为,领导者需要具备的素质不仅包括了解经营法则、精通各种技术;具备雄心壮志,善于把握机会、利用机会;具有承担风险的勇气,并且能精确地评估出风险与回报之间的指数比率。除此之外,领导者还要具备以下四种基本素质:

(1) 领导能力

领导能力是指能激发出团体精神,共同努力追求既定目标的能力,尤其是指必须能够得到部署新人并具有领导的权威性。

(2) 正直廉洁

正直廉洁是指个人作风在保持诚实的同时,在追求目标实现的过程中,还能够敞开心扉保持率直与公平公正的态度。

(3) 决断力

处理速度不得唐突轻率,必须经过细心地审阅、周密的行动来解决各种问题,并努力克服难关。

(4) 警觉性

努力不懈,对工业技术、社会形势、经济、法律、政治和国际上的变动等保持时刻的警觉性,以防突发性事件打击现有的企业运转。

3. 罗伯特·H. 罗森与保罗·B. 布朗的最新理论

英国心理学家罗伯特·H. 罗森与保罗·B. 布朗在最近的研究中指出,作为企业领导者,必须具备以下八项要素。

(1) 前瞻性

领导者要纵观全局,并把整体观点通告给大家。这样,领导者就可以树立一个目标,从而达到发动群众,将大家的努力协调一致,创建一个单一的、有凝聚力的、生机勃勃的企业。

(2) 获得信任

信任能把人们团结在一起,能为创建一个坚强有力、使人们心情愉快的团体群策群力。要想树立起信任之风,领导者要能让人看透,能与别人交流信息,分享权力,营造一个诚实的文化氛围。

(3) 参与意识

一个机构的能力大小在于其员工的参与意识和奉献精神,因此领导者要调动员工的积极性,使他们劲往一处使,激发起所有员工全身心地参与奉献的精神。

(4) 求知欲

领导者对自己要有深入的了解,对于自己的长处与不足必须有清楚的认识。这就要求领导者要终生不渝地进行探索发现和学习,同时还要能够适应新的环境。而且领导者所领导的机构也要有不断探索、不断学习的能力,以不断地进行改善和创新。

(5) 创造性

在聪明的方法比高强度劳动更能发挥作用的社会,创造性是至关重要的。领导者要鼓励员工大胆地进行独立思考,并在技术方面做出投入,以使员工的聪明才智充分得到发挥,激发其创造性。

(6) 笃实精神

所有明智的领导者都有自己的道德准则,都有自己的是非观,也就是笃实精神。好的领导者深知,遵守道德规范有很多好处的。

三、领导者的政治素质

领导者的政治素质,是指领导者在政治上应当具备的基本素质,包括政治意识、政治信仰、政治态度、政治知识、政治技能、法律意识、法律知识等。这些素质是领导者对自己所承担的政治权力和政治义务的理解、把握、反应以及见诸行动等情况的综合,是领导者长期在政治关系和政治生活中接受培养、熏陶以及对特定政治事件的感受中形成的个体特质。任何组织都是在一定的国家政治经济体制的基本环境之下生存的,组织的命运与国家的命运是紧密联系在一起的。因此,领导者必须具有较高的政治思想素质,准确把握组织发展的方向,确保组织发展的方向与国家和政府指引和鼓励的方向一致。这样,可以使组织在一种理想的政治环境中得到国家和政府的支持,奠定组织发展的政治基础。而且领导者较高的政治思想素质也是对组织员工进行政治思想教育的基础。政治素质主要包括以下几个方面的内容:

(1) 正确坚定的政治方向

政治方向实际上就是理想信念。组织领导者必须维护党的领导,在思想上和行动上与党保持一致,既要维护党的领导,又要具有大局意识,在领导活动中首先要考虑全局利益,服从大局坚定正确的政治方向。正确处理局部与整体、眼前与长远的关系,确保组织与政治环境保持一致。

(2) 正确的政治立场

立场问题是一个根本的原则性问题,只有坚定正确的政治立场,才能在领导活动中正确地观察和处理各种复杂的问题,才能在事关大局和群众根本利益的大是大非问题上做到旗帜鲜明、立场坚定。因此,领导者必须坚持正确的政治立场,维护国家、民族和组织的根本利益。

(3) 较高的政治鉴别力

组织领导者要有善于通过现象看本质的能力,要有较高的政治鉴别能力,要坚决反对拜金主义、享乐主义和个人主义,自觉抵制外来的各种侵蚀,防止腐化堕落现象的发生。领导者要把国家利益、集体利益、员工利益放到首位,旗帜鲜明地表明拥护什么、反对什么、提倡什么和制止什么,在组织内树立起正直、诚实的榜样。

(4) 较强的政治敏锐性

领导者要培养自己在政治问题上见微知著的眼光和能力。任何事物都是有征兆可循的,领导者应当目光犀利,在事物处于萌芽状态时,就能洞察其本质,判明其要害,把握其发展趋势,及时采取相应的措施,以防患于未然。

四、领导者的道德素质

领导者的道德素质是指领导者在领导活动中自觉遵守社会规范,恪守领导活动职业道德的素质。在领导者的道德素质的构成上,它主要包括领导者的伦理知识、道德规范的内化程度、价值观、情操、品行、风格、勇气、责任感、服务的意识,正派的作用、谦逊的态度、严以律己等内容。

领导者的道德素质蕴藏着巨大的能量,它是领导者领导生涯的起点,是领导者获得影响力、号召力的重要因素,也是团结组织员工,齐心协力实现组织目标的重要保证。领导者的良好道德修养、会通过领导者的一言一行,展示在组织成员面前,必须会吸引人、影响、教育周围的员工,形成一批有责任心的敬业者,在组织内形成一种良好的风气,使组织内部出现一种健康的、积极的氛围,也就会增加合力,减少内耗,保障领导工作的顺利进行,取得良好的领导效益。孔子所讲的"政者正也,子率以正,孰敢不正?己身正,不令而行;己身不正,令而不从。"就是这个道理。领导者的道德素养包括以下几个方面的内容:

1. 责任感

责任感是人们思想觉悟、道德修养、理智能力和事业心等主观意识的综合反映。组织领导者都应是有强烈责任感的人。领导者的责任感越强,行动越自律,也越有创造性。亨利·法约尔认为:"领导者在道德品质方面必须具有深思熟虑的、坚定的完成任务的决心,具有毅力,必要时很勇敢而且勇于负责,有责任感、关心集体利益。"而人道主义者施维泽尔也说:"道德就是对于一切生命的东西负有无限责任,面对生命,首先是面对人的生命,虔诚的道德应当主要是提高人的责任心。"

责任将领导者的组织行为和个人行为明显地分开了,很多领导者的个人行为因为他对组织的"责任"而不得不放弃,这正是领导者在情感或者道德上不同于普通人的一个重要体现。而且,对领导者来说,他必须对组织负有"责任",否则他就不能胜任领导工作。领导者对组织是否负有责任,通过他平时的表现能很好的体现出来,组织成员能以此对其进行监督,而且领导的责任感会直接或间接的关系到组织的运行状况。假如是企业的领导者,他至少有三方面的义务:满足顾客需要的义务;建立一支成熟的、积极性得到充分发挥的劳动力队伍的义务;使股东和公众获得良好回报的义务。而这些义务的履行,完全取决于领导者是否具有良好的责任心以及为了承担责任而勇于献身的精神。领导者强烈的责任感,就会使领导者慎思、慎行、慎言。他们会把保护社会、组织、员工以及消费大众的利益作为自己的责任,并终生为之奋斗。

2. 宽容

宽容是领导者必备的素养。宽容不仅仅是一种美德,而且是一种技巧,它体现了优秀领导者理智、自信的心理品质。宽容包含两种意思:一是对有过失的人或反对自己的人要宽容;二是对比自己能力强的人不妒忌,要能够容纳、选拔比自己强的下属。领导者要有广阔的胸怀,"有容乃大",有容人之量、宽人之心,才能吸纳各种人才、发挥各种人才的优势,才能让他们尽可能地为组织做出他们应有的贡献。宽容豁达的心理素质,能为组织培养出众多的领导人才。有了容人之量,领导者能够为人才的成长创造环境条件,又能够把培养领导人才作为自己的责任,毫无保留地将领导方法、领导技巧传授于被培养者。这样,既有利于各类人才的脱颖而出,也加速了人才的成长过程,为企业的发展奠定了坚实的人才基础,创造了更广阔的发展空间。

3. 严于律己

领导者必须具有严于律己的道德素质,要根据规则办事,坚决约束自己的行为,特别是在一些大事大非的问题上,不伸手,不贪图便宜,否则会给人落下口实。特别是作为领导人,廉洁是立身之本。古人云:"公生明,廉生威。"领导者清正廉洁,下属自然肃然起敬,并仿而效之;领导者假公济私、贪污受贿,下属便会侧目视之、嗤之以鼻,进而离心离德。但是领导者也不可能事事都正确,所以在发现问题、存在错误时,领导者要勇于承担责任、承认错误,这样才能获取组织成员的敬重和佩服,有助于提高领导者的权威。

4. 诚实正直

这是最具魅力的领导道德品质,是在组织成员中建立可信度的重要基础。领导工作实践反复启示我们:在许多问题上,下属最怕不公,不公导致消极、离心,公则赢得人心。最优秀的领导者做事都有一定的透明度,他们能做到他们所说的要做的事情;他们言行一致,并按他们信奉的价值观做事。他们不玩篡改和口是心非的以权术、两面派和无信为特征的把戏。他们坚持正义,富有勇气,能够坦率的对待自己和对待他人。诚实正直的品格还要求领导者对价值观要有清楚的认识,要能够区分正确与错误,并有坚持正确的意志。这样的组织领导者才能够使组织成员成为自己的忠实追随者。因为追随者之所以会追随领导者,是因为他们相信这个领导者是值得信赖的。而在员工中建立值得信赖的形象,诚实正直的品质是极为重要的。史蒂芬·M. 伯恩斯坦和他的合作者提出了领导者建立可信度的"6C"标准。

✲ 可信(Conviction)。一个人对他(她)的幻想表现出明显的激情和承诺。

✲ 品质(Character)。习惯地表现出正直、诚实、尊重和信任。

✲ 关心他人(Care)。表现出对其他人的人生和职业安全的关心。

✲ 勇气(Courage)。维护自己的信仰,接受他人的挑战,承认错误和必要时改变自己行为的意愿。

✲ 沉着(Composer)。一贯地表现出合适的情绪反应,尤其是在困难和危难时刻。

✲ 能力(Competence)。熟练掌握一些硬件技能,还应熟练掌握一些软件技能,如处理人际关系、相互沟通、团队合作和组织的技能。

5. 信任

信任是建立良好的群体关系、体现人格力量的纽带。领导者对班子成员和下属给予充分的信任,就会使整个群体保持和谐的、进取的精神状态,产生高度的工作责任感。有效地领导活动依赖于全体员工的共同努力,只有在充分信任的基础上,才能发挥组织内部每一个员工的作用。信赖他人是领导者的基本道德素质。在科学技术飞速发展的今天,虚拟组织正在成为时代的主流,组织将成为一个概念而不是地点,是一种行为而不是建筑,组织和活动越来越依赖于信息,越来越多的组织行为已经成为各式各样的信息、创意和职能因素的结合体,人们依靠现代科学技术提供的便利各自在不同的地方完成自己的工作。如在加拿大,远程办公已经成为吸引人才的一种重要手段。在虚拟组织中,过去的大型组织已经被细化为时髦的小规模单位,所有的项目根据特定时间和地点进行调整,其参与人员可能来自组织的内部,也可能来自组织的外部,而项目本身没有固定的地点,他们惟一的可见标志是电子邮件的地址名单。在这样一种情况下,如果想要享受虚拟科技带来的高效和其他优点,那么组织领导者必须更加基于信任而不是控制手段领导组织。虚拟组织需要人们之间的相互信任。

英国著名教育学家查尔斯·汉斯认为,领导者对员工的信任必须遵循以下七条准则:信任不是盲目的,信任要有限度,信任需要学习,信任是无情的,信任需要契合,信任需要感知,信任需要领导。

五、领导者的知识素质

在现代社会,无论是哪个行业的领导者都需要具备必要的知识素质。领导者只有掌握了必备的知识,才能敏锐地捕捉信息,筛选信息,并加工整理成为有价值的信息,才能进行正确的科学决策。没有知识,是无法实现组织目标的。特别是在我们这样一个创新时代,没有创新意识与能力的领导者绝对不是一个合格的领导者,其命运必然也会是走向领导职业生涯的终结。创新的基础是知识的获取,因此一个成功的领导者必须具备相应的知识文化素养和领导技能素养,这是培养创新能力的基础。现代组织正在向知识型组织转换,知识型员工将成为组织的主导力量,这对现代组织的领导者产生了更高的知识要求。它要求领导者必须有合理的知识结构。有人用"T"型结构表示了出来,这一结构的含义是,"T"字结构中的一横是指宽的知识面,具有广博的知识,有利于思维从平面走向立体,从单向思维走向多向思维,避免因受专业和个人特定环境的限制而造成的片面性和局限性;"T"字结构中的一竖是指精深的纵向知识,也就是专长,从事本职工作的必须的业务知识和领导与管理知识,成为掌握业务知识和领导知识的"双内行"。一般而言,一个成功的领导者应当具备以下几个方面的知识素养:

1. 综合性知识

现代组织的领导者由于其工作的综合性和多样性,必然要求领导者具有扎实的文化基础和广博的知识面。扎实的文化基础是通过接受相当的文化教育,达到一定的文化程度获取的。组织领导者应当尽可能是经过正规的国民教育系列的教育,具有高层次文化素养的人。这种高层次的文化素养使他们具备了在工作中更高的远见卓识、更开阔的思路、更强的新知识、新观念的接受能力等,使他们能够把握住时代的脉搏,带领组织和员工走在时代的前列。在知识经济时代,跟上时代步伐的能力是极为重要的,这是抓住市场的关键。知识面则是通过广泛涉猎各个学科的知识研究成果获取的。俗话说,哲学使人睿智,历史使人明智,数学使人聪明,文学使人有深度。领导者要具有博览群书的能力,广泛涉猎各个学科的知识,从中获取各种分析问题、解决问题的角度与方法,增强自己的领导能力。

2. 法律基础知识

市场经济就是法制经济。法律是规范人们行为的行为准则,任何人都必须遵守国家的法律制度。现代组织需要遵纪守法的领导者,他们能够使组织的一切活动和行为都符合国家法律的要求,能够自觉维护社会经济秩序,遵守公平竞争的准则,为组织赢得更广阔的发展空间。现代组织领导者必须具备基本的法律知识,包括民事诉讼法、刑法、经济法(特别是合同法、公司法、知识产权法、产品质量法、消费者权益保护法、担保法)以及各种劳动法律法规等。他们必须知道什么行为是符合法律规范的行为,能够受到国家有关法律的保护;在集体利益和员工利益受到损害的情况下,知道如何运用法律武器,通过何种法律程序,借助何种法律手段来保护集体利益和员工利益。尽管组织可以借助外部的法律顾问解决有关法律事务的问题,但是,知法、懂法、守法和用法是一个组织领导者必须具备的法律素养,是保证组织领导者能够承担社会责任、组织责任与个人责任的前提条件。

3. 领导与管理理论及实践经验

(1) 领导理论与管理理论的获取

现代组织领导者面对的是复杂的、瞬息万变的社会、市场与组织环境,他们肩负着繁重的领导与管理事务。美国哈佛大学著名关系学教授约翰·科特认为,按照现代组织领导者素质的内在要求,领导者应具有懂现代技术、懂现代管理,有国内外的经营经验、善于应用抽象思维和统计方法对现实进行观察、分析和研究并制定发展战略能力的人才。即领导者既要总揽内部全局,又要处理好这两个全局优势互补问题的能力。因此,对组织实施有效的领导与管理,仅凭从实践中获取的经验是难以做到的。作为现代组织的领导者,必须运用从实践中获取的经验是难以做到的。作为现代组织的领导者,必须运用从实践中获取的经验是难以做到的。作为现代组织的领导者,必须运用科学的领导理论和方法,将组织资源与市场机会有机地结合起来,提高资源配置效率,使组织资产获得增值。领导与管理理论主要通过领导科学、管理学、组织行为学、心理学、人力资源管理学等各类学科的理论学习获取,任何人都可以通过这一途径获取。特别应加以注意的是,在市场全球化的今天,学习国际市场营销理论、知识与经验对我国企业的领导者具有特别重要的意义,因为我国企业领导者国际市场营销知识与经验明显缺乏,国际市场营销能力严重不足。在学习中,应注意理论与实践的结合。因为任何一种理论都是在特定的时代背景之下形成的,而各国所处的社会环境、人文环境、经济环境等都有较大的差异,而且随着时代的进步,不同的时代在同一国家中也会有不同的特征,因此,任何理论的采用都必须根据环境进行相应的修正,将理论与实践进行有机结合,这样才能取得良好的领导效果。因此,现代组织领导者必须擅长于对各种理论知识的获取与应用,通过学习建立起对新知识、新理论的敏感性,能够及时地将新的知识与理论应用于领导实践中,这是对现代新型知识领导者的基本要求。

(2) 领导实践与技能的获取

在领导活动与管理实践中,领导者要善于发现和总结各类有价值的领导经验、方法与技巧,善于观察、学习别人的先进实践经验,将这些领导经验、方法与技巧在实践中不断进行验证、分析和提炼,并根据环境的变化不断进行修正,最后形成自己特有的、具有较强适应力的领导方法与领导技巧,使之在实践中不断发扬光大,这是组织领导者获取非职位权力的重要方法。

4. 专业知识与技能

任何一个层级的组织领导者,都必须根据自己的领导职位掌握一定相应的专业知识与专业技能,这是对组织进行有效领导的基本前提——内行领导内行,而不是外行领导内行。以企业领导者为例,一个内行的企业领导者应具备的专业知识与技能包括以下几个方面。

(1) 市场营销基本理论与知识

企业领导者必须懂得市场,因为抓住市场就等于抓住了企业发展的机遇。因此,市场营销基本理论与知识是企业领导者必须熟知的一门专门基础知识。企业领导者不仅要建立起商场竞争意识,能够根据市场需求制定企业的战略发展计划,还要注重培育企业的核心竞争能力,使企业具有可持续发展的潜力。同时还要在企业内部从上到下贯彻服务消费业具有可持续发展的潜力。同时还要在企业内部从上到下贯彻服务消费者、满足消费者需求的意识,使市场营销意识根植于全体员工的内心深处,从而以最佳的服务、最好的产品占领市场,使企业在市场竞争中立于不败之地。企业家应具备的市场观可概括为以下八个方面:

※ 营销观。随着市场机制作用的发挥,企业必须由传统的生产型向现代的生产经营型转变,树立市场营销观。

※ 竞争观。市场如战场,市场竞争遵循优胜劣汰的自然法则,企业家要充分认识市场竞争的复杂性、残酷性和动态性,特别关注企业核心竞争力的培育。

※ 质量观。指产品投入市场后,消费者和用户对产品的满意程度,企业领导者必须重视产品质量,企业必须生产出具有一流质量的产品,使消费者满意的产品,才能满足市场的需求,占领市场。

※ 服务观。市场经济的发展,服务成为越来越重要的市场竞争资源,企业领导者必须不断研究开发出新的服务品种,增加产品的外延,提高产品竞争力。

※ 信誉观。企业要做到"言必行,行必果"。信誉是企业发展的基本保证,企业必须遵守对消费者做出的一切承诺,切不可弄虚作假。

※ 法律观。市场经济本质上要求法律的形式规范和调整经济关系。守法经营是企业发展的根本之道。

※ 创新观。企业要研究市场,要通过创新,把握住国内、国外两个市场,要不断地开发出新的产品和进入新的行业,使企业与市场充满活力。

※ 科学观。采用新技术、新材料、开发新产品、新产业以适应市场经济的发展。

(2) 相关行业的生产、经营、技术专业知识

杰出的专家不一定是卓越的领导者。业务上的干才和内行并非是当然的领导。领导的职能主要是统领和指导。但是,内行和领导能力必然是一个理想的领导者。因此,企业高层领导者应当对他所领导的那个行业所涉及的上产、经营、技术等专业特性有一个基本

的了解,并能随时掌握本行业创新发展动向,并根据这种动向及时调整企业的发展目标和发展战略,使企业保持正确的发展方向。中层领导者应当具有较为熟练的专业技能和知识,既能够在必要的时候对上级提供专业咨询和建议,又能够在下属需要帮助的时候,及时提供支持。另外,基层领导者除负有日常的管理工作任务外,同时还负有对员工提供技术培训与技术支持的责任,因此他们必须熟练掌握相关的专业技术知识与技能。

六、领导者的心理素养

心理是人们的注意、感觉、知觉、记忆、想象、思维、情感、意志、能力、气质、性格等心理现象的总称。心理素质是指人的兴趣、态度、情绪、个性、气质等方面内在因素的总和。领导者在领导活动中展示出来的现象的总和,就是领导者的心理素质。领导者的心理素质是指领导者的个性品质。领导者是否具有稳定的、正常的心理素质,会对组织产生重要的影响。因此,现代组织领导者应具备以下几个方面的心理素养:

1. 积极、乐观的个性

个性是一个人特有的感情和行为倾向的总和。个性影响着个体对事物的观察、观察什么和怎样观察。现代组织的领导者总是面对着变化莫测的市场,总是面对着竞争对手的激烈竞争和挑战,总会不断地遇到各种困难和挫折,如果没有积极、乐观、勇于向上、敢于竞争的心理素质是难以承担起组织领导职责的。积极乐观的个性主要包括:富有幽默感、谦虚,平等待人而且言行一致;有自知之明,善于总结优点、发现缺点,并且力求完善;善于调查,待人诚恳,和蔼可亲,能够接受别人的建议和新观点;思想开放,在商业活动中尊重竞争对手,在工作中搞好团结,善于向对手学习,以其之长补己之短;目标明确,计划周密,不凭个人兴趣行事,抱着人生不息,奋斗不止的态度,直至达到最终目的。

出色的领导者总是表现的非常外向,他们乐观、积极、向上并充满热情与希望,他们像一团火,能够把这种快乐的情绪散发出来,影响和感染着周围的人们,使整个集体都呈现出一片乐观向上的氛围。

2. 充满自信

居里夫人曾说:"我们应该有恒心,尤其要有自信心。"自信就是在自我评价上的积极态度,是自我评价的积极态,是发自内心的自我肯定与相信。领导者在领导组织全体成员实现组织目标的过程中,总会碰到许许多多的困难和挫折,自信有助于领导者承担所有可能面临的风险。自信是建立在对自我清醒认识的基础上战胜困难的信心和勇气。充分的自信,能够激发个体的情绪和力量,调动人的积极性,充分开发人的智慧和潜力,坚定人的意志,促使其完成任务,实现理想,甚至成就伟大神圣的使命。领导者的自信还能增强组织内部成员的信心,从而推动组织的进步。充满自信的领导者既能使组织员工对组织目标充满信心,又能够鼓舞他们产生足够的勇气面对可能遇到的困难和问题,取得理想的绩效。自信的领导者是员工的精神依赖,是员工行为的榜样。因此,充分的自信是领导者取得成功的基本心理素质之一。

3. 顽强的意志

意志,就是自觉确定目的,并根据目的来支配、调节自己的行动,克服困难,从而实现目的的心理过程,即人的思维过程见之于行动的心理过程。人们为了实现某种预想的目的,根据自己对客观现实的认识,能动地、坚决地克服困难,去变革客观现实的活动叫做意志活动。在意志行动过程中,个人形成的意志特点,就是一个人的意志品质。在领导活动过程中,领导者必须具有坚定性、果断性、顽强性的意志品质,这种要求贯穿于整个领导活动过程的始终。

历史上凡是成就了一番大业的领导者,多是心地坦荡、胸怀宽阔的人。宽广大度、虚怀若谷,是领导者应有的风范。遇到好事不失态,做到得意淡然;遇到挫折不沮丧,做到失意泰然;遇到委屈不动怒,做到从容超然。对领导者来说,就是要能经受住成功的考验,经受住挫折的考验,经受住委屈的考验。日本京瓷集团董事长稻盛和夫认为:"经营的结果,由领导者坚强的意志决定。""经营必须首先明确目标。但实际上,在确定目标的阶段往往会有意想不到的许多问题,在实际做的过程中不断发生。而发生了这样的问题,也不能一次作为达不到目标的理由和借口。所以,不管发生什么情况都一定去达到目标的这样一种坚强的意志,对一个领导者就是十分必要的。"一个领导者必须燃烧着强烈的斗志,不管处于多么艰难、多么严峻的情况之下,都绝对不屈服、不认输。而下属们看到领导者这样的姿态,就会士气高涨。相反,要是领导者表露出稍微那么一点的懦弱,这种情绪马上就会传染开去,整个公司气氛马上就会消极起来。

所以我们可以看出,组织的决策能否得到贯彻执行,目标能否达成,不仅依赖于全体成员的自信做铺垫,而且还需要有顽强的意志做支撑。在追求目标的过程中,无论组织还是领导者个体,都会遇到许多难以预料的困难和问题,能否知难而上,克服困难,顽强的意志力是关键。有的人遇到挫折即知难而退,或萎靡不振,这样是无法实现组织目标的;相反,具有顽强意志的领导者往往会困难越大、挫折越多,战胜困难的斗志就越旺盛,越会产生不达目的誓不罢休的勇气和胆识,这样的领导者总会想办法带领组织全体员工群策群力,克服困难,最终使组织目标得以达成。

4. 果断的能力

决断力可以说是领导者必须具备的品质中最重要的品质,因为领导的绝大部分工作都是决策性质的,如果他不具备很优秀的决断力,其领导能力势必要逊色许多。不管领导者做出肯定的还是否定的决策,都需要他有果断、正确的决策,适时、迅速地给组织一个决断,否则就会影响组织成员的"士气",或者影响协作的努力程度。

在决策与处理问题时,善于选择时机;在时机成熟时,能果断采取行动;在情况发生变化或决策出现失误时,能及时采取应对措施或者立即停止行动;在危急情况下,能立即做出决断,及时妥善处理突发事件的能力等。就是对事态的发展能够迅速做出选择并形成方案的意志力。现在的社会组织环境变化迅速,领导者拥有果断性的心理素质就显得极为重要了。

七、领导者的身体素质

身体是革命的本钱。身体素质是个体道德与智慧的载体,是个体成功的基本物质基础,没有了身体一切就变得毫无意义。领导活动的繁杂型、艰苦性和重大责任性,决定了领导活动的承担者必须要有坚强的身体素质和充沛的精力。

领导活动的性质和特点决定了对领导者身体素质的要求要比一般人严格得多。因为领导者必须忍受和适应不同领导工作的特殊要求、必须忍受繁忙、杂乱而缺少规律的生活方式。唯有强健的体魄才能支撑一个领导者长久的领导生涯,也才能使领导者个体以高效的领导行为取得领导活动的高效率。领导者的身体素质包括以下几个方面:

(1) 体力因素

大量而繁杂的工作需要领导者具备充沛的精力。精力主要是由体力因素决定。体力是指人体相关的生理学意义上的器官和系统及其健康状况,涉及人体的肌肉、四肢、五脏六腑的生理功能。好的体力需要健康的身体基础。体力因素是领导者在其他各方面能力的物质载体。它的形成既有先天的因素,也与后天的卫生保健投资直接有关。对于组织领导者来说,良好的体力状况对其领导才能的充分发挥有着重要的意义。良好的体力基础能够使领导者行动更加敏捷、思路更加清晰,处理问题更加果断,领导效率也就越高。快而正确的决策、敏捷的行动效率提高了组织应变环境的能力,对组织的发展极为有利。相反,缺少体力的劳动者尽管其他素质较高,但由于体力因素的限制,决定了其承担责任的能力有限,也决定了其承担责任的能力有限,也决定了在领导领域的竞争力不如具有同样素质的、但体力充沛的其他领导者。因此,领导者在日常生活中应格外关注自己的身体状况,通过必要的饮食保健和卫生保健的投资,确保自己的体力能够适应领导工作的需要。

(2) 心理健康

世界卫生组织对健康下的定义是:健康是指身体健康、心理健康和具有良好的社会适应能力。因此,领导者除了必须具有的强健的体魄以外,还要有健康的心理素质。要保持积极、乐观、开朗稳定的心态,迎接来自各方的挑战。精神因素对领导者的成功其影响不亚于体力的影响,有时甚至是成功的关键。因为领导者在工作中所承受的来自工作的、人际的、竞争的精神压力远远大于其他人,因此对他们的精神因素要求也高于一般人。不能承受巨大精神压力的人是不具有承担领导职责的基本资质条件的。领导者要善于调节自己的心态,在工作中善于授权,通过下属做好工作;还要善于建立和保持良好的人际关系,尽可能减轻自己的工作压力和心理压力。

(3) 年龄因素

随着年龄的增长,个体的体力和精力也会发生较大的变化。在选拔领导者的时候,年龄经常成为衡量身体健康状况的一个重要的量化指标。在通常情况下,其他条件相当的两个候选人,年龄较小的一方被认为是精力和体力都应当优于对方而往往被选中。但是,年龄因素是一个不以人的意志为转移的客观因素,领导者个体没有选择的余地。但是领导者可以通过各方面有效地方法对体力和精力进行调节,使自己的体力和精力"年轻化"。

第四节 加强领导班子建设

一、领导班子建设的重要性

所谓领导班子,是指在一个组织中,按照合法程序所产生、并由若干领导者个体有机组成的群体或集团。领导班子是一个组织的骨干部分,是动员组织成员、率领组织成员实现组织既定目标的指挥部,在组织中负有全面责任,处于核心地位,起着关键作用。领导班子的水平如何,直接涉及组织效能的大小和领导绩效。在现在的社会,加强领导班子建设,更有着极其重大的现实意义。

1. 全面建设小康社会的需要

党的十六大确定了我们要在 21 世纪的头二十年,全面建设惠及十几亿人的更高水平的小康社会的目标。由于同样的路线、方针和政策,由持不同态度、不同能力的领导班子来贯彻执行,结果会大不相同。所以,要实现全面建设小康社会的目标,在各级各类组织中处于核心地位的领导班子,起着非常关键的作用。这正如邓小平同志所说的"政治路线确立了,要由人来具体地贯彻执行。由什么样的人来执行,是由赞成党的政治路线的人,还是由不赞成党的政治路线的人,或者是由持中间态度的人来执行,结果不一样。"全面建设小康社会的目标,是一个集宏观与微观、城市与农村、政治经济文化与生态以及人的全面发展在内的包括十项具体指标的综合性、系统性目标。这个总目标,为各地区各部门目标的制定提供了依据,又以各地区各部门子目标的实现为前提。

各地区各部门子目标的制定,一方面必须考虑全面建设小康社会的大目标,不得与这个大目标相冲突;另一方面又要考虑自己地区和部门的实际情况,具体情况具体分析,制定切实可行的具体目标和措施。实践中任何使二者有机统一,协调一致,需要很高的领导才能和领导艺术,没有一个领导水平高、执政能力轻的领导班子,就难以胜任这一重任。加强领导班子建设,才有利于全面建设小康社会目标的实现。

2. 建设高素质干部队伍的需要

在我国进入全面建设小康社会、加快推进社会主义现代化的新的发展阶段,我们党要顺利完成三大历史任务,在中国特色社会主义道路上实现中华民族的伟大复兴,组织方面的一个重要保证,就是建设一支高素质的、能够担当重任的、经得起各种风浪考验的干部队伍。

领导班子素质与干部队伍素质是相互影响、相互制约、相互促进的。一方面,干部队伍素质决定着领导班子的素质,干部队伍中如果缺乏高素质的领导者,领导班子的高素质就成了无源之水。另一方面,领导班子的素质直接影响着干部队伍的素质。这是因为领导班子在组织中的核心地位,决定了它对整个干部队伍有着客观的影响力和明显的示范带动作用。高素质的领导班子,才能带动整个干部队伍素质的提高;而素质不高的领导班子,不仅会影响整个干部队伍素质的提高,甚至于还会起消极作用,使整个干部队伍的素质降低。因此,要建设一支数量宏大、德才兼备的高素质的干部队伍,首先的问题是建设好各级领导班子。

3. 促进组织发展的需要

社会处以不断的发展变化之中,一个组织要想在不断变化的社会中生存发展,首先就要加强领导班子的建设。领导班子的水平在一定程度上决定着组织在社会中的发展水平和地位。加强了领导班子的建设,组织才能不断提高自己在社会上的竞争力,才能不断提高生产水平和工作效率,才能促进组织的发展。

4. 提高领导水平和决策的需要

世界在变化,我国改革开放和现代化建设在前进,人民群众的伟大实践在发展,特别是在我国进入全面建设小康社会的新阶段,新情况、新矛盾、新困难不断出现,各级领导班子面临的决策问题也越来越复杂,对领导班子领导水平和决策能力的要求也越来越高。如今,还有数量不少的领导班子,其领导水平和决策能力还不能适应新形势、新任务的需要,因领导水平不高、决策能力不强所导致的失误屡见不鲜,这更加突出了加强领导班子建设的必要性和紧迫性。因此,要从领导者自身素质、班子结构、领导体制等方面加强各级领导班子建设,提高领导班子的领导水平和决策能力,以减少决策失误,提高领导效能。

二、加强领导班子建设的原则

领导班子对一个组织工作有着重要的影响,所以要加强领导班子的建设。在具体的实践操作中,我们要注意掌握一些加强领导班子建设的基本原则,让工作更富有成效。

1. 科学性原则

领导班子建设的科学性原则,也就是说领导班子建设要遵循领导活动的规律,按规律办事,不能按主观意愿随心所欲,在整个领导活动中,领导者、被领导者、作用对象以及客观环境,作为领导的基本要素由始至终表现出这样或那样有规律的联系,这就是领导规律。领导规律是一切领导活动必须遵循的,领导班子建设作为整个领导活动的一个重要环节,自然也不能例外。另外,领导班子的建设还要遵循一些自然规律,比如按照新陈代谢的法则,进行成员的调配。

2. 系统性原则

按照系统论的观点,任何一个行为客体都是一个有各种要素有机构成的系统,这个系统同时又是更大空间范围内系统的一个要素。领导班子也是这样,它本身既自成体系,同时又是社会大系统中的一个子系统。所以,领导班子建设,一定要坚持系统性原则,把握好整体与部分、部分与部分等各种关系,领导班子建设才能真正建设好。

坚持系统性原则,重要的是采取有效措施,在领导班子结构上下工夫,做到结构优化合理科学。因为任何一个领导班子的整体功能与合力的正常和最大限度的发挥,不仅在于每个班子成员是优秀的个体,更在于其整体结构是否科学、合理。当然,班子结构要以增强整体功能、充分发挥班子合力为目标,不能为结构而结构,防止为达到年龄、性别、民族、党派等结构要求而降低要求,影响功能。

3. 互补性原则

每个人都有自己的长处和短处,所以在加强领导班子建设时要注意互补原则。在建设领导班子时,要对其成员的素质结构进行集体的分析,以便取人之长,补己之短,从而使领导班子的整体素质达到最优。

4. 精干性原则

精干性原则的基本精神,是要求领导班子的层次和组成人员要少而精,用尽可能少的人办尽可能多的事,使领导班子成为一个精干、紧凑、灵活、高效的有机系统。从领导工作的实践看,多一个不必要的领导层次,就等于给领导活动中的沟通增设了一道多余的障碍。多一个领导成员,就会增多协调关系,矛盾和分歧也就容易产生,决策时议而不决、决而不行的情况也就会曾多。因此,在领导班子建设上,要按照精干性原则,来确定其成员的人数和层次,尽量避免出现多余的人员和层次,以达到群体结构精干、高效、紧凑的目标。

5. 务实性原则

务实性原则的基本要求,就是要实事求是,不要搞"教条主义"和"本本主义",要从不同地区、不同部门、不同层次领导班子的不同结构需要出发,根据本地区、本部门确定的经济社会发展战略和所承担的任务,突出重点,提出符合班子建设实际的要求。比如我国在不同地区对领导干部在学历上有所不同要求,这就是为了符合当地的实际情况,做到实事求是。

6. 动态性原则

任何事物都是处于不断变化之中的,一个组织的外部环境和内部环境因素也是处在动态之中的。组织的目标也会因为条件的变化以及各方面的原因而有必要进行适当的修正,一个真正的领导班子要始终保持应有的生机与活力,也必须在动态中发展,随着形势的发展和实践的推移,适时调整组织的目标和策略。只有这样,才能适应不断发展变化的环境,实施科学领导。

领导班子建设坚持动态性原则,既体现在组织结构、职能定位、运行机制等方面的调整和改革,也体现在班子成员的观念更新、素质提高、作风转变等方面,同时还要使领导班子成员能上能下,能进能出。

7. 相对稳定性原则

任何事物都处于一种不断的变化之中的,领导环境也是如此。但是对一个领导班子而言,其成员的要有一定的相对稳定性,不宜频繁地变动。领导班子不断变动,容易造成彼此间的不熟悉,从而导致合作成绩不佳。所以领导班子不要进行轻率的调整,要保持相对的稳定性。

三、建设领导班子的途径

加强领导班子建设,要以提高素质、优化结构、改进作风和增强团结为重点,把各级领导班子建设成为坚持贯彻"三个代表"重要思想的坚强有力的领导集体。

1. 加强学习

现在的社会是一个学习型的社会,只有不断地学习,才能提高和完善自己。领导班子作为一个组织的核心,更应该通过学习,提高自己各方面的能力。领导班子要加强学习,首先要用党和国家的路线、方针、政策及"三个代表"思想武装自己的头脑,以便指导工作;其次要在全面把握科学发展观体系上下功夫,掌握贯穿于科学发展观中的马克思主义立场、观点和方法,要深刻领会科学发展观中一系列紧密联系、相互贯通的新思想、新观点和新论断;最后还要在学习中加强实践,在实践中深化学习,要大力发扬理论联系实际的学风,努力做到学以致用,把知识落实到各项工作中去,实现新发展,开创新局面。

2. 提高素质

提高素质,是加强各级领导班子建设的一项根本性任务。领导者的个人素质是领导班子整体素质的基础,而领导班子的素质在很大程度上决定着组织内部各成员的素质。因此,不仅要在组建班子时特别重视领导者的个人素质,而且要强调提高在职领导者的素质。现实中,有一部分人的素质特别是思想政治素质不适应领导工作的要求,也有一些文化和专业知识等方面有许多优势的年轻人,其领导经验和组织能力相对不足,因此,提高素质是一项刻不容缓的重大任务。

3. 优化结构

一个领导班子是否具有强大的创造力、凝聚力和战斗力,很大程度上取决于结构是否合理。优化领导班子结构,既是现代化大生产发展的要求,也是系统论原理的具体运用。现代化大生产的每一个项目,几乎都是一项系统工程,大到三峡工程、西气东输等这类国家级大型工程,小至各企事业单位的生产、经营、科研、教学等概莫能外。十一届三中全会以来,我们党在各级领导班子建设中,开始注意领导班子结构优化组合问题。早在1983年,中央就提出要"逐步使领导班子的结构更加合理、配套",强调"一个能够卓有成效地领导四化建设的党政领导班子,一般地说,应当有抓全面的,以及分别有熟悉经济、党群、政法、意识形态、科教文等方面的人才。"提出建立合理的领导班子结构,这在我党还是第一次,它说明我们党开始将系统论的观点引入到领导班子建设中来,着重于领导班子整体效能的提高。总结这些年领导班子建设的实践,构建合理的班子结构,应当达到以下几个方面要求:

(1) 年龄上做到梯次配置

年龄结构是否科学合理,直接关系到能否建立和完善领导干部的新老交替机制。不同年龄段的人有着不同的阅历,因而有着不同的优势。合理的领导班子年龄结构,应当是不同年龄区段的人的有机结合。领导班子中形成合理的年龄梯次配备,实现不同年龄段人的有机结合,不仅有利于各自的优势,有效克服彼此的短处,更有利于形成新老交替的良性循环。一个理想的领导群体,应该由"深谋远虑"的老年人、"中流砥柱"的中年人、"发奋有为"的青年人按一定比例所组成。这样的年龄梯次结构,符合人才成长规律,有利于充分发挥老中青领导者的各自优势,更有利于整个干部队伍的合作交替。

(2) 知识上做到相济互补

现代领导工作要求,领导班子必须是具有较高文化程度和掌握相当知识的各方面人才优化组合的领导集体,从而使领导班子具有一定的知识广度和较高的知识水平。班子成员应当具有较广的知识面,又能熟悉某一方面的专门知识。任何人的知识总是有限的,不全面的,只有将不同知识和水平的干部互相搭配,才能满足工作的需要。

(3) 专业上做到类型齐全

一个功能健全的领导班子不仅要具有必备的文化知识,而且每个班子成员要熟悉和掌握各自分工范围内的专业知识,并具备组织领导工作本身应有的知识和能力,如思想政治工作理论、管理知识、领导科学等。从而使班子成员专业知识和专长与班子工作结构配套一致起来,使各方面的专才经过合理组合,形成领导班子的全才。在党委班子中,不仅要有熟悉党务、意识形态、纪检、政法、统战等工作的干部,也要有熟悉宏观经济管理和政府工作的干部;政府领导班子中要有熟悉经济管理、财政金融、外经外贸、法律、城市建设管理和信息科技知识的干部。

(4) 职位设置要健全、合理

加强领导班子的建设要按照精简高效的原则,站在全局和战略的高度,服从和服务于组织的建设大局,依据管理职能进行科学的分类设置,做到以岗定人,人适其岗。既坚持集体决策,又分工明确,各司其职,以增强组织领导班子整体效能,形式朝气蓬勃、奋发有为的领导层,为组织的发展提供坚强的保证。

(5) 职能上做到动态立体

职能是个体运用知识的能力。一般来言,我们所说的职能包括人的思维能力、判断能力、表达能力、组织管理能力、自学能力等。领导者不仅要掌握一定的知识和有关专业,而且要能够灵活地、创造性地把它们运用到领导工作的实践中去。领导班子所需要的,不仅是知识的所有者,更是高智能者。后者比前者更为重要。日本有位学者说:知识。百科全书可以代替,可是,考虑出的新思想、新方案,却是任何东西也代替不了的。因此,要根据班子智能的不同将各种不同职能特点的领导者合理搭配并适时调整,使班子形成一个立体动态的职能结构。一个理想的领导班子,应该由总揽全局的帅才、长于协调关系的相才和具体组织管理的将才组成。这些不同智能者的有机组合,才能使一个班子能力齐全,相得益彰,适应现代领导的需要。

(6) 气质上做到求同存异

气质是指以个人心理活动独有的心理特征,也就是人们通常所说的性格、脾气。人的气质各有不同,比如有的人活泼好动,有的人沉着冷静等。如果一个班子成员之间情操相侔,志趣相投,或性格一律,风格雷同,就容易损害班子的整体效能。所以在配备领导班子时,要注意个人气质的特点和群体气质、性格的优化,协调配备,合理组合,取长补短,实现班子成员气质、性格的刚柔并济,并使之相互补充,以将少不必要的摩擦,达到相容和谐、协调一致,团结共事,提高班子整体效能目的。

当然,建立结构合理的班子,上述因素不是绝对的。但总的来说,专业配套、知识相长、气质互补、分工合理、取长补短、相得益彰,是一个结构合理的领导班子必备的特点。因为在社会生活中,全优的个体是很难齐备的。个体的不足,只能通过群体的合理组合而得到弥补,而个体的优势也只有在结构合理的群体中才能得到充分显示和发挥。这样,以每个个体的不同优势组成的群体,其效能必定大于个体效能之和。

4. 改进作风

现在,一些地方和部门工作之所以进展不大,往往不是因为没有好的思路、好的规划,主要是因为一些领导班子成员作风漂浮,工作抓得不紧,落实不好。应当看到,有的领导班子成员特别是一些新进班子的年轻干部,由于对党和人民奋斗的历史经验不够了解,缺乏艰苦环境的锻炼,政治上还不够成熟,在思想作风和组织纪律上还需要进一步锻炼;有的则不认真学习党的理论和政策,不注意大局,不注意政治,甚至分不清基本的原则界限;有的作风漂浮,脱离实际、脱离群众,官僚主义、形式主义严重;有的忘记了党的宗旨,经不起考验,以权谋私,甚至违法乱纪,落为腐败分子、犯罪分子。各级领导班子改进作风,要一靠教育,二靠制度,正确开展批评和自我批评,着力解决个别成员思想作风、学风、工作作风和生活作风方面的突出问题。特别是要防止和克服形式主义、官僚主义。

5．增强团结

团结是一个领导班子发挥整体功能的基本条件。只有在一个团结的领导班子里,才会有一种利于开展工作的健康、积极、和谐的人际氛围;只有在一个团结的领导班子里,班子成员才能同心同德、畅所欲言、集思广益,才能最大限度地集中集体智慧,作出科学决策并贯彻落实;也只有在一个团结的领导班子里,合理结构所形成的整体效能才能实现和发挥,从而取得 1+1>2 的效益。所以说领导班子团结与否,不仅是衡量和检验领导班子和领导者素质高低的一个重要标志,而且也是衡量和检验领导班子和领导者能否发挥整体优势的一个重要标志。

从领导实践看,增强各级领导班子的团结,首先必须认真贯彻民主集中制原则,靠制度规范、协调班子成员,并实现民主决策、科学决策;其次必须建立集体领导和个人分工负责相结合的制度,既坚持集体决策,又实现分工明确、权责清晰,做到各司其职,各尽其责;再次必须善于开展批评与自我批评,在班子成员间进行有效的思想工作,增强解决自身问题的能力;最后必须用正确的理论武装班子成员,树立科学的世界观、人生观、价值观和权力观、地位观、利益观,从人民的利益出发,自觉维护领导集体的团结和权威。

6．强化实践

现实生活中的很多事实证明,要想增强领导班子解决实际问题的能力,要在实践中不断锻炼。艰难困苦的环境能磨练出杰出的人才,这是一条经过验证的真理。所以要使领导班子经过不同层次、不同岗位、不同环境的锻炼,增长知识、磨练意志、提高处理复杂问题的能力,增长领导才干。

第四章 领 导 作 风

作风是人们思想、工作和生活态度的集中反映,是品格、修养和素质的充分体现。领导的作风是领导者的形象。领导者想要树立好形象、高威信,必须培育良好作风。作风正才能形象好,形象好才能得人心,得人心才能事业兴。所以说,领导者的作风关系组织的形象。切实抓好领导者的作风建设,是关系人心向背,关系组织生命和企业前途命运的大事。

第一节 领导作风概述

一、领导作风的概念及特点

1. 领导作风的概念

顾名思义,领导作风就是有关领导者的作风,对领导作风进行界定,需要从作风和领导这两个方面入手。因此,首先要弄清楚"作风"一词的含义。《辞海》这样解释"作风":

※ 工作或生活上一贯表现的态度、行为。如作风正派。

※ 文艺作家在一系列创作中所表现出来的特有的方法、技巧和风格。也指一个时代或民族的文学风格。

※ 西文文论中也指那种在创作中表现出来的作家的主观癖性与习气。只是以作家主体的思想情趣去支配、左右作为客体的现实对象,而尚未达到主客体的和谐统一的一种状态。

可见,领导作风应属于工作或生活上一贯表现的态度、行为。但领导作风不同于一般的作风,它是"领导"和"作风"的有机体,"领导"是"作风"在本质上的规定。领导者作为领导活动的主体,为了实现一定的领导目的,就要率领,引导组织成员和下属,并采用一定的方式、方法去从事领导活动,并在活动中表现出一定的活动态度和行为,经过不断修正和多次重复,这种态度和行为就会形成相对稳定,具有一贯性的模式,反映出一定的特征,人们通过把领导者的这种相对稳定、具有一贯性的态度和行为叫做领导作风。

2. 领导作风的要素

领导作风是领导者素质修养在领导活动中表现出来的一定的行为特征,是领导在领导机构和领导活动中的态度和言行的一贯体现。这一概念包括领导的内涵、领导机构和领导者、领导活动、连贯稳定、外化表现五个方面的要素。

(1) 领导的内涵

领导的内涵不仅包括领导的性质、世界观,还包括领导的整体素质、政治倾向和纪律性。领导者的作风是一系列内在因素的综合反映,具有客观性,尤其是其领导的世界观在组织活动中的反映,是不以人的主观意志为转移的。

(2) 领导机构和领导者

领导机构和领导者既是领导作风的主体,也是领导作风的实施者和承担者。领导作风是主体的创造物,是主体内涵的表现。从抽象的意义上讲,领导作风主体是与领导作风发生关系的有内涵、有活动内容的领导者以及由若干领导者按照一定组织原则建立起来的领导机构。

(3) 领导活动

领导活动是领导作风得以体现所不可缺少的,它包括思想、学习、工作和生活等方面的内容。没有这一系列活动,领导作风就没有载体。领导作风正是领导者在思想、学习、工作、生活等各种活动中对内涵的表达与展示。没有脱离领导活动而单独存在的领导作风。

(4) 连贯稳定

领导作风是长期形成的,有连贯性和稳定性,这种连贯和稳定可以从几个角度去衡量:次数的频繁性、时间的长期性、主体的普遍性。领导者的作风不是一朝一夕的事物,而是一种积淀。形成一种优良作风不可能朝发夕至,克服一种不良作风也不可能朝发夕至。

(5) 外化表现

领导的作风说到底是一种体现,是一种外化。它反映的是主体按什么样的思维方式研究问题、用什么样的态度学习理论、以什么样的精神对待工作、以什么样的方式实施主张等。它体现的内容是主体的内涵,体现的方式是态度和行为,体现的结果既可能是正面的,也可以是反面的。

以上五个方面是领导作风的要素,共同构成了领导作风的有机整体。缺少任何一个方面,领导作风的概念都会失去规范性。

3. 领导作风的特点

无论是有优良作风,还是不良作风,都是一种精神力量,都会对人们的思想和言行产生影响。在我国,社会主义制度决定了它与其他社会条件下领导作风存在根本区别。

在社会主义条件下,领导作风是:无产阶级世界观和方法论在各级领导活动中的体现;无产阶级政党的党性和党风在各级领导活动中的体现;无产阶级继承以往人类社会一切积极的精神文明成果的体现;社会主义和共产主义道德品质的集中体现。这是无产阶级领导作风的基本特点。中国共产党和中国人民,在长期的革命和建设中,领导作风形成了自己的光荣传统,在当前的社会主义现代化事业的建设进程中,必将继续发挥其重要作用。当然,也同时存在着一些与无产阶级领导作风不协调的,有待防止和克服的不良作风,不能让它们对我们的事业产生危害。

二、领导作风的本质

马克思主义认识论强调,对任何事物的认识必须透过现象触及本质。对领导作风的认识也应如此。只有抓住领导作风的本质,才能深化对领导作风的认识,才能找到解决领导作风问题的治本之策。

我们认为,领导作风的本质包括思想本质和社会本质。就思想本质而言,它是世界观、人生观和价值观的反映;就社会本质而言,它是一定社会物质条件的产物。

1. 领导作风的思想本质

领导作风的思想本质是世界观、人生观和价值观。世界观、人生观和价值观有着密切联系,世界观决定着人生观和价值观。但是,总的说来,三者是三个不同的概念,有不同的内涵和外延,有不同的解决对象。领导作风的思想本质是世界观、人生观和价值观,我们可以从以下几个方面进行分析。

(1) 从领导作风的不同形态看

有什么样的世界观就有什么样的方法论和作风。方法论是思想方法和工作方法,世界观对应方法论,实际上对应的是思想方法和工作方法,回答的是思想路线和工作路线问题,解决的是思想作风问题和工作作风问题。思想作风、学风和工作作风可以从世界观得以揭示,生活作风问题更多涉及的是人生观与价值观。

(2) 从领导作风的不同时期看

在革命战争时期,领导作风面临的考验远不如现在这么复杂和严峻。领导机构和领导者要接受执政与改革开放的考验,要接受权力、金钱与美色的考验。这种种考验,不仅是人生观和价值观的考验,也是世界观的考验,而且,最根本的是世界观的考验。

(3) 从领导作风的不同主体看

领导机构和领导者是领导作风的主体。领导机构和领导者无论是制定政策,还是实施政策,主要受世界观的支配,但也受人生观和价值观的影响。领导者的活动既包括学习与工作,也包括生活,而且无论是学习、工作与生活,都是丰富多彩的。在具体的现实生活中,领导者既面对人生和价值上的根本问题,也面对许多世界观的问题。

2. 领导作风的社会本质

就领导作风而言,在实际生活中,没有抽象的领导作风,只有具体的领导作风;没有超历史的领导作风,只有历史性的领导作风;没有超阶级的领导作风,只有阶级性的领导作风。领导作风不能脱离社会物质条件而存在,相反,它是一定社会物质条件的产物。

就社会本质而言,领导作风是一定社会物质条件的产物。社会物质条件决定了领导作风。一位领导者,有了科学的世界观、人生观和价值观,并不能保证他就具有良好的作风。同时,在一定的社会物质条件下,一位领导者就算没有科学的世界观、人生观和价值观,也有可能表现出良好的作风,想搞不正之风,但不敢,或者客观上不能。这些都是社会物质条件使然。

领导作风的唯物论告诉我们,社会物质条件决定了领导作风,世界观、人生观和价值观影响并在一定程度上决定领导作风。只有从思想和物质两个角度进行分析,才能全面把握领导作风的本质。

三、领导作风的地位和作用

领导作风对领导工作至关重要,因为它关系到领导者在社会公众心目中的地位,决定着领导活动的成败。在社会主义现代化建设中,领导作风的重要地位和作用,概括起来主要有以下几个方面。

1. 良好的领导作风可增强领导者的权威和影响力

尽管从根本上说,领导形象决定于领导的性质和领导体制、方式、方法等,但也与领导作风密切相关。"作风即其人"是就个人而言,作风就是人的形象,对于领导而言,领导作风就是领导形象。众所周知,领导工作有科学的指导思想——马列主义、毛泽东思想和邓小平理论,有最崇高的奋斗目标——实现共产主义的社会制度,有最纯洁的唯一宗旨——全心全意为人民服务,有最科学的组织原则——民主集中制,有最牢固的阶级基础——工人阶级,有最可靠的同盟军——农民阶级。所有这些都从根本上规定了领导形象,也从根本上规定了领导作风,但领导作风是检验领导形象的一个标准,并反作用于领导形象。在革命和建设实践中,我们党一直高度重视领导作风建设,形成并发扬了优良作风传统,从而树立了良好的领导形象。现阶段,尽管领导作风总的说来是好的,但由于种种原因,也存在与新形势、新任务的要求还不完全适应的地方,有些方面不符合甚至违背了中国先进社会生产力的发展要求、中国先进文化的前进方向、中国最广大人民的根本利益,从而严重损害了领导形象。因此,要进一步巩固良好的领导形象,就必须切实加强与改进领导作风建设,把领导作风提高到一个新的水平,从而改进领导形象。

2. 良好的领导作风可以保证领导活动的性质和事业的方向

领导作风和领导性质有着内在联系:一方面,领导性质在一定意义上决定领导作风;另一方面,领导作风反过来又会影响领导性质。可以说,领导作风端正纯洁,就能保持领导性质;领导作风不正不纯,领导性质就难以保持;领导作风不正甚至完全腐败,领导性质就会蜕变。在革命战争时期,比较容易形成优良的领导作风,即使出现不良作风也易于矫正,从而能较好地保持领导性质。执政后,由于领导地位和所处的领导环境发生了变化,领导干部面临着"权力"、"金钱"、"美色"的考验,在这种情况下,发扬优良的领导作风要比执政困难,矫正不良作风要比执政困难,保持领导性质也比执政前更困难,而领导性质要求领导干部自觉地把自己看成是人民的公仆,全心全意为人民服务,努力做到"权为民所用"、"利为民所谋"、"情为民所寄",这就从客观上要求必须更加重视领导作风建设。只有把领导作风建设搞好了,才能保持先进的领导性质,才能保证我们伟大事业的方向,否则,领导性质就会蜕化甚至变质。

3. 良好的领导作风有利于领导目标的实现和领导职能的发挥

领导作风之所以重要,最根本的在于它关系人心向背,进而关系领导活动的成败。人民群众不仅通过党的路线、方针和政策来认识领导,而且更多更直接地是从自己周围领导干部的作风来判断领导,从而决定对领导的态度。一般地,领导作风好,领导者的各项领导活动和行为规范符合和反映人民群众的利益、愿望和要求,人民群众就会理解、支持和拥护各级领导者,从而增强领导者的凝聚力和吸引力,不断提高领导者的领导能力和执政水平,使领导活动得以顺利进行,组织目标得以有效实现;领导作风不好,领导者的各项领导活动和行为规范不能符合和反映人民群众的利益、愿望和要求,人民群众就会在心理上、感情上、行动上与各级领导干部保持距离,以至于疏远他们,从而削弱领导者的凝聚力和向心力,影响党群、干群关系,降低领导者在人民群众心目中的威信和形象,阻碍领导活动的顺利进行和组织目标的预期实现。

4. 良好的领导作风能够推动党风和社会风气的好转

领导作风是一种巨大的精神动力。良好的领导作风,是榜样,是旗帜,是无声的命令,是无形的力量。正如毛泽东所说的:"只要我们党的作风完全正派了,全国人民就会跟我们学"。毛泽东指出,好的党风是我们党领导人民,打击敌人,完成革命任务不可缺少的条件。领导作风是一个不容忽视的重大问题,它对领导者个人、对领导活动的成败,对优化党风和社会风气,都有着重要的作用。毛泽东自从参加和领导中国革命,就一直高度重视领导作风建设,把它作为党的建设、党风建设的重要内容来抓。毛泽东一贯重视党的作风建设,把作风问题提到世界观和党性原则的高度,并同党的政治路线、思想路线联系起来加以考察和解决。他精心思考、培育并积极倡导的三大优良作风成为中国共产党特有的优良传统作风,成为实现党的政治路线和正确领导的重要保证。

第二节 领导作风的基本构成

一、领导作风的主要内容

由于领导活动纷繁复杂,所以领导作风涉及的内容也十分广泛,主要内容包括思想作风、工作作风和生活作风。思想作风是工作作风和生活作风的基础,它规定和制约着工作作风和生活作风的性质和方向。

1. 思想作风

人们在思考、处理、探索、研究问题时,所表现的一贯性的基本态度和行为方式,就是思想作风。领导者的思想作风,是领导者在思维方式、思想观念特别是指导思想上表现出来的行为取向和特点。在长期的革命和建设过程中,特别是改革开放以来,我们党形成了解放思想、实事求是的思想路线,并进而构成了党的思想作风的基本内容和基本特征。在社会主义条件下,领导者的思想作风应该是一切从实际出发,实事求是地运用事物的发展、变化的辩证唯物主义观点,去观察和处理问题,并形成一种自觉的行为、态度和习惯。实事求是是毛泽东思想和邓小平理论的核心和精髓,就是在观察和处理问题时,要从国内外、省内外、县内外、区内外和本系统、本单位、本部门的实际情况出发,从中引出固有的而不是臆造的规律性,即找出周围事物的内在联系作为行动的向导。解放思想和实事求是是统一的,只有解放思想才能达到实事求是,只有实事求是才能真正解放思想。我们的认识要随着历史的前进、时代的发展、实践的深化不断提高,才能适应不断发展的形势的要求。

2. 工作作风

工作作风就是人们在工作中所表现的一贯态度和行为,是人们在工作中所体现出来的行为特点。领导作风就是领导者的思想道德素养和科学文化素养等在日常工作中的具体反映。工作作风说到底是一个世界观问题,是世界观的外在表现形式。其中主要包括:自身的工作作风,如多谋善断、雷厉风行、严肃认真、开拓创新等;对待下属的作风,如充分信任、严格要求、和蔼可亲、赏罚分明等;对待群众的作风,如联系群众、团结群众、平易近人、公正无私等。

3. 生活作风

生活作风就是人们在日常生活中所表现的一贯态度和行为。领导者的良好生活作风包括艰苦朴素、勤俭节约、清政廉洁、为官从俭、平易近人、和蔼可亲、助人为乐、待人热情、关心群众、仪表整洁、行为端庄等。决不能把领导者的生活作风看作是他个人的事情,因为它不仅关系着领导者在群众中的威望,而且影响到他在群众中的凝聚力和工作效能。所以应该把领导者的生活作风,同他的思想作风和工作作风一道看作是领导作风的有机整体的组成部分之一,都是影响其下属思想言行的一种精神力量。

在社会主义条件下,领导者与被领导者是上下级关系,又是同志式的平等关系。这就决定了领导者必须具备密切联系群众和坚持批评和自我批评的传统作风,并用社会主义和共产主义的思想行为去影响或教育群众和处理问题,只有这样,才能更好地动员和组织群众,不断增强领导者的影响力和凝聚力,引导群众为实现既定的共同目标团结奋斗。任何社会组织或群体,诸如机关、团体、部队、学校、企业、事业单位等,都有一种各具特色的群体精神和风气,诸如通常人们所说的队风、校风、厂风、院风、店风等,均属此类,都是一种群体作风。而领导作风的好坏,会直接影响着这种群体作风的形成。为此领导者必须更严格地要求自己,要处处以身作则,树立自己的良好形象,以自己的模范作风去影响下属群众,这具有十分重要的意义。

二、领导作风的优良传统

在长期的革命和建设实践中,我党领导全国各族人民取得了翻天覆地的变化,积累了一套丰富的思想、工作和生活经验,形成了有中国特色的光荣传统和优良作风。

1. 理论联系实际

辩证唯物主义观点主张:领导者要一切从实际出发,实事求是,把理论和实际结合起来,既反对轻视理论的经验主义,又反对不顾实际的教条主义;坚持理论指导实践,又在实践中不断地验证和发展理论的作风。马克思主义只有同中国的革命和建设的实际结合起来,才能成为战无不胜的思想武器。理论联系实际的作风,是党的最根本的作风,也是党风中的第一个重要问题。一方面它要求我们必须认真掌握马克思主义理论,掌握正确认识和分析问题的立场、观点、方法。因为,没有革命的理论,任何实践都将是盲目的实践。另一方面它要求我们在运用马克思主义理论时,必须从实际出发,不能生搬硬套。马克思主义理论只有联系实际,才能正确地指导革命实践,以及接受实践的检验,并在实践中不断得到发展,也只有这样,马克思主义理论才是最有生命力和战斗力的。

这就要求各级领导者,在任何时候和任何情况下,都必须从实际出发,实事求是,创造性地贯彻执行党和政府的各项路线、方针、政策,尤其要突出一个"实"字,做到鼓实劲、说实话、干实事、求实效。有的人还提出"五不唯"的观点:要坚持实事求是的思想路线,就必须反对主观主义、形式主义,做到:不唯上,即决不能为了迎合个别领导人的看法去注意剪裁或歪曲事实;不唯书,即决不能为"本本"上已有的结论或过时的老框框所禁锢;不唯众,即决不能随大流,为多数人不符实际的看法所左右;不唯己,即决不能以个人意志和好恶为转移,拒绝否定自己不符合实际的观点;不唯洋,即决不能盲目地以外国人之是非为是非,以外国人之好恶为好恶。

2. 密切联系群众

在党的历史上,毛泽东同志作为我们党第一代领导集体的核心,为培养、形成我们党密切联系群众的优势,建立了不朽功勋。他在这方面的许多精辟论述都至今闪耀着不可磨灭的思想光辉。在社会主义现代化建设新时期,邓小平同志作为我们党第二代领导集体的核心,坚定地继承并且大大发扬了党同群众密切联系的优良传统。他反复强调,"党离不开人民,人民也离不开党"、"密切联系群众,这是最根本的一条",要求"全党必须高度警惕和坚决克服脱离群众的危险",一再严肃批评脱离群众的错误,指出社会主义现代化建设极其艰巨复杂的任务摆在我们面前,"党只有紧紧地依靠群众,密切地联系群众,随时听取群众的呼声,了解群众的情绪,代表群众的利益,才能形成强大的力量,顺利地完成自己的各项任务"。他还鲜明地提出,我们必须以人民高兴不高兴、满意不满意、赞成不赞成、答应不答应作为想问题办事情的出发点和归宿。江泽民同志作为我们党第三代领导集体的核心,在领导全党抓住机遇、深化改革、扩大开放、促进发展、保持稳定的过程中,也一再强调从政治高度看待党群关系问题,不管形势怎样变化,党密切联系群众的优良传统和从群众中来、到群众中去的根本工作路线永远不能丢。要求各级领导干部始终保持同人民群众的血肉联系,老老实实向人民学习,真心诚意为人民服务,时刻警惕不要犯脱离群众的错误。

在我国,一切领导者都是人民的公仆,而不是人民的老爷。而要密切联系群众,就必须树立群众观点,置身于群众之中而不是高居于群众之上;就必须相信和依靠群众,尊重群众的首创精神;就必须倾听群众的呼声,关心群众的生活、工作和学习。全心全意为人民服务是密切联系群众的核心。无论是革命时期还是建设时期,社会主义事业要想取得胜利,就必须与群众同呼吸共患难,坚持"从群众中来,到群众中去"的领导作风和领导方法,大力发扬民主,充分反映群众的利益和要求,调动广大人民群众的社会主义积极性。领导者的一言一行,都要以合乎广大人民群众的最高利益、为最广大人民群众所拥护为最高标准,当人民事业需要的时候,应毫不保留地贡献自己的一切,直至自己宝贵的生命。

3. 批评与自我批评

勇于和善于开展认真的批评和自我批评,是我们党在长期革命和建设实践中形成的优良作风,是增强党的生机与活力的一大法宝。"金无足赤,人无完人"。一个人有缺点毛病并不可怕,可怕的是讳疾忌医,以致"小疾"拖成"大病",甚至病入膏肓,不可救药。"良药苦口利于病,忠言逆耳利于行"。只有经常地开展批评和自我批评,虚心地接受批评,才能不断地改造自我、提高自我、完善自我。批评是解决人民内部矛盾、增强团结、克服缺点、纠正错误和不正之风的有力武器;而自我批评则是解决自己的思想和认识问题、克服自身缺点、纠正自身错误和不正之风的有力武器。进行批评和自我批评,必须坚持"团结—批评—团结"的原则,即从团结的愿望出发,经过批评使矛盾得到解决,从而在新的基础上达到新的团结的目的。真正的共产党人是从来不惧怕批评和自我批评的。查找自身存在的突出问题,既恰如其分地分析造成问题的客观原因,更从世界观、人生观、价值观上深入剖析造成问题的主观原因,为认真整改、抓紧解决存在的问题打下良好的思想基础。

4. 其他优良作风

除了以上三大作风以外,其他应该继承和发扬的优良作风还有很多,诸如廉洁奉公作风、艰苦奋斗作风、谦虚谨慎作风、宽容和善作风、言行一致作风等。

(1) 廉洁奉公作风

领导者必须克己奉公、爱岗敬业、勤恳踏实、严于律己,为国家为人民的整体利益不讲价钱、无私奉献,而不能见利忘义、追逐私利。领导者要公而忘私,一身正气,两袖清风,洁身自好,不贪图钱财,不收受贿赂,不以权谋私。要做到:处理问题,秉以公心;解决纠纷,主持公道;遇到干扰,铁面无私。要时时、处处、事事正确地行使人民赋予的权力。有一部分领导者则不然,他们利用职务之便,不仅本人直接违反财经纪律,以权谋私,而且支持和纵容妻子、儿女利用本人的权势,谋取私利,捞取金钱,最后遭到查处,绳之以法。现实斗争实践充分表明:在现代的领导者中,恰有一些意志薄弱者经受不起考验,走上了腐败和自我毁灭的道路。所以江泽民同志强调指出:反腐倡廉是一场"关系党和国家前途命运的严重政治斗争,在这个问题上旗帜必须鲜明,态度必须坚定,工作必须锲而不舍"。前车之鉴各级领导者当以为戒。

(2) 艰苦奋斗作风

艰苦奋斗是我党我军的光荣传统,是无产阶级世界观和政治本色的具体体现,是克服困难,战胜敌人,取得革命和建设胜利的必要保证。建设社会主义必须发扬自力更生、奋发图强、不怕困难、不畏艰险的顽强斗争的精神和勤俭节约的作风。有了艰苦奋斗的精神,就可以抵制各种剥削阶级思想的腐蚀,防止任何特权思想;和人民群众同甘苦,共命运,就可以克服自私自利、贪生怕死、腐化堕落、萎靡不振等坏作风。

(3) 谦虚谨慎作风

领导者待人处事应小心不自满。古人早就有"满招损,谦受益"的警句。毛泽东同志也曾指出:"虚心使人进步,骄傲使人落后。"在一个领导班子中,每个成员如果都能谦虚谨慎,不骄不躁,就能齐心协力,领导效能就高。领导者对待下级群众谦虚谨慎,干群关系就能融洽和谐,领导者在群众中才能有威信,对群众才有号召力。

特别在工作顺利、取得成绩、受到表彰之时,更要保持头脑冷静,不能沾沾自喜、飘飘然,瞧不起别人。俄国文豪列夫·托尔斯泰说:"一个人就好像一个分数,他的实际才能好比分子,而他对自己的估计好比分母。分母越大,则分数的值越小。"因此,领导者要时刻保持注意谦虚谨慎,严格注意自己的言行举止,要使自己的每一句话,每一个行动,都要对广大人民群众产生良好的影响和激励。

(4) 宽容和善作风

领导者必须是一个心胸宽广、宽厚容人、团结同志、善于合作,具有凝聚力的人。法国著名作家雨果曾这样说道:"世界上最宽阔的是海洋,比海洋更宽阔的是天空,比天空更宽阔的是人的心灵。"领导者不要斤斤计较个人得失,大事讲原则,小事讲风格,求大同,存小异,互谅互让;能认真听取和善于采纳不同意见,"豁达大度,从谏如流",绝不能因别人与自己的看法不一样,就对其排斥否定,侧目相视;要不徇私情,不计较个人恩怨,不从个人好恶出发;要允许别人犯错误,并真心帮助他们改正错误;要宽厚大量,宽厚容人,绝对不可落井下石,幸灾乐祸,一脚踢开;不仅要团结和自己意见相同的人,而且更要善于团结和自己意见不同甚至反对自己的人一起工作。

古人云:"人善我,我亦善人;人不善我,我亦善人。"在人民内部,以善心处理人际关系是应当提倡的。领导者待人处事要与人为善,宽厚待人,这不仅融洽了相互关系,而且,使人愉快、舒畅,有益于发挥他们工作的积极性。

(5) 言行一致作风

历来"言必信,行必果"的作风都为人所称赞。我们的领导机关和领导者应该继承这个传统的优良作风,说了的话一定要算数,做事情一定要坚决。领导者必须言行一致,讲真话,办实事,这样才能取信于民。对我们已经制定颁布的各种路线、方针、政策、决议、法规、计划等,一定要认真贯彻实施,落实到实处,否则便没有实际意义;说话一定要言而有信,讲求实效,即使是偶然讲了一两句不算数的话,以后再讲真话群众也未必相信,事情就难办了,这对一个领导者是最忌讳的。

三、领导者的不良作风

由于各种社会和历史原因,在领导活动中也存在着一些不良作风。对这些不良作风,我们必须坚决反对和防止。

1. 官僚主义作风

官僚主义作风是一种常见的脱离实际、脱离群众、衙门式的不良领导作风。其主要表现是:高高在上、滥用权力、发号施令、好说空话、指手划脚、追求形式、不求效益、忙忙碌碌、事无巨细、不守信用、不负责任、遇事推诿、欺上瞒下、压制民主、打击报复、营私舞弊、以权谋私、权钱交易、专横跋扈、搞特殊化、独断专横、唯我独尊等。所以在官僚主义作风中,又包括家长作风、特权作风、命令主义作风、事务主义作风、文牍主义作风等各种类型。官僚主义是一种随着国家的出现而产生的一种长期和复杂的社会历史现象。在社会主义条件下,这是旧社会的官僚机构、衙门作风和剥削阶级思想意识在新的历史条件下的反映或残余。它腐蚀我们的干部队伍,损害领导与群众的关系和民主的实现,干扰党和国家正常的政治生活,对社会主义建设事业危害极大。历史的经验证明,已有的官僚主义克服了,还会产生新的,因而需要我们不断地去防止和克服。所以反对官僚主义是一种长期的复杂的历史任务。

2. 主观主义作风

主观主义作风是一种一切从主观愿望出发的唯心主义思想作风,其理论来源于主观唯心主义哲学,只重视主观想象,忽视客观实际,单纯凭书本或经验办事,无视客观规律;头脑僵化,因循守旧,思想落后于形势;闭门造车,听不进群众意见,不调查研究,主观、盲目地决定和处理问题。其结果必然导致主观与客观的分离,理论与实践的脱节。其主要表现形式为:

(1) 教条主义

视理论为教条,只唯书,不唯实。其主要表现为墨守陈规,夸大理性作用,轻视感性经验。辩证法认为:理论来源于实践而又高于实践,可以指导实践而有必须接受实践的检验,并在实践中不断修正、完善。在革命斗争时期,我党第五次"反围剿"失败的原因之一就是犯了教条主义错误。不是从实际而是从本本出发,生搬硬套现成经验,拒绝对具体情况做具体分析,否定实践是检验真理的唯一标准,结果酿成巨大损失。

(2) 宗派主义

宗派主义是主观主义在组织关系上的一种表现,其特点是思想狭隘,只顾小集团的利益,好闹独立性和作无原则的派系斗争等。它破坏了组织的统一和团结,甚至造成内部分裂,必须加以根除。

(3) 经验主义

经验主义是主观主义的一种表现形式,它把局部的、狭隘的经验认为是普遍真理,只相信局部的直接经验,只顾眼前的利益轻视理论的领导作用,恰与教条主义相反,但都是一种不良作风,不利于我国社会主义现代化建设。

3. 形式主义作风

形式主义的作风是一种片面注重形式而不管实质或只看事物的现象而不分析其本质的思想作风。具体表现为:机械的割裂形式与内容的联系,脱离事物的实际内涵,片面的强调事物的表面形态。一方面无视形式对内容的依赖关系,另一方面又看不到形式与内容的矛盾,使旧内容在新形式中得以保留。观察和处理问题时不分析事物的矛盾与本质,单纯的按照事物的外部形式分门别类、罗列现象;或不问具体情况,盲目执行上级指示。现代化建设事业需要理论联系实际,需要实事求是,也需要真抓实干,浮夸、盲目的工作作风是不能成就社会主义现代化大业的。

4. 保守主义作风

保守主义作风的特点是墨守陈规,安于现状,不能接受新鲜事物;对困难估计过高,不求上进,甘居下游;对有利条件估计不足等。它反对变革,对新生事物总是抱怀疑甚至否定态度,否定事物变化的突变性,片面强调不利因素,对本来经过努力就能做成的事也不愿意去做,是一种无所作为的懒汉世界观的表现。在当今知识经济时代,科技革新日新月异,不变革、不创新、不面向未来就是死路一条。

5. 拜金主义

所谓拜金主义(money worship),就是盲目崇拜金钱、把金钱价值看作最高价值、一切价值都要服从于金钱价值的思想观念和行为。拜金主义是一种在近代兴起的价值观。

拜金主义是一种金钱至上的思想道德观念,认为金钱不仅万能,而且是衡量一切行为的标准。持拜金主义观念的人认为"在社会上,无钱万万不能"与"金钱至上"等,这种价值观被认为起源于资本主义鼓励人类追求自我利益的思想主张。拜金主义者太过强调金钱的重要性,以致于拜金主义者变得唯利是图,对许多事物经常只看得到表面,看不到其内涵、精神层面也极为空虚。

在经济领域,拜金主义在的表现有诸如割裂经济效益与社会效益,片面追求经济效益;不择手段地追逐金钱、利益,不仅无视社会公德、践踏市场准则,甚至不惜以戕害他人生命为代价。

在政治领域,拜金主义在的表现有诸如以权谋私、与民争利,乱收费、乱集资、乱摊派,侵害群众利益,甚至中饱私囊;有的贪图享受、大吃大喝、大手大脚、挥霍人民财富,甚至腐化堕落。

在文化领域,拜金主义在的表现有诸如文化活动被简单地商品化;文化工作者的社会责任感付诸阙如;一些学者著书立说只是为了评职称、捞资本、争名利,有的甚至依傍某种资本,为捞取金钱而甘心为其摇唇鼓舌。

6. 本位主义

本位主义(departmentalism)就是为自己所在的小单位打算而不顾整体利益的思想作风或行为。本位主义者缺乏大局观和全局意识,考虑问题时往往以小团体为中心,无论利弊得失都站在局部的立场上,为了维护少数人的利益而忽视整体利益,严重的甚至不惜损害集体利益而换取部分人的私利。

当然不良作风远不止以上几种,其他诸如享乐主义、个人主义和好人主义等,都是我们应该防止和反对的不良作风。

第三节 加强领导作风建设

一、社会主义领导作风的基本要求

社会主义领导作风的实质是无产阶级世界观的重要体现。领导作风不仅是领导者世界观的反映,也是领导活动本质属性的体现。领导性质决定了领导作风,同时领导作风也制约和影响着领导的性质。社会主义领导者作风的基本要求体现在以下几个方面。

(1) 领导者的作风,应当是共产党人的党性原则和党的优良作风的集中体现。

领导干部的作风,体现党的性质、宗旨、纲领和路线,直接关系党的形象和党的创造力、战斗力和凝聚力,直接影响各项工作的实际效果。在长期的斗争实践中,我们形成了实事求是、理论联系实际、密切联系群众、批评和自我批评等一系列优良作风。这些优良的作风都是社会主义领导作风的体现。

(2) 领导者的作风,应是理论与实践的统一。

坚持理论联系实际,实事求是,是正确的学习方法、思想方法和工作方法,是对待马克思主义的科学态度,是马克思主义的学风。毛泽东指出:"所谓学风,不但是学校的学风,而且是全党的学风。学风问题是领导机关、全体干部、全体党员的思想方法问题,是我们对待马克思列宁主义的态度问题,是全党同志的工作态度问题。既然是这样,学风问题就是一个非常重要的问题,就是第一个重要的问题。"在这种态度下,就是要有目的地去研究马克思列宁主义的理论,要使马克思列宁主义的理论和中国革命的实际运用结合起来,是为着解决中国革命的理论问题和策略问题而去从它找立场,找观点,找方法的。这种态度,就是实事求是的态度。这种作风,就是理论和实际统一的马克思列宁主义的作风。很明确,坚持理论联系实际,实事求是,就是马克思主义的学风。

(3) 领导者的作风,应是社会物质文明和精神文明高度统一的反映。

领导作风作为领导者率领被领导者改造客观世界和主观世界活动中的一贯态度和行为,应是社会物质文明与精神文明高度统一的反映。所谓物质文明,就是指人类改造自然界的物质成果;所谓精神文明,就是指人类精神生活的进步状态。在社会主义条件下,两个文明之间的联系更加紧密,它们彼此相互适应、相互促进也更加明显。一方面,社会主义物质文明的建设是社会主义精神文明建设的前提和基础。另一方面,社会主义精神文明又是社会主义社会的重要特征,是现代化建设的重要目标和重要保证。没有社会主义精神文明,社会主义的发展就会失去方向;没有物质基础,社会主义的发展就如同空中楼阁。所以,领导者的作风要求,必须是两个文明建设高度统一的反映,即既要坚持两手抓的战略方针,又要在两个文明建设中做出表率,树立榜样,推动经济的发展和社会的全面进步。

(4)领导者的作风,应是社会主义道德品质在现实生活中的美好表现。

社会主义道德是以马克思主义的科学世界观为指导,与社会主义生产资料公有制为基础的社会经济形态的道德体系。社会主义道德的核心是为人民服务,原则是集体主义。社会主义道德的基本要求,是爱祖国、爱人民、爱劳动、爱科学、爱社会主义,开展社会公德、职业道德、家庭美德教育,在全社会形成团结互助、平等友爱、共同前进的人际关系。实践证明,领导干部作风过硬,事业心、责任感强,对自己高标准、严要求,走得端、行得正,要求别人做到的自己首先做到,要求别人不做的自己首先不做,这样的领导干部群众信任、下级服气,往往能起到榜样的作用,也能带出一支风过硬的队伍,这些就是社会主义道德品质在生活中的最好表现。

二、加强领导作风建设的途径

由于不良作风直接影响到党和政府的形象、党群和干群关系的改善,影响着党的路线、方针、政策和各项工作决策的落实,而且还影响着党的执政能力,影响着经济的发展和社会的稳定,我们必须采取措施加以改善。

1. 加强学习,提高认识

加强领导作风建设,就要加强马克思主义中国化的教育,加强共产主义远大理想和党在现阶段基本路线、基本纲领的教育,加强世界观、人生观、价值观的教育以及讲修养、讲道德、讲廉耻的教育。要坚持解放思想、实事求是的思想路线和思想作风,做到"老祖宗"不能丢,又要说新话;经典著作认真读,又要写出新篇章;优良传统要弘扬,又要创造新方法。要弘扬一种学风,即大力发扬理论联系实际的马克思主义学风,坚决纠正轻视理论、忽视学习的错误倾向。要把教育同整顿、处理结合起来,有针对性地组织开展机关思想作风整顿,搞好自查、互查和民主评议,对少数问题严重的领导者,更坚决严肃处理。同时,必须建立领导者学习的激励约束机制。把干部理论学习情况作为年终考核干部的一项重要内容,建立干部考学制度,在进入后备干部考试队伍之前,提任领导职务之前,新提拔干部试用期满之前,都要进行理论考试,通过建立干部的理论学习考试考核制度,把干部学习与干部任用有机结合起来,激发干部自觉学习的内动力,增强干部学习的自觉性。

2. 健全制度,严肃纪律

抓好领导作风建设,教育是基础,制度是保证,邓小平指出:"我们过去发生的各种错误,固然与某些领导人的思想、作风有关,但是组织制度、工作制度方面的问题更重要。这些方面的制度好可以使坏人无法任意横行,制度不好可以使好人无法充分做好事,甚至会走向反面。"制度建设是带有根本性的建设,要建立和健全一套管用的制度和有效机制,要用制度的约束力去约束领导者,推进领导作风建设的制度化、规范化,从源头上预防和治理各种不良作风。一方面,要建立和完善党政机关依法行政的法律法规,使领导干部在履行工作职责中有法可依,有法必依;另一方面,要按照"从严治党"的方针和"从严治政"的要求,严格组织制度,严肃组织纪律,研究制定较为系统、配套的规范性的机关管理制度。如实行政务公开,公开办事程序,增强工作透明度;实行承诺服务;建立会议呈报审批制度、检查评比申报审批制度、国家公务员廉洁从政制度等。在建立健全法规制度的基础上,还必须加大检查执法力度,狠抓落实,对违反法律法规和制度的人和事,要严肃查处,决不能姑息迁就,不搞下不为例。

3. 建立和健全监督机制

领导者应当自觉地接受监督,对于群众反馈上来的信息要高度重视,实事求是予以解决,绝不能置之不理,更不能打击报复。这样,加强领导作风建设才会出现实际效果。建立和健全监督机制,形成全方位、强有力的监督网络,形成扭转不良作风的合力,努力从机制上防止领导者不良作风的滋生蔓延。

(1) 组织监督

通过党组织民主生活会、上下级谈话制度、年度考核和执纪执法检查等形式,监督领导干部依法行政、照章办事。

(2) 权力机关监督

充分发挥人民代表大会的作用,通过实行人大评议政府机关,弹劾不称职领导干部等形式,实施监督。

(3) 社会监督

实行群众举报制度,发动社会各界包括政协、各人民团体、民主党派对领导干部实施有效监督。

(4) 舆论监督

利用新闻媒体对各种违反制度规定的行为进行公开曝光等。

4. 加大机构和人事制度改革力度

竞争上岗尚未成为选用干部的主渠道,班子成员入口把关弹性较大,少数综合素质不高的干部进入班子,成为领导班子思想作风建设的隐忧。干部交流疏于防范保健,有的干部恋守本籍,长期居于重要、热点岗位,难以摆脱人际关系的束缚,增加了领导干部自身思想作风建设的难度。能上不能下,制约了领导班子的优化组合,一些品行不端的干部难以调整下岗,对领导干部的思想作风建设形成消极影响。这些已成为领导班子思想作风建设的制约因素。因此,我们应当把深化干部人事制度改革,作为推进领导班子思想作风建设的根本措施来抓。加大机构和人事制度改革力度,应注意从五个方面着手。

✳ 尽快推进党政机关机构改革,在此基础上,建立岗位职位规范体系。

✳ 改进党政机关进入办法,采用"凡进必考"的办法录用党政机关工作人员,把好入口关。

✳ 实行公开选拔领导干部制度,防止干部任用上的不正之风。

✳ 推行领导干部任期制、淘汰制、重大问题谈话制、公示制、承诺制以及责令辞职制度、责任追究制度,强化对领导干部的管理和监督。

※ 坚持群众公认、注重实绩的原则，改进考核办法，不断加大民主评议，民主推荐的力度，扩大群众参与度和选用干部的透明度，准确考核干部的工作实绩。

5．领导机关、领导干部必须做出表率

"上之所为，人之共瞻"，"上有所好，下必甚焉"。改进领导作风，一定要从上级机关做起，从各级领导班子、领导干部特别是"一把手"做起，一级抓一级，一级带一级。"一把手"抓作风建设，加强对责任制度落实情况的监督、检查和指导。同时，领导干部率先垂范，作开拓进取的表率，作联系群众的表率，做求真务实的表率，做清正廉洁的表率，对转变作风起着十分重要的作用。对各级领导干部来说，要强化自律意识，谨言慎行，树好形象。要严守道德防线，加强理论修养，树立正确的世界观、人生观、价值观，同时，要从生活的点滴做起，于细微之处规范自己的一言一行，自重、自省、自警、自励，常思贪欲之害，常除非分之想，常怀律己之心，真正做到慎欲、慎微、慎独。要甘于奉献，乐于吃苦，不怕吃亏。形象和威信的树立在很大程度上取决于奉献精神。要廉洁奉公，一尘不染，在钱、财、物面前自觉做到公私分明，严守法规，不以权谋私，不贪赃枉法。

第五章 领导体制

领导体制指独立的或相对独立的组织系统进行决策、指挥、监督等领导活动的具体制度或体系,它用严格的制度保证领导活动的完整性、一致性、稳定性和连贯性。任何组织系统内的领导活动都不是个人随意进行、杂乱无章的活动,而是一种遵循明确的管理层次、等级序列、指挥链条、沟通渠道等进行的规范化、制度化或非人格化的活动。同时,任何组织系统内的领导活动也不是一种千变万化、朝令夕改的活动,它有一套固定的规则、规定或组织章程,各种领导关系、权限和职责具有一定的稳定性和长期性。领导体制是领导活动得以开展的载体,也是领导者借以开展工作的舞台,同时又是充分发挥领导的功能、提高领导效率的关键环节。因此,领导体制的建设问题是关系到领导活动成功与否的核心问题。把握领导体制的意义、内容、作用是对领导体制的建构进行科学认识的基础,而只有对人类社会生活中曾出现的领导体制,特别是对当今世界先进的领导体制进行客观地、科学地剖析,深刻理解各种领导体制的优点和缺陷,是改进我国现行领导体制的前提和基础。

第一节 领导体制概述

一、领导体制的含义

领导体制是领导活动的载体,是领导活动的内在机制,没有一定的领导体制,组织系统内的领导活动就不能正常进行。根据《辞海》的解释,所谓体制,是指"国家机关、企业和事业单位机构设置和管理权限划分的制度"。因此,领导体制就是指领导系统中的上下、左右之间权力划分和机构组织设置及领导工作制度。

1. 领导体制是一种权力划分机制

领导体制的核心问题就是如何划分领导权的问题。实际上,领导权的合理、科学分配是领导学所要研究的核心问题之一。领导权的科学分配需要考虑三个方面的内容:一是权力和责任的划分是否明确。既要避免出现领导过程中的权力重叠和权力真空的情况,同时还要避免领导者责任不明确、多头管理、无人负责的情况。二是权力和责任是否一致。只有权责一致,才能更大限度地发挥领导者的作用和功能。如果权责不一致,领导者所享有的权力大于其应该担负的责任,就会出现滥用权力、以权谋私等现象。相反,如果领导者所享有的权力小于其应该担负的责任,就会出现无力完成领导任务的情况,甚至出现无人负责的情形。三是权力和责任的划分要科学。有时尽管不同职位上的领导者的权力和责任划分符合权责一致、权责划分明确等标准,但由于权力和责任的划分缺乏科学性,倚轻倚重,权力的授予和责任的承担不合理,不科学,同样也难以取得比较好的领导效果,难以充分实现领导的功能。

2. 领导体制是一种组织体系

领导体制与一般的组织体系的不同之处在于它在整个组织单位中的地位和作用。领导体制的组织体系在工作中起着核心和灵魂的作用。个人能力的大小依赖于个人心理特征健全与否和基本素质是否全面的状况,而领导的成功则在于组织的领导体制是否健全。要取得领导的成功,除了领导者素质要优秀、领导班子或领导集团结构要合理外,还要有一个科学的领导组织体系。领导者个体和群体作用的发挥,要受到一定条件的制约,其中一个关键性的因素就在于领导组织体系的科学性。

3. 领导体制是一种制度安排

领导体制是领导功能的制度化表现形式,是以领导权为中心内容,以实现特定组织的管理目标为主要职能的一系列制度安排或制度设置。从现在社会管理形态来看,无论制度性质如何,都有一个组织机构设计与管理效率的关系问题。领导体制采取什么样的组织机构形态,在很大程度上在于它所处的社会生产力水平。在历史发展进程中,相同的组织形态可以为不同的社会制度服务,在同一社会制度下,也可采取不同的组织机构形态。因而,领导体制的工作状态,既与组织机构形态有关,也与社会制度有关。

4. 领导体制包括领导者的领导层次与幅度

领导层次是指领导体制中纵向组织结构的等级层次,有多少等级层次,就有多少领导层次。领导幅度是指领导者可直接下达命令发出指示并直接向他汇报,对他负责的人数。一般来说,下层领导幅度可以大些,上层则应该小一些,形成"金字塔式"的领导层次。但是领导幅度也不能不限制地扩大,它的大小应视工作性质、上下级关系、领导者与下属的素质与能力而定。有关学者根据统计分析,提出了领导幅度的"二八律",可作为领导者在建立领导组织结构的过程中的参考。领导幅度的"二八律"理论的基本要点是:在一般的领导机构中,担任正职的领导者宜有两位副手和八位下属,担任副职的领导者宜有两位助手和八位下属。

5. 领导体制的内容体现为领导者的管理制度

领导体制是领导活动得以贯彻进行的实体。领导体制的内容体现为领导者的管理制度,即平常意义上的人事制度,关于用人以治事的行动准则、办事规程和管理体制的总和。它包括工作人员的选拔、录用、培训、工资、福利、监督、退休与抚恤等各项具体制度。领导体制的建立,就是运用组织授予的领导权对组织内的人力资源进行管理、引导和开发,是为了让组织能够顺利完成既定目标。

二、领导体制的性质

领导体制具有两种基本性,即自然属性和社会属性,在双重属性中,其社会属性是本质属性,而自然属性则是外在属性,由社会属性决定并为其服务。领导体制的自然属性,是指领导体制的产生、存在与发展具有客观性、必然性与普遍性。领导体制的社会属性,是指领导体制作为国家政治制度的重要组成部分,属于政治上层建筑的范畴,其本质由其所赖以建立的经济基础决定,其发展与完善受相应的经济基础的支持或者制约,同时是一种由领导者或领导机关制定并采用的、主观见之于客观的产物。

领导体制的出现和发展,是人类领导活动的客观要求。在现实社会生活中,领导活动不能凭空进行,而必须以一定的社会组织为依托,并按一定的规律办事。也就是说,领导活动要以一定的组织结构和制度体系为载体,才能保证参加实现目标的各个要素系统地、有机地联结起来,实现决策、指挥、协调等多项职能。原始社会氏族部落的议事会,就是最初的领导体制。这种简单的领导体制是与当时社会集体劳动和作战指挥的要求也是相适应的。随着社会生产技术的进步,社会分工与协作的发展,社会经济和政治领域日益复杂起来,领导体制也相应地变得复杂起来。

纵观人类历史,一方面,领导体制是人类领导活动的客观要求,凡是领导活动都离不开体制。领导体制具有与生产力相联系、并存在于各种制度中的机构设置和划分职责权限的共同性,这种共同性就是领导体制所具有的与人类社会生产相适应的自然属性。从现代社会管理形态看,不论社会制度性质如何,都有组织机构设置、制度设计与管理效率的关系问题,它并不受特定的社会制度的影响。另一方面,领导体制又总是与特定的社会形态和社会制度相联系。现实的领导体制不仅是组织结构和领导方式问题,而且关系到领导者是谁、以什么目标从事领导活动和为谁服务的问题。领导体制虽然不等同于社会的根本制度,但却来自服务于特定的社会经济制度和政治制度。这就是说,领导体制与一定的生产关系和上层建筑相联系,产生这样那样的作用和影响,这就是领导体制的社会属性。

三、领导体制的特点

领导体制除了有自然和社会两大属性之外,领导体制还具有系统性、根本性、全局性、和稳定性四个基本特点。

1. 系统性

领导体制作为一个系统,是一个包括各级各类领导机关职责与权限的划分、各级各类领导机构的设置、领导者的领导层次与幅度以及领导者的管理制度在内的有机统一体。统一体中各要素之间存在相互联系、相互制约的关系,单一制度构不成体制。系统性特征表明,领导体制改革或变动也不能孤立的进行。

2. 根本性

领导体制是一定的领导集团及其所代表的阶级的意志和利益的体现,它一经形成,就具有强制性。它不仅在领导集团中,而且在全社会范围内影响人的思想和行为,支配着整个领导活动和组织活动。因此,领导体制较之领导者的思想作风和作用而言,更带有根本性。

3. 全局性

领导者要统揽全局,掌管各方面的工作,在领导工作中起关键的作用。但领导者总是单个的人。个体素质千差万别,作用影响大小不一,总的来讲其作用存在相对的局限性。而领导体制是覆盖全局的,规范着所有的领导者,制约着领导活动的全过程。就宏观的领导体制来说,还制约着各地区、各行业乃至全国方方面面的工作,有全面性、整体性的作用。因此,领导体制更带有全局性。

4. 稳定性

领导者或领导集团是经常变动的,领导者的思想作风也是因人而异、因时因地而异的,领导体制则不然,它一旦形成,就会在较长时期内基本不变,长期制领导行为和制约领导过程。

四、领导体制的内容

领导体制是为实现领导意图和职能的机构设置和管理权限的划分的制度。领导体制是以领导权限为中心内容,以实现组织的管理目标为主要职能。现代领导体制的主要内容应该包括以下四个方面:一是领导组织结构,指领导机关的组成要素,即各级各类领导机关的地位作用;二是领导的层次与跨度,即领导机关的组织制度或者说领导机关的结构方式;三是领导机构中各部门之间的权责与权限划分;四是领导机关的决策、指挥和监督方式。

1. 领导组织机构

领导体制内部要有一定的组织结构,领导组织内部是各个基本要素的构成的。尽管不同性质的组织、不同时代的组织表现形式不一样,但至少有一点是相通的,即任何一个领导机关都是由若干个不同性质和作用的要素组成的相互联系的完整的系统。不同的历史时间,不同的工作任务,组成一个领导机关系统的要素是不同的。领导体制的构成要素包括决策中心、信息反馈机构、咨询参谋机构、执行系统与监督系统五个部分。

(1)决策中心

决策中心是一个领导机关的灵魂,包括党委会、行政领导办公会等。没有决策中心,或者决策中心没有权威,这个领导机关就无法进行有效地领导工作。一个领导机关只能有一个决策中心,否则政出多门,就不能有好的行政效率。政策中心必须是精干的。人数过多就会软弱无力或者滋生官僚主义。决策机构的任务是决策,决不能陷入具体事务的执行之中。

(2)信息反馈机构

信息反馈机构对决策中心的重要意义在于:它运用一切可能和必要的手段,搜集、筛选、整理各种数据、资料、情况,反映现实生活中提出的各种要求和决策的执行情况,供决策机构参考、情报、资料、统计、信访等部门都是反馈机构。信息反馈机构并不是可有可无,或者时有时无的,而且应具有反应灵活、及时、准确的特点。

(3)咨询参谋机构

咨询机构是为决策服务的,是决策中心的参谋部。我国设立的顾问机构、各种政策研究机构、各种研究中心等都属于这一类。他们可以在深入调查研究的基础上,提出供领导者决策用的信息和各种方案;可以根据决策方案的执行情况,提出咨询意见,以促进领导者高速发布指令;还可以进行科学预测,提出战略决策的建议。咨询机构需要多种意见,兼收并蓄。因此,不能用系统的要求来要求咨询机构。

(4)执行系统

执行系统的任务是决策中心的各项决定。一般而言,在一个系统内,可以按业务需要分成若干部门,组成等待系统。决策正确,结果如何,决定的环节之一是是否忠实,执行过程中是否不折不扣,执行部门是不能讨价还价的。有意见可以提出,但不能影响执行。

(5) 监督系统

监督系统的任务是根据决策对执行系统实行监督,以保证决策、指令执行的准确无误。各级纪律检查委员会、司法机构、审计部门等都属于监督机构。监督系统是实行社会主义民主和法制的必要机构,应该具有党性强、无私无畏、执法如山的特点。

2. 领导机关的结构方式

领导机关的结构方式,即领导机关内部、领导机关与领导机关之间都有一种相互结合、相互联系的存在方式。只有通过一定的结构方式、领导机关才能变成一个更大的有机系统,也只有通过一定的结构方式,系统的属性和功能才能体现出来。领导者受时间和精力的限制,往往需要委托一定数量的下属为其分担管理工作,委托的结果是管理者减少了必须处理的业务工作量,但同时又产生了领导的纵向幅度和横向幅度的问题。一方面,任何领导者能够直接有效地指挥和监督的下属数量总是有限的,这个有限的数量就是领导者领导的横向幅度。另一方面,出于同样的道理,对于受最高领导者委托和授权的下级领导来说,它往往需要将部分工作再转交给另一些人来处理,这就产生了更下一级的领导者,以此类推下去,就产生了领导的纵向层级问题。

对于一个规模固定的领导机构来说,领导的幅度和层级是成反比例的关系,每一个领导者直接控制的下属越多,下属的等级层次就越少。如果每个领导者直接控制的下属减少,就需要增加领导的层级。领导的等级和层次的反比关系决定了两种基本的领导组织机构形态,即扁平形领导形态和锥形领导结构形态。扁平形领导结构形态是指组织规模已定,领导的幅度较大、领导的层次较少的一种组织结构形态。锥形领导结构形态是领导的幅度较小,而领导的层次较多的高、尖、细的金字塔形态。

不同的领导结构方式具有其优缺点,扁平形领导结构形态的优点是:由于层次少,信息的传递速度快,从而可以使高层尽快地发现信息所反映的问题,并及时采取相应的纠正措施;同时,由于信息传递经过的层次少,传递过程失真的可能性也较小。此外,较大的领导幅度使领导者对下属不可能控制得过多过死,从而有利于下属主动性和首创精神的发挥。其缺点是由于大领导幅度,使领导者对每一位下属不可能进行充分地、有效地指导和监督;每个领导者从较多的下属那里取得信息,众多的信息又可能淹没其中最重要、最有价值的内容,从而可能影响信息的及时利用等。锥形领导结构形态的优点与局限性刚好与扁平形领导结构相反:较小的领导夫妇可以使每位领导者仔细地研究从每个下属那里得到的有限信息,并对每个下属进行详尽的指导。但过多的领导层次不仅影响了信息从基层传递到高层的速度,而且由于经过的层次太多,每次传递都被各层领导者加进了自己的理解和认识,所以可能使信息在传递过程中失真;同时,过多的领导层次可能使各层领导者感到自己在组织中的地位相对渺小,从而影响其积极性的发挥;最后,过多的领导层次也往往使计划的控制工作复杂化。因此,科学、合理的领导者结构要尽可能地综合基本组织结构形态的优点,克服它们的局限性。

3. 领导机关职责权限划分

领导权限和责任划分的主要内容是建立严格的从上而下的领导行政法规和岗位责任

制,对不同领导机构、部门之间以及领导者之间的职责权做出明确的规定。这也是领导体制的核心问题。

(1) 领导权力的授予必须根据实际需要来确定

在领导活动中,领导者的权力是为了完成实际工作而被授予的,领导者的权力大小必须根据实际工作的需要确定,因此,要有一个科学的标准和实践的依据,不能随意缩小领导者的领导权力,更不能脱离实际需要而扩大领导者个人的领导权力。若领导者所能掌握的领导权力小于实际工作的需要,他在某些场合就无法行使指挥权,也就无从完成工作。同样,领导者所拥有的权力大于实际工作的需要,那么他就可能在某些本来不属于他的场合行使领导权力,从而干扰工作的正常运行,更可能滋生权钱交易、以权谋私的行为。

(2) 领导职责的承担问题

领导者必须对其所掌握的权力负责。权力和职责是一对矛盾的对立统一体,行使权力是履行职责的前提,没有相应的权力就无法履行相应的职责;履行职责是行使权力的基础,离开相应的职责,权力就会异化。领导者的权力是履行其职责的保证,反过来,领导者的职责又是检验其权力的工具。领导者承担的职责同样必须根据科学的依据和实际的需要来确定。职责的划分必须明确、完整,那种职责不清、责任不明的现象是领导体制缺乏科学性的典型特征。

(3) 领导者掌握的权力和履行的职责必须一致

权力和职责必须保持一致,这是领导活动的基本原则之一。权力和职责不一致的极端情形,是只享有权力而没有履行职责的义务,或只有履行职责的义务而不授予相应的权力,这些情形都不是正常的领导活动,都不能实现领导功能,甚至会带来灾难性的后果。权力和职责不一致的一般情形是,权力大于职责、权力小于职责和权力交叉重叠。权责不一致的情形容易造成权力行使方面的滥用,职责履行方面的互相推诿,以及多头管理、无人负责的弊端。

4. 领导机关的决策、指挥和监督方式

领导机关的决策、指挥和监督方式是多种多样的,但归纳起来不外乎下列几中:按照统一层级各机构被领导的关系是否统一的标准,可分为一体制和分离制;根据领导系统中纵向权力配置的集中与分散程度,可以把领导体制分为集权制与分权制两种类型;按领导机关中最高决策人的人数,又可以把领导体制分为首长制与委员会制两种基本类型;按照领导的横向和纵向关系,我们还可以把领导体制分为层级制和职能制两种基本类型。

五、领导体制的作用

领导体制是比领导者素质、领导班子结构更为重要的问题,就像我国伟大的改革总设计师邓小平通知所说:"领导制度、组织制度问题更具有根本性、全局性、稳定性和长期性。"正是因为领导体制问题直接决定和影响领导工作的性质和效果,关系到这个社会的安定和发展,所以邓小平同志在谈到领导体制改革的必要性时就指出:"我们过去发生的各种错误,固然与某些领导人的思想、作风有关,但是组织制度、工作制度方面的问题更重要。这些方面的制度好可以使坏人无法任意横行,制度不好可以使好人无法充分做好事,甚至会走向反面。即使像毛泽东同志这样的伟大人物,也受到一些不好的制度的严重影响,以致对党对国家对他个人都造成了很大的不幸。"要充分发挥领导者的积极性和才能,防止消极腐败现象,固然需要领导者个人的高素质,但根本性的约束力来自领导体制。

领导活动必须以一定的机构为载体才能保证把实际目标的各个部分系统地、有机地连接起来,实现决策、指挥和协调等多种职能。一般说来,领导体制的作用主要有以下几个方面。

(1) 科学的领导体制是决定领导效能高低的重要变量

领导绩效是领导过程中的效能效率和领导结果与领导目标的一致性,集中体现为领导活动带来的直接经济效益和社会效益。事实上,领导绩效既是对领导者工作态度、能力的反映和评价,又是天时、地利、人和等各种主客观因素综合作用的结果,其中领导体制无疑是一个重要因素。另外,要提高领导绩效,就要确保目标正确、方向正确和运转高效,而这都同领导体制的科学与否直接相关。这即是说,领导体制对于领导绩效的提高发挥着非常重要的作用。

领导体制可以协调领导机构的内部分工,沟通领导者与被领导者之间的关系,提高领导活动整体效能。效能来自目标方向和工作效率,而无论是目标方向还是工作效率都直接同领导体制有关,诸如机构的设置是否合理,职责权限的划分是否恰当,领导层次与宽度是否得当等。只有体制健全,领导活动才能高效,否则就会出现决策迟缓、失误、互相推诿、内耗丛生、办事低劣等现象。

(2) 科学的领导体制为领导活动提供组织保证

领导是一个复杂的社会活动过程,光靠领导者个人和领导班子若干人难以达到好的效果,只有建立一定的领导体制,把各级、各类领导机关组织起来,形成一个有机的领导工作体系,才能保证领导活动的正常进行。因此,一旦建立起比较稳定的领导体制,领导者个人或领导班子都得沿着领导体制的轨道和规范进行动作。一个好的领导制度,可以充分发挥领导者个体和群体的主观能动作用,领导体制不好,不仅会打击他们的积极性和创新精神,甚至会使好的愿望走向反面,进而产生怠工的情形。领导体制对于领导活动来说,比领导者个人的素质和领导集团的结构具有更为重要的意义。

(3) 科学的领导体制有助于协调各级各类领导机构

领导体制具有合法性、强制性、稳定性、全面性等特点,它是领导行为的基本规范,领导体制对领导系统有关键性影响,一个领导系统中的各个部门和单位是依赖领导体制组合起来的,各个领导机关在整个领导系统这张组织的网上均占有一定位置。对一个单位的领导者来说,他们发挥的作用往往只影响到一个局部,唯有领导体制所起的作用是关乎全局的。即便就领导系统的高层领导者而言,他们的决策虽然是全局性的,但是如果没有领导体制作组织保证,也会变成一纸空文。只有发挥领导体制的作用,才能真正左右领导活动的全局。只有发扬民主,使领导体制健全、合理、科学,各个领导机关在整个领导体系中各守其责、各行其职、各献其能、配合默契、相得益彰,才能产生全面的系统功能。如果体制不合理、不科学,或职责权限不清,或层次过多,那么势必削弱整个领导功能的正常发挥。

(4) 科学的领导体制是领导者与被领导者之间建立关系的桥梁和纽带

领导活动主要是由领导者、被领导者、群体目标和客观环境等诸要素构成的。其中,领导活动是主体,在领导诸要素中起主导作用,被领导者是相对领导者来说的,是指在社会活动中处于被动地位的组织和成员。被领导者是领导活动中的基本要素,他们在领导活动中身兼二任,对领导者来说,他们是客体;对群体目标来说,他们又与领导者共同组成了活动的主体,离开了被领导者,领导者就无法实施其领导活动。任何领导活动都是领导者根据实际需要,对被领导者的思想、行为进行引导、规范和约束,而被领导者又影响领导者,形成双向互动,并共同作用于客观实际的过程。领导者与被领导者在领导活动中起着极其重要的作用,是决定领导活动成败的关键要素。科学、合理、有效的领导体制,被认为是领导者与被领导者之间的一座相互联系、沟通的桥梁。

(5) 科学的领导体制提供规范领导行为的根本机制证

领导体制是关于领导活动中人们基本行为的规范,它是由规章制度、组织结构和领导者群体等领导要素的体系。其中,领导体制具有制度刚性,能够使领导活动或领导者的行为受到制约、引导和规范作用,是制约、监督领导活动的组织条件,它使领导活动减少了神圣色彩,增加了可操作性。同时,领导体制也是领导活动走向制度化、法制化的组织平台。对于当代中国,建设一个科学、合理、有效地领导体制对于社会主义现代化建设尤其重要。

(6) 科学的领导体制有助于造就优秀的领导者

如果领导体制能够为领导者创造更大、更高层次的发展空间,就可以充分发挥其领导才能和各方面的能力,为其发展提供帮助,造就优秀的领导者。否则就会使领导者的才能和能力得不到充分的发挥,就会埋没人才。提供有助于造就更优秀的领导者。造就更优秀的领导者,必须建立在领导体制职能划分科学的基础上,因为只有这样才能为领导者提供一个合适的平台。

六、领导体制的类型

领导体制的类型,指领导组织机构的具体内容,尤其各部门之间的职责和权限划分的模式。按照职权配置与领导方式的不同,领导体制可以划分为不同的类型。现代领导体制的基本模式有如下几个类型。

1. 首长负责制和委员会制

在领导体制模式中,按领导机关中最高决策人的人数,我们可以把领导体制分为首长负责制与委员会制两种类型。

首长负责制,是把法定的决策权力集中在一位负责人身上,也称一长制或独任式领导体制。首长负责制的优点是:权力集中、指挥灵敏、责任明确、减少扯皮,办事果断、行动迅速,效率较高。首长负责制的缺陷在于:由于一个人的知识、能力、经验、精力等毕竟有限,处理事务难免有思考欠周之处。虽然在现代领导体制中广泛地应用专家智囊机构,帮助领导者科学决策,但因领导有决策权与否决权,因此,并不能完全补上这一缺陷。另外,在首长负责下,主要负责人如果选择不当,还可能造成独断专行、滥用权力、独揽大权,容易导致专制和滥用权力的现象。

委员会制是把法定的最高决策权交由两个以上的行政首长组成的委员会的领导体制,也称合议制。在实行领导委员制的领导体制下,决策权力属于领导集体,按少数服从多数的原则决定问题。委员会制的优点在于:能够集思广益,决策问题考虑比较周详,能够代表各方面的利益;委员分工合作,各当一面,可以减轻主要领导者的负担,避免个人专制和滥用权力的现象发生。委员会制的缺陷表现在:一是决策缺乏效率。有时会因为对某些问题有一部分人拥护,一部分人反对而议而不决,决而不行,以致坐失良机,贻误工作。二是容易出现权力分散、责任不明等现象。一旦缺乏严谨的法规,就可能出现争功诿过,甚至会发生无人负责的现象。

首长负责制和委员会制难以在绝对的意义上区分优劣。在领导活动中采取哪种体制模式,需根据领导活动的具体性质来决定。一般来说,属于速决性的、执行性的、技术性的、纪律性的、社会性的一类的领导活动,宜采取首长负责制的方式处理;属于方针政策、规划制定以及立法性、协调性、综合性等一类的领导活动,宜采用委员会制处理。在实际的领导活动中,这两种体制正以各种方式相互联系和相互渗透着。首长制的行政首长,常常依靠各种专门委员会协助处理问题;委员会制也向责任主体明确化的方向发展。

2. 集权制和分权制

在领导体制模式中按照职权的集中和分散程度,可以将领导体制划分为集权制与分权制两种类型。

集权制是指一切事务的决策权均集中在上级组织,下级组织只有执行权而无决策权的领导体制。其特点是有利于政令统一、标准统一、指挥方便、令行禁止。集权制领导体制能够在最大程度上做到统筹兼顾、统一调度和支配系统资源,特别是在系统资源悠闲地情况下,能够最大限度地均集中组织系统的物力、人力和财力,从而完成在其他领导体制下办不到或办不好的大型项目。但是,集权制领导体制也有一定的缺陷,即灵活性差,容易限制下级积极性和创造性的发挥。集权制往往因为管得过死而缺乏应变能力,领导者往往忽视下级利益,压抑下级的积极性、主动性和创造性,由此可能滋长上级领导机关和个人独断专行,从而产生官僚主义。另外,在集权制领导体制下,下级对于上级的监督处于最软弱的状态,容易使下级对上级领导产生人身依附关系,上级为下级提供"保护伞",从而上下勾结,难以抑制领导者以权谋私、权钱交易等腐败现象的产生。

分权制是指下级机关在自己管辖的权限内,能独立自主地决定问题,而上级组织不加干涉的领导体制。其特点是,下级机关或者领导者对于自己管辖范围内的事情,有独立自主的决定权,不受上级干预。分权制的领导体制的优点是可以使下级因地制宜地贯彻上级指示,有利于充分发挥下级人员的智慧和才干;下级机关可以从实际情况出发,依据具体情况、具体特点去处理问题,充分发挥本地区、本部门的优势。另外,由于分权制的领导体制是按权分级、按权分工、分工负责,因而相对于集权制的领导既具有较大的弹性和灵活性,又具有较强的应变能力,有利于充分发挥下级领导机关和个人的主动性、积极性和创造性。同时,上级也能因此而减轻不必要的负担,防止官僚主义,腐败行为的产生。分权制的缺点也很明显,主要表现在:如果发挥不好,容易自立门户,各行其是,各方常会发生矛盾和冲突,也容易发生本位主义、分散主义,不顾整体利益的倾向。

集权制和分权制也是相互矛盾的两种领导体制类型,既对立又统一。过分集权、过分分权都不利于领导体制功能的发挥,因此应该根据不同任务和不同的环境条件加以选择运用。一般来说,集权和分权都应该适度,实行分权制领导,必须加强宏观调控,以尽量减少以上弊端,同时,在需要集权时也应该注意调动下属的主动性和积极性。

3. 层级制和职能制

在领导体制模式中按照领导的横向和纵向关系,我们可以把领导体制分为层级制和职能制两种基本类型。

层级制是指一个组织系统在纵向上由上至下划分若干层级,形成一个像连续的台阶那样的权限划分系统,又称为直线制、分级制等。如部队中的军、师、团、营、连等建制,铁道系统的铁道部、铁路局、铁路分局等。这种体制的特点是领导者与其下属之间有统一的直线关系,指挥和命令从领导系统的最高层到最底层,按照垂直方向自上而下地贯彻执行,从而形成一系列不同的层次,呈现出一种从上到下的"金字塔"型的阶梯等级。

层级制领导结构的优点在于系统内部各单位的关系一目了然、职责分明、行动迅速、步调一致、纪律严明,因而便于领导指挥;各级领导者业务性质大体相同,干部升迁或调动,均能很快胜任;由于这种体制强调掌握与熟悉各方面业务,有利于培养具有统筹安排、综合平衡能力的"通才"。层级制结构的缺点也十分明显,会造成领导者管辖的事情太多,上级领导部门负担过重,大量的时间和精力花费在协调各个单位的工作方面。日常生活中,下级过分依赖领导,事事需要领导亲自过问,不利于发挥下级的积极性和主动性。因此,层级制的领导结构仅适用于领导场合较小、上下级关系比较单纯的组织或单位。

职能制结构是指在一个领导机构中,按照领导工作的范围要求,横向平等地设置若干个职能部门,每个部门都以整个组织系统为服务对象,只是分工和服务不同的领导体制,又称为功能制结构或分职制结构。职能制的领导体制最初由美国管理学专家泰罗提出,这是一种为完全某一领导职能或管理业务的专门组织机构。在职能制的领导体制下,一个组织系统在横向的水平线上设置若干职能部门,作为首脑机关的顾问、参谋辅佐行政首长实施领导。如国务院的各部位,省市的各委办,局的各业务处,部队中的政治部、参谋部、后勤部等。

职能制领导体制的优点是分工精细,领导者各司其职,业务熟悉,工作效率高,有利于培养精通各门业务的专家和提高干部的专业化水平。如国务院所属各部委、各部委的业务司局、工厂中的职能科室,他们对于下属来说,都是领导的职能部门。由于这些部门的工作人员熟悉具体情况,一般说来在完成某项工作方面的效率要比直线领导的效率高。可见,每个职能部门长期从事某方面工作,经验丰富、熟悉情况、专业性强、专业效率高。职能制领导方式也有明显的缺陷:就上下级关系而言,上级对下级的指令往往过多,而且各职能部门容易政令不一,甚至相互抵触,导致下级无所适从;上级则往往请示工作手续繁杂,影响工作效率。在同一层级各部门之间关系而言,容易产生本位主义,忽视全局的弊端。可见,职能制不利于协调各单位之间的活动,不利于有效地把各个职能部门的指示协调起来,不利于解决各种综合性问题。一旦分工过细,容易造成机构臃肿、部门重叠、人浮于事、互相扯皮的现象。因此需要将层级制和职能制的领导体制有机的结合起来才能达到比较好的领导效果。

在现实的领导体制中,层次制与职能制是兼而用之的,纯粹的层级制领导体制或者纯粹的职能制领导体制都是极少见的。但是,如何在发挥好层级制的优点的同时,实现各职能机构的领导作用,以提高领导的效能,是需要认真考虑的问题。

4. 完整制和分离制

在领导体制中，按照同一层级各机构被领导的关系是否统一来划分，有完整制和分离制两种类型。

完整制指同一层次各行政组织或同一行政组织各机构只受同一上级组织或首长的统一指挥和控制的组织体制，完整制又称为一体制，也可称为一元化领导。

完整制的优点是事权集中，统一计划和指挥，易于统筹全局，发挥组织的整体作用；统属关系明确，责任确定，不致相互推诿和扯皮；各个领导机关的职责不同，分别赋予其执行党的各项方针政策的职能，易于沟通协调，步调一致，避免各组织机构工作重复和权力冲突，利于精简机构，节省人力和经费，提高效率。可见，如果运用得好，一体制能够集中权力、统筹规划、责任明确、减少扯皮、雷厉风行、便于合作。完整制的缺点主要表现在：它容易造成上级机构或个别领导者包揽一切，可能导致领导机关或首长专断擅权，责重事繁，易造成指导不力和发生失误，压抑下级机构和人员的工作积极性和创造性。可见，对于完整制的领导体制，必须要处理好由于权力高度集中而造成的独裁专断、下级对上级的依赖心理、下属单位失去自立精神的问题。

分离制又称独立式或多元化领导，指上级的指挥、控制和监督不是集中于一位上级领导者或一个领导机关，而是分属于两个一手拿个的平等或双重领导机关或个人的领导体制。

分离制的优点在于领导者能防止独断专行、滥用权力，并能促使下属各单位独立工作、各尽其能、各司其职，发挥主观能动性；即使上级领导机关不健全或者不称职，一级机关仍能独立工作不致影响全局。分离制的缺点也相当严重，分离制容易造成各自为政、自行其是、政出多门、互不协调、重复劳动、浪费人力物力，影响国家和集体利益。

完整制和分离制是一对矛盾的两个方面，是对立的统一体，需要从实际出发，根据不同的单位、不同的机构、不同的领导人物而谨慎灵活地运用。在实际生活当中，任何领导体制都不大可能实行非常纯粹的完整制或分离制。如果在领导体制中实行以完整为主，当中就必须融合分离制的某些优点；同样，在以分离制为主要特征的领导体制中，又要兼顾吸收完整制的长处。总之，需要将两者加以有机结合。

第二节 领导体制的演变

人类社会是组织的社会，为了达到一定的生产和生活目标，人们必须按一定的方式组织起来，以达到理想的组织效率。领导体制正是人们寻求改善组织方式，提高组织效率的形式。领导体制也是随着社会生产的发展而不断发展的，那些旧的领导方式无法适应社会生产迅速发展的新形势、新要求，领导体制的不断演进更替就成为历史趋势。从技术的角度来看，领导体制的演进经历了五个不同的发展阶段，即家长制的领导体制、经理制的领导体制、"软专家"式的领导体制、专家集团式的领导体制和多级领导体制。

一、家长制的领导体制

家长式领导体制阶段，是指凭企业家个人经验进行管理决策。家长制领导体制的一个突出特点是所有权与管理权合一。对企业,老板既是所有者,又是管理者;对于其他社会、政治、行政组织,领导者同样对所辖组织拥有家长式的权威。这种领导体制的本质特点,是领导凭借自己的地位、权力和经验从事领导和管理。

在工业革命完成之前,企业规模小,技术装备落后,企业主既是企业财产的所有者,因而家长制的领导体制基本能够满足当时管理的需要。在这一时期,不论经济领导还是科学技术领导,都带有封建主义的色彩,老板作为企业的领导者,一切由老板说了算,一切凭老板的经验办事。企业如此,科研机构也是如此。由于当时的生产规模不大,主要是小规模的、简单的手工作坊,生产力水平低下,所有者、管理者融为一体,企业实行家长制领导,老板说了算。在19世纪中叶以前,家长制的一直是各种社会的政治、经济、文化组织中普遍盛行的领导体制。家长制领导体制适应当时的历史条件,所以曾起过积极的作用。

二、经理制的领导体制

经理领导体制阶段是社会化大生产时期的企业管理阶段。这些转行来的硬专家通晓技术,熟悉生产过程,具有较高专业知识水平和一定的管理能力,他们比只凭个人经验的家长或领导要高明得多,经理制的推行是企业领导体制的一大进步。

西方国家在19世纪中期以前,经济组织中的所有权与经营权并未分离,管理职能没有完全独立出来,因此也就没有职业化的管理阶层。随着商品经济的发展,企业出现了许多新的变化。企业规模不断扩大、技术水平提高、生产方式改变、由原来的手工作坊式演变为半机械化、机械化生产。这些变化促进了企业领导体制的变革、单凭个人经验的家长式领导体制已经不能适应企业发展的需要,取而代之的是经理制。这时担任经理的主要是一些在企业中精通业务的技术专家,即所谓"硬专家"。经理制的领导体制的实质在于:财产所有权与经营管理权的分离。财产所有者不参加企业领导,领导企业的是专门拿薪水的经理人员。这些经理人员,通常由一些技术高超,才能出众,具有专业知识的人担任。被西方称为"现代科学管理之父"的泰罗,原来就是一位工程师。所以,这种领导体制,又称为"硬专家"领导体制。经理制的出现是企业经营规模扩大的必然结果,是企业领导、管理体制的一大进步,它推动了近代资本主义企业的发展。

从家长制领导到管理阶层的兴起,是管理革命的一大标志。这是领导体制的一个历史性变体,在时间上显示了优越性。人们把这种领导和管理方式称之为"经理制",一直沿用至今。

企业领导体制往往决定着企业的革命。一个经典的案例是美国汽车公司的领导体制改革。在第一次世界大战之前,福特工资生产的黑色T型汽车遍布全世界,但老福特的家长式领导使这家公司在战后开始走下坡路:1929年福特公司生产的汽车在全球市场占有率为31.3%,1940年跌至18.9%,到1945年出现每月净亏损900多万美元的局面。该年,老福特宣布从最高管理者的岗位上退出,正式让位于他的孙子亨利第二。亨利第二对福特公司的领导体制惊醒了大刀阔斧的改革,聘用高级管理人员进行管理,扭转了亏损局面。

尽管理论界目前对管理职业的认证还没有完全统一的看法,但从应用方面看,管理在现代社会中的地位已经迫使人们对从事这项工作的人的"专家"资格形成了比较确定的认识。据调查，美国500家大公司的高价管理人员中，有71.8%是工商管理专业毕业的，出身于工程技术和其他学科专业的仅占28.2%。法国A类公务员（业务类中属于领导职位的公务员）100%是法国国家行政学院的毕业生。各国的军事指挥官也越来越多地为军校毕业。看来，各行各业中管理工作的专业化，并逐步形成职业化的管理人才队伍，已是客观形势之所趋。

三、"软专家"式的领导体制

20世纪以后，企业又有了很大发展，企业生产进一步社会化，企业与企业之间、企业内部进一步专业化。企业技术水平进一步提高，企业经营的范围日益扩大，任务日益繁重。企业规模进一步扩大，内部结构更加复杂，与外部环境的联系也日益增强。企业发展的这些变化使得仅由精通一门技术的专家进行管理已不适应新形式的要求，所以逐渐演化为由工商管理学院培养出来的管理人才实施管理。这类新的管理专家所具有的管理技能已经大大超出技术技能的范围，所以被称作"软专家"。"软专家"是相对于"硬专家"而言的，是指在管理领域具有专门管理知识和管理经验的专家。"软专家"式的领导体制，通常就是强调管理的专门化、职业化，由专业的管理人士担任领导和管理任务的领导体制。

发达国家早已完成了所谓从"硬专家"到"软专家"的过渡。1881年，宾夕法尼亚大学首先建立了华顿财经学院，专门培养从事经营管理职业的"软专家"。这样，以经营管理为专业的"软专家"便应运而生。这种"软专家"领导不仅在企业如此，在科研机构也是如此。美国某些大学科研工作的组织机构，专门委托一些"科研管理公司"来进行管理。这种领导体制的本质特征，是个体领导者按照领导和管理的一般规律从事领导和管理工作。美国之所以能在18世纪末19世纪初至第二次世界大战时期迅速崛起，成为世界头号强国，原因固然很多，也很复杂，但与大规模的管理革命发端于美国不无关系。现在，在西方发达国家，技术工程专家背景出身的"硬专家"至少要经过工商管理硕士（MBA）学业的途径方能进入高级主管行列。

随着管理的方式和手段发生了根本变化，政府部门的管理也从"硬专家"向"软专家"过渡，技术专家逐步过渡为职业化的管理专家应该是一种发展趋势。可见，由"硬专家"、到"软专家"，再到"软硬结合"的专家领导，这是企业领导者素质发展的趋势。我们不但需要大批的企业家，更需要大量的经营家和管理专家。管理工作要成为一项专门的职业，经理市场的发育就是一大先决条件。成熟的经理市场将优秀管理者的才能看作是一种稀缺商品，从而雇佣这些管理人员的组织需要为这种稀缺商品付出相当高的价格（包括年薪工资、红利和股票期权等报酬）。杰出的管理人才，就像职业体育运动的超级明星一样，成为企业不惜重金争聘的对象。

四、专家集团式的领导体制

20世纪70年代前后出现的科学技术和现代生产日益结合，现代生产和科学技术的高度分化和高度综合，使领导和管理的规模和复杂性急剧增加。特别是企业战略决策的重要性日益突出，仅仅靠"软专家"个人的知识经验和能力也难以胜任。同时，现代科研机构中，随着研究任务繁重，信息量增大，个人的领导也无能为力。个人的领导能力已不适应现代化企业生产的要求，于是专家集团领导体制将逐步代替传统的企业领导模式。专家集团式领导体制，是指由一个优秀企业家为主的企业家集团领导的体制，既发挥企业家个人的作用，又突出企业家集团的力量。

专家集团领导体制的主要特征，是集体领导者按照领导和管理的一般规律，从事领导和管理工作，目的是发挥集体智慧，弥补个人领导能力的不足，提高领导水平。实施集团化领导的方式是多种多样的，有采取领导班子内少数服从多数的集体领导办法；也有在充分讨论的基础上，由企业全权负责的领导人对各种意见权衡利弊后，做出决策的办法；还有采取主要领导人拥有否决权的方式等。专家集团领导体制的另一主要特征是实行"谋"、"断"分离的新的领导方式。在大公司、大企业里面，重大问题由董事会集体决策，总经理贯彻执行。在专家集团之外，一些大单位还聘请了由各类专家组成"智囊团"、"思想库"。它作为专家集团领导在智力上的一种延伸，为领导部门提供各种决策方案和依据。"智囊团"作为领导的参谋而参加决策，但并不决定领导的决策，这种领导体制使领导的决策职能更臻于科学化，这也是现代领导体制的重要特征。

五、多级领导体制

组织实行什么样的领导体制，与一个国家的经济基础和社会政治制度有密切的关系。从近代到现代资本主义国家的政治、企业领导体制的演变过程，反映了领导体制趋向现代化的历史变化趋势。随着领导体制的变迁，经理制也发生了很大的发展。在初期，采取的是直线参谋制，事无巨细，都由经理负责处理，权力过分集中。随着企业经营规模的不断扩大，领导层次的增加，产品种类繁多，市场竞争逐步升级，企业与外界的信息、物资交流范围越来越广，集权式领导体制逐渐难以适应其要求。在20世纪20~30年代，一些大企业开始寻求新的领导途径。美国率先提出了在大型企业中实行集中决策，分散管理的多级领导体制。

多级领导体制是集中与分散相结合的现代领导体制。多级领导体制的特点是把经营决策与具体管理分开，使总经理等公司一级的高层可以摆脱日常事务，集中精力研究处理全局性大事；日常生产、销售等具体管理活动则由各事业部独立自主地承担。多级领导体制的主要目的是将经营决策与经营管理分开，这标志着领导职能从管理智能中全面分离出来，既增加了决策的及时性、科学性，又提高了和管理的效率。

第三节 领导体制的改革

一、我国传统领导体制的弊端

领导体制是协调领导机构的根本机制，领导体制的改革，又是实现这一艰巨任务的关键。改革开放以来，我们在改革领导体制方面，虽然下了很大的决心，做了大量的工作，取得了很多成果，积累了很多的经验，但仍然存在许多问题。

第五章　领导体制

1. 党政不分的情况依然存在

在我国,国家领导生活中存在着两套领导系统,一套是政府的领导系统,另一套是党的领导系统。两套系统相互对应、相互交织、相互重叠,成为有中国特色的党政领导体制,但同时也造成了党政不分的难题。

党政不分的领导体制的形成,有其历史原因。新中国成立以后,由于"一边倒"的政策取向,我国基本上照搬苏联的社会主义领导体制。而苏联模式在当时体现为"斯大林模式"。在这种领导体制模式下,不仅以党领导政,而且以党代政,党委领导一切,政府部门的职能成为各级党委的职能延伸,而不能独立地行使决策权。在20世纪60年代,莫斯科曾经有这样一个典型案例:在莫斯科红场东南角附近,由于缺少公共厕所,使得周围工作和居住的人们感到十分不方便,也给众多慕名前来观光的游客带来麻烦,当地警察就曾多次发现有人在红场附近方便的情况。为此,当地居民社区申请上级政府修建一个厕所。但由于当时财权和土地使用权都由各部门党委决定,所以需要从当地社区党委一直到莫斯科市委的领导们研究决定。由于该地段还是某些苏联最高苏维埃的机构或附属机构的驻地,因此有涉及与最高苏维埃的一些机构进行协调的程序,最后还得由最高苏维埃来研究决定。这样,为了修建一个厕所,层层上报、层层审批,批准立项之后,又为选址、资金、材料使用、分配、调拨、人员组织等众多问题多次召开各级党委的碰头会、协调会,以及各级党委内的研究会。此间又出现因某级党委第一书记的更换,党委重新研究的情况。结果从最初打报告到厕所建成剪彩典礼,最后正式开始投入使用,竟然花了将近八年的时间。从这个例子中可以充分看出"斯大林模式"下的领导体制的弊端。

社会主义新中国成立以后,中国共产党成为执政党,对于怎样建设社会主义还缺乏经验,对如何将领导体制的科学性预支有效地结合还缺乏认识。而在当时的历史条件下,可供我们借鉴的社会主义领导体制只有苏联的领导体制。这样,为了加强党的领导而出现了国家权力过于集中于执政党的现象,不适当地把一切权力集中于党委,政府权力在一定程度上形同虚设。

改革开放以来,领导体制改革的问题一直是改革的难点。虽然我们党对党委和政府的职责作了原则性的规定,仍然难以把党权和政权很好地分开,党政不分的情况依旧存在。

2. 领导权力过于集中

我国传统领导体制领导权力过于集中,表现在强调集权,忽视了对地方与下级的合理分权。在集权与侵权的关系问题上,过分强调上级集权而较少注意下级侵权。邓小平同志曾说:"权力过分集中于党委,党委的权力又往往集中于几个书记,特别是集中于第一书记,什么事情都要第一书记挂帅、拍板。党的一元化领导,往往因此变成仆人领导。全国各级都不同程度地存在这个问题。权力集中与个人或少数人手里,多数办事的人无权决定,少数有权的人负担过重,必然造成官僚主义,必然要犯各种错误,必然要损害各级党和政府的民主生活、集体领导、民主集中制、个人分工负责制等。这种现象,同我国历史上封建专制主义的影响有关,也同共产国际实行的各国党的工作中领导者个人高度集权的传统有关。"过分强调集中与统一,忽视了发扬民族和科学分工,从而使党的一元化领导变成个人说了算,甚至个人凌驾于组织之上。关于这一点,邓小平同志指出:"我们的各级领导机关,领导者管了很多不该管、管不好、管不了的事,这些事只要有一定的规章,放在下面,放在企业、事业、社会单位,让他们真正按民主集中制自行处理,本来可以很好办,但统统拿到党政领导机关、拿到中央部门来,就很难办。"在较长一段时期内,中央集权过多、地方权力过少,后来虽然经过多次改革,但始终未找到中央和地方权力划分的适度点。领导权力过于集中不仅使中央行政机构逐渐膨胀起来,而且也影响了地方政府推行政务、处理事务的积极性。

3. 领导权力关系的运转不顺

在领导过程中,领导者与组织内外会经常发生联系。然而,在这种联系过程中,领导权力关系运转还存在诸多问题,主要表现在党政关系不顺和政府内部部门关系不顺两点。

(1) 党政关系不顺

中国共产党是我国革命和建设事业的领导者,但中国共产党是政治组织而非权力组织,因此,党的政府主要体现为思想、政治和组织的领导。在党政关系上,党的领导如何实现及实现方式的问题,一直没能得到很好的解决。首先,党组织往往过多干涉和代替了应该由政府部门独立进行的工作,其结果是使行政机构失去了行政决策权,责权分离,限制了政府职能的充分发挥。其次,党包办政府系统的工作,就要设置与政府部门相应的机构,其结果是机构重叠、冗员增加,既加重了国家的财政负担,又可能因党政机构职责交叉而产生工作中相互推诿、扯皮的现象,降低了行政效率。再次,党组织包揽、陷于行政事务,放弃了自身本应承担的领导职能,造成了"党不管党"的现象,其结果是从根本上削弱了党的领导。

(2) 政府内部部门关系不顺

政府内部部门关系不顺表现在两个方面:一是政府部门之间条块分割、矛盾较多、难以协调合作。二是政府机构设置过多,分工过细,造成职责不清或职责交叉。例如新闻出版、文化、广播、电视部门关于音像制品的管理,土地、建设、城市规划部门关于房地产的管理,电力、水利部门关于小水电的管理,公安、效能部门关于道路效能的管理,劳动、民政部门关于人力资源的管理等,都不同程度地存在职责不清、关系不顺的问题,导致好管的事都想管,难管的事都不管的现象,形成管理重复或管理盲区。

4. 领导集团工作方式的落后

领导集团工作方式的落后,主要问题体现在以下几个方面:

(1) 家长制现象

由于制度的缺损,在许多时候和许多场合,一些政府领导干部中的旧式家长作风十分严重。对此,邓小平同志曾经指出:"讨论重大问题,不少时候发扬民主、充分酝酿不够,由个人或少数人匆忙做出决定,很少按照少数服从多数的原则实行投票表决,这表明民主集中制还没有成为严格的制度。""从 1985 年批评'反冒进'、1959 年'反右倾'以来,党和国家的民主生活逐渐不正常,一言堂、个人决定重大问题、个人崇拜、个人凌驾于组织之上一类家长制现象,不断滋长。""不少地方和单位,都有家长式的人物,他们的权力不受限制,别人都要惟命是从,甚至形成对他们的人身依附关系。"邓小平同志还对家长制现象做了尖锐批评,他指出:"革命队伍内的家长制作风,除了使个人高度集权以外,还使个人凌驾于组织之上,组织成为个人的工具。家长制是历史非常悠久的一种陈旧社会现象,它的影响在党的历史上产生过很大伤害。"

(2) 特权现象

特权指政治上、经济上在法律和制度之外的权力。从理论上说,社会主义的领导制度是不应存有任何阶级和个人特权的,人们只有社会分工的不同,没有尊卑贵贱之分。但事实上,由于一些领导干部的特权意识、官本位思想还大量存留,因而特权现象不可能根绝,最终导致领导体制既不廉洁、高效,更不便民,而是官僚主义盛行。"其主要表现和危害是高高在上,滥用权力,脱离实际,脱离群众,好摆门面,好说空话,思想僵化,墨守陈规,机构臃肿,人浮于事,办事拖拉,不讲效率,不负责任,不守信用,公文履行,互相推诿,以致官气十足,动辄训人,打击报复,压制民主,欺上瞒下,专横跋扈,徇私舞弊,贪赃枉法等。这无论在我们的内部事务中,或是在国际交往中,已达到令人无法容忍的地步。"

5. 领导规则的不健全

我国传统领导体制下,领导规则的不健全是领导体制弊端的主要表现形式之一。在建国初期,为适应建立各级政府和各种管理制度的需要,制定了一系列行政组织法和行政管理法规。包括有关财政、金融、税收管理的法规98个,有关公安、司法、民政管理的法规261个,有关教育、科学、文化、卫生管理的法规149个。上述法律、法规的制定对于各级政府的迅速建立和保证各项领导工作的开展起了重要作用。从20世纪50年代后期到70年代后期,有关领导体制的法规制度被严重削弱,不仅新的有关领导体制的法规大大减少,而且原来的有关法规受到严重破坏、无法贯彻执行。这一时期的法规形式也发生了变化,正式的规范性文件被众多的临时性通知、办法、指示所代替。从法律、法规的实施环节上看,由于法律虚无主义盛行,有法不依、执法不严的现象大量存在,领导法制法规受到严重破坏。不难看出,领导规则的不健全,主要表现在缺乏法制观念上。在传统领导体制下的大部分时间里,行政领导是缺乏规则或有规则而不遵循的,有关领导体制的法规建设远未达到完备的程度。例如,有关行政法规的规定而不遵循的,有关行政法规的规定较为抽象笼统,缺乏严密的保障制度和手段,这正是后来政府机构重叠和人员激增的原因之一。

6. 领导程序的缺漏

领导活动主要表现为决策、用人、指挥、协调、控制等。所有这些活动都应遵循一定的程序,否则将会出现决策失误、用人不当、指挥不灵、协调不通、控制不力的风险。在传统领导体制下,领导活动缺乏程序的现象同样普遍存在,例如决策程序。众所周知,新中国成立后共产党有过多几次重大政策失误,包括1957年的反"右"扩大化、1958年的"大跃进"、1966年的"文化大革命"等。这些重大决策失误形成的原因是多方面的,其中有一个重要原因就在于领导决策缺乏程序性,导致主观决策、轻率决策,给国家社会主义建设带来严重的损失。再如用人程序,一些行政部门在雇用干部时,"以人举人",单纯依靠几个主要领导干部或组织人事部门,既不掌握一定的标准,又无程序之约,很容易为个人专断、打击报复、拉帮结派等不良现象留下可乘之机。

7. 人事制度缺乏活力

干部人事制度是我国领导体制的重要组成部分。增强工作活力,提高工作效率,离不开干部人事制度的改革。然而在我国的用人制度却存在一些弊端,尤其在干部选拔任用上,主体上仍然沿用的是几十年一贯制的做法,由少数人选人,在少数人中选人这种社会意见很大的问题仍然没有多大改变,公开、公平、公正这些现代用人思想和观念在人事制度上仍然没有成为基本的操作行为。人事制度缺乏活力不仅会打击人们积极进取的积极性,同时还会阻碍人才的正确选拔、培养和使用,这在很大程度上阻碍了社会和组织的发展。

二、我国领导体制的改革

领导体制变革是一场深刻的社会变革,是一个系统的社会工程,由于它会受到生产力发展水平、政治制度、民族文化传统等诸多因素的影响和制约。而我国的领导体制变革作为一项复杂的系统工程,涉及面大,制约因素多,内容广泛,都是新中国的体制变革中前所未有的。在这个意义上,领导体制的改革对我国社会主义建设事业来说,是一个巨大的挑战,也是空前的机遇。经过党的十一届三中全会以来的改革实践,我国领导体制的弊端在很大程度上得到了改观,但离现代化建设的实际需要还有很大差距,政治体制改革的任务还很重。我们必须认识到,只有及时下决心、下力气革除这些弊端,才能更充分地发挥社会主义制度的优越性,使有中国特色的社会主义现代化建设事业得到更顺利的发展。

根据历史的经验与教训及对领导体制的现代化要求,我国领导体制改革的主要内容和基本方向有以下几点。

1. 党内领导体制改革是我国领导体制改革的决定条件

在中国,党内领导体制的改革带有根本性。我国是一个由中国共产党领导的社会主义国家,党是社会主义事业的领导核心,同时也是领导体制改革的关键和核心。党内领导体制不改革,其他领域的领导体制改革就很难展开,即使其他领域的领导体制改革勉强进行,其成果也很难保障。从这个意义上讲,党内领导体制的改革每前进一步,我国社会主义事业就会前进一大步,党的领导体制的改革每取得一个新的突破,我国的社会主义事业改革和开放就会有一个大的飞跃。因此,党内领导体制的改革若不能继续深化,就会影响改革的进一步深化和开放的进一步扩大,从而影响我国社会主义事业的继续前进。

领导体制改革是上层建筑的一场革命,但它不是上层建筑的根本变革,也不是动摇和瓦解社会主义的上层建筑,而是社会主义基础上的自我改进和自我完善。这种自我改进和完善,是在党和国家的领导下,在马克思列宁主义、毛泽东思想、邓小平理论以及"三个代表"重要思想的指导下,依靠社会主义制度本身的力量,依靠亿万人民群众共同努力来推进的。因此,党内的领导体制改革不是削弱党的领导地位,更不是取消党的领导,而是改变党的执政和领导方式,使党的领导能够适应国内国际形式的不断发展提出新的要求,从而不断地改善党的领导,使我国的社会主义事业不断前进。我们要深化党内领导体制的改革,这是改革开放以来,以邓小平为核心的党的第二代领导集体在实践中得出的经验总结。

2. 建立合理、协调的政治领导权力运转体系,克服政府管理体制的过分集权

我国领导权力过分集中,是由我国现行的政治体制严重失衡所引起和决定的。因而,要改变现行行政体制的过分集权,必须使政治体制达到合理、协调,建立起对政府体制有良好影响和制约的政治格局。为此,必须实行党政分开,使政府成为相对蓄力的工作系统,确立起应有的权威;改革现行的政府机构,需要确立职责分工明确的行政首长负责制。具体来说要做到以下几点:

(1) 权力分配要合理

在纵向领导层次中,改革权力过分集中的领导体制应适当下放权力,合理配置各层次的职权范围,以调动各方面的积极性。下放权力的总原则是凡是适宜下面处理的事情都用下面决策和执行。其中,尤其要划清中央和地方的职权界限,以保证全国政令统一的前提下,做到地方的事情由地方管,避免中央包揽一切。在横向领导层次中,要改革职责不明、互相扯皮的现象,合理分权,使各方面的工作真正做到有职、有权、有责,真正实现互相配合、监督、协调、制约和促进,以使领导活动有条不紊地进行。

(2) 机构设置适当

领导机构是实现领导职能的组织实体,只有机构设置合理,领导工作才能完整有序地运转。各级领导机构的确立,必须符合"精简"、"统一"、"效能"、"节约"和"反对官僚主义"五项要求。这既是确立机构的目标,又是检验组织机构质量的标准。"精简",就是根据领导工作的需要,建立起精干有力的领导班子。机构臃肿、人员过多,不但难以统一,而且会产生内耗。"统一",就是整个领导机构中的各个部门都有明确的目标、清楚的分工,范围没有交叉重叠,同时又能互相有机配合,领导层次和领导宽度确定恰当,从而在纵横两个方面都能协调统一而不过于分散。"效能"就是指领导机构在工作的数量、质量、速度等方面都有好的效果。"节约"原则与"效能"原则紧密相联,只有在不浪费物力和人力的基础上,才能有效提高工作效能。"精简"、"统一"、"效能"、"节约"都是"反对官僚主义"的保证,这四项要求做到,就不会出现官僚主义。

(3) 健全工作制度

领导工作的核心是以职、责、权、利相统一为原则的领导工作责任制,其基本内容涉及工作职能范围的划分、工作权力的既定、工作责任的承担以及相应的奖惩制度。工作制度健全就会避免出现责任制非落空不可,事无巨细请示汇报,不负责任地相互推诿、扯皮和敷衍塞责,甚至争权夺利等现象。

(4) 法律保障有力

长期以来,由于领导体制缺乏法制传统,缺少严格的从上而下的行政法规和个人负责制,造成机构臃肿、人浮于事。改革开放以来,虽然有些法规制度逐步建立、实施,但要真正对企业现行领导体制进行变革,朝着领导体制科学化的方向迈进,还需要以法律形式使领导体制规范化,使领导体制变革真正做到有法可依,有法必依,执法必严,违法必究,依法行政。

领导体制的改革要依法办事,体制的一切变革都要在遵循法律、法规的前提下进行。要依法分配权力、设置机构,依法进行指导,抑制不正之风,维护人们的合法权益。

(5) 自我调节灵活

领导体制具有动态性,不是永恒不变的。对于动态的领导行为来说,不但需要领导体制充分发挥领导者的积极性和创造性,而且还要根据工作任务及面对情况的变化,对领导体制进行不断地改革。因此,确定一种能自我调节的灵活机制极为重要。

3. 明确领导职能，实现职能转变

要明确领导职能、实现职能转变必须研究和解决好以下几个方面的问题。

（1）搞清国家、政府和社会之间的关系

国家产生于社会，国家和政府的权力受到社会的监督和制约。要进行领导体制的改革，必须否定对国家和政府至上的意识，确定社会本位、人民本位的理论和观念。

（2）把握并适应现代政府领导职能及其发展趋势

随着社会经济、政治、文化的发展，政府的服务职能日益增多，其他职能越来越多地由社会组织来承担，逐渐演变为"小政府、大社会"的以社会自治为主的社会。在领导体制的改革中，我们必须把握这一趋势，破除那些政府无所不为、无所不能的做法。以后政府主要管社会组织和群众团体不愿管或无力管的事情，把社会应该办、能够办而且乐意办的事情交给社会，使国家、政府、社会各就其职、各尽其能。

（3）改革人事制度

改革开放以来，特别是最近几年，我国在人事制度改革方面的力度很大，也做出了很大成绩。但由于历史积累下的各种问题过多，工作过于复杂，因而人事制度的改革离形势的要求还有相当的差距，还不能完全满足改革开放工作的需要。所以，如今要加大人事制度的改革力度。首先，更新观念，拓宽人才录用的渠道，吸收更多优秀的人才进入领导队伍。要不拘一格降人才，使优秀人才脱颖而出，特别是那些德才兼备、群众公认的坚决执行党的路线方针、政策，并且廉洁奉公的干部更应及时选拔到各级领导岗位上来。其次，要加强对干部队伍的管理，变过去的过程管理成跟踪过程的目标管理。最后，要创造一个良好的用人环境，废除干部使用中的终身制，形成能上能下的管理机制。

4. 领导体制应该科学化、法制化

领导体制科学化的关键是组织机构设置的合理化。而有效地进行政府机构的改革，是克服官僚主义，提高行政效率，清除政府行政运行机制中的梗阻的主要途径。当前，我国的领导体制改革的重点是政府机构改革。现代化的建设呼唤着现代化的政府，现代化的政府必须废除落后的、家长制的、过度集权制的领导体制，建立科学的、合理的、高效的、符合现代社会发展方向的领导体制。建立现代化的领导体制的原则应该是宏观调控、间接管理、服务为本、监督有力、方式灵活。领导体制的科学化就是减少领导活动的随意性和主观性，增加领导活动的可预见性和可操作性。科学化的要求还意味着领导体制必须顺应现代管理活动的大趋势，采用先进的领导方法和手段。领导体制的科学化既包括领导机构的设置合理化，也包括领导制度安排合理、领导方式合理、领导程序民主。

领导体制的法制化，这是依法治国的体现和要求，同时也是依法治国的保障。我国现行的领导体制的改革和其他领域的改革一样，需要法制为其提供依据，需要法制巩固其成果。在我国现行的领导体制中，政府和党的关系，以及国家与社会的关系，还有中央政府与地方政府之间的领导关系，都应该具体化、法制化，这样才有可操作性。要依法治国，依法行政。

第六章 领 导 决 策

从日常生活中到工商企业的管理,从工程建设到政治活动,都充满大大小小、形形色色的决策。领导的主要工作就是决策,决策的正确与否关系着组织的成败。很多组织的领导往往自然而然地做出决策,并未认识到决策过程还分成若干阶段,常常不知道自己选择某一方案的确切标准是什么。现代决策科学对此已有深入的研究,了解这方面的知识对于提高决策能力大有裨益。现在决策科学对集体决策与个人决策有大量深入的研究,发展出不少科学的决策技术与方法,这些成果对组织的领导和管理都有很大的意义。

第一节 领导决策的概述

一、领导决策的含义

决策是领导的基本职能。领导者的作用和地位在很大程度上是通过决策体现出来的。领导要对自己所属的部门、组织的问题进行处理,做出决定,这就是领导学和决策科学要研究的领导决策问题。

领导决策的概念有狭义和广义之分。狭义的决策概念专指决策者在行动方案的最终选择,即通常所说的"拍板"。广义的领导决策概念,是指领导者在领导活动中,为了解决重大的现实问题,通过采用科学的决策方法和技术,从若干个有价值的方案中选择其中一个最佳方案,并在实施中加以完善和修正,以实现领导目标的活动过程。领导决策既是静态的领导决定,又是动态的决策过程。就整个决策过程来说,决策方案是最终选择,是决策过程中的关键环节,但是如果没有最终选择前的一系列活动,也就无法做出科学的正确决策。决策方案的最终选择,以选择前的各项工作为前提,它是决策活动全过程的一个成果。因此,组织领导者不仅要懂得如何选择方案,还必须了解决策活动的整个过程。决策遵循的是满意原则,而不是最优原则。对决策者来说,要想使决策达到最优,必须容易获得与决策有关的全部信息,真实了解全部信息的价值所在,并据此制定所有可能的方案,准确预期到每个方案在未来的执行结果。因此,从上述领导广义的概念中,还必须注意以下五个问题。

(1) 决策主体是领导者

决策的主体是领导者,既可以是单个的领导者,也可以是多个领导者组成的集体或小组。

(2) 目标

决策是为了实现特定目标的活动,没有目标就无从决策,目标已经实现,也就无须决策。因此决策前一定要明确所要达到的目标,而且必须将局部的目标置于组织的整个目标体系中。在做出决策前如果目标模糊或整个目标体系杂乱无章,那就无从谈起合理的决策了。

(3) 两个或两个以上的备选方案

决策具有选择性,只有一个方案,就无从优化,而不追求优化的决策是无价值的。因为如果只有一个方案,那就不需要选择,也就不存在决策,所以要有两个或两个以上的有价值的备选方案。

(4) 分析判断

决策的目的在于付诸实施,不准备实施的决策是多余的。每个备选方案都有其优劣,领导者必须掌握充分的信息,对若干个备选方案进行逻辑分析和历史分析才能从中选择一个较为理想的决策方案。不过最终决定的关键时刻,由创造力或直觉产生的判断也十分重要,因为,机敏智慧领导人的内心直觉是判断分析的有力武器。

(5) 过程

决策不是哪个方案的一霎那行动,而是从准备活动、设计活动到选择活动再到执行控制行动的整个过程,没有这一完整的过程就很难有合理的决策。实际上,经过执行控制活动的反馈又进入下一轮的决策。决策的过程由多个步骤组成。因此,决策是一个循环过程,贯穿于整个领导和管理活动的始终。

二、领导决策的特点

决策是决定采取某种行动。领导决策,是指领导者为了实现一定的目标和在处理管理中的实际问题时,从各种备选方案中作出选择的活动。决策是指向未来的,而未来对于任何人来说都是一个未知的领域。面对这样复杂的问题,现代领导工作要做到决策科学化,不研究掌握科学的规律是不行的,要认识领导决策的基本规律,必须了解领导决策的特点。

(1) 领导决策具有战略性

从时间上看,领导者不仅要对当前的大事进行决策,而且要对长远发展做决策。从涉及范围看,领导者的决策,大则涉及国家的发展的稳定,小则涉及一个地区、部门、单位全局性的重大问题。从影响作用看,决策成功是最大的成功,决策失误是最大的失误。所以领导决策具有战略性。

(2) 领导决策环境具有不确定性

领导决策是面向未来环境或条件常常只有部分是可知和可控的,大部分是未知和不可控的。因此,领导者的决策大多只能在一种不确定的条件下做出。不确定则意味着风险,环境的不确定性,要求领导正确认识形势及其变化,这是进行决策的前提。只有做到这一点,才能发现潜在的和现实的风险,也才能找到新的机会,否则,就不可能把握机遇或避免风险。

(3) 领导决策具有随机性

领导者的决策既有例行性的,也有随机性的。例行性的决策事项可以按部就班地进行。但经常遇到一些突然情况或突发事件,需要做出随机性决策。由于突发事件常常具有影响大、后果严重的特点,解决其问题的决策不可任意拖延,必须有严格的时限要求,以便抓住时机和指导行动,这样就不可能等待一切都确定好了之后再做决策。可见随机决策在领导决策中的复杂程度和重要程度。

(4)领导决策具有复杂性

影响领导决策的因素是十分复杂的,常常牵涉到政治、经济、科技、人员、文化等因素。领导在决策中,必须正确认识和处理因素及其作用,才能实现科学决策。随着科技的发展,数学分析、系统工程、计算机技术等相继进入决策过程,对复杂问题的决策提供了重要帮助。从实践看,这些手段仍然不能把与决策相关的全部因素特别是变动中的因素反映进去。它只能是有条件的、近似地反映现实。这就要求领导者在错综复杂的条件下,培养和具备良好的理性思维能力、直接洞察能力和预测决断能力,以保证决策和决策实施的正确。

(5)领导决策的可操作性

领导者的决策是为了指导实践,必须具有可操作性。可操作性是指决策必须可行和决策的内容可以接受。决策的操作性要求领导决策内容既要符合主观愿望,更要符合规律和条件,否则,再好的决策,执行的效果也等于零。

三、领导决策的地位和作用

为了正确做出决策和实施决策,领导机关或领导者必须以发挥管理职能、解决领导机关管辖范围内的问题为着眼点。领导决策是整个领导过程的中心环节。由于社会、政治、经济、科技的不断发展,迫使领导决策所影响和涉及的范围做出相应的决策。领导决策所影响和涉及的范围广泛,决策的正确与否,是关系到领导活动成败的大事,也是关系到全局利益的大事。领导决策在领导过程中的地位和作用主要表现在以下几个方面。

(1)领导活动的成败很大程度上取决于领导决策的正确与否。衡量领导活动成败的标准,是看其是否取得良好的领导效果,而领导决策从根本上决定了领导效果的优劣。因此,领导科学的首要前提是提高领导决策的科学水平。

(2)领导决策是领导活动最经常性的、最大量的工作,是各种领导工作中最重要的问题。组织、领导和人事等问题当然是领导的基本环节,但这种工作在组织和人员已经建立之后,总是相对稳定的,所需要的只不过是经常加以调整和"维修"而已。但决策却不同,一切领导者不论起层次高低,也不论他是什么系统或行业,都是不同层次或范围的决策者,都在一定程度上参与或执行着决策。制定决策和实施决策是一切领导工作的最基本的内容。从决策目标的提出到方案的制定和择优,再到贯彻实施的全过程,领导者都必须参与过问并负责到底。

(3)领导决策是领导的主要功能,是领导活动的主要体现。领导活动中的咨询、信息等功能,实际上主要为决策服务的,而计划、执行等功能,则取决于决策。因此,领导的个性功能能否有效发挥,关键在于决策功能的发挥。领导机构和领导者是以它特有的权威,通过领导决策活动,为组织制定了各种具体的决策,即为人们规定具体的行动目标、行动方法、行动准则和行动过程,从而使分散的个人、有各自利益的团体、组织和部门,以一定的方式结合起来,使重大的社会问题得到解决。可见,领导决策是领导者在领导活动中的最主要的活动。通过它,领导机构能履行管理组织内各项事务的职责。

(4) 领导决策是决定领导行为方向的重要基础。领导决策和领导行为是密切相关互为依存的,决策是行为的选择,而行为是决策的执行。归根到底,一切领导行为产生于对一定领导目标的追求,不追求任何目标的领导行为是不存在的。而要达到所追求的领导目标,一方面取决于领导行为的调节功能,另一方面取决于领导者对领导行为的合理选择。所以领导决策是决定领导行为方向的重要基础。

第二节　领导决策的类型和原则

一、领导决策的类型

决策的类别是客观存在的,它以事物的某种共同的性质和特征为基础。按不同的标准,从不同的角度,根据不同的情况,领导决策可分为以下主要类别。

1. 战略决策和战术决策

按决策所涉及的范围划分,可以将领导决策划分为战略决策和战术决策。战略决策也称宏观决策或高层决策是关系到全局性、方向性的重大问题的决策,主要表现为确定组织的发展方向、发展目标和发展规模,主要表现在路线、方针、政策、规划的制定上。战术决策也称微观决策,是指对带有局部性的某一具体问题的决策。战术决策主要以实现战略决策所规定的目标为决策的前提和标准,是宏观决策的延续和具体化,具有单项性、具体性、定量化的特点。

2. 程序化决策和非程序化决策

从决策的方式和过程来说,决策可分为程序化决策和非程序化决策两种类型。程序化决策也叫规范性决策,是指决策者在领导活动中重复出现的、例行的决策。因此,再遇到此类问题,决策者仅靠长期积累的经验便可顺利进行决策。非程序化决策,是指针对不常发生的或例外的非结构化问题而进行的决策。随着管理者地位的提高,面临的不确定性增大,决策的难度加大,所面临的非程序化决策的数量和重要性也都在逐步提高,进行非程序化决策的能力变得越来越重要。

3. 确定型决策、不确定型决策和风险型决策

按决策所具备的条件划分,领导决策可分为确定型决策、不确定型决策和风险型决策。确定型决策是指在决策所需的各种情报资料已完全掌握的条件下做出的决策,确定型决策的每一个方案都只有一个确定的结果,所以便于方案的评估和选优,是一种比较容易的决策。不确定型决策是指决策时所需的各种情报资料无法加以具体测定,而客观形势又要求必须做出决定的一种决策。因此成功的概率到底有多大就带有很大的偶然性。不确定型决策是考验领导者智慧的一种重要活动,它的成功在很大程度上要取决于领导者的敏锐性和敢于冒险性。

风险型决策是介于确定型决策和不确定型决策之间的一种决策,即决策时只掌握了部分决策必需的情报和资料。对于风险型决策来说,各种结果可能出现的概率是已知的,而对于不确定型决策来说,其结果出现的概率是未知的。区别就在于,是否事先知道每个方案的各种结果出现的概率。

4. 个人决策和集体决策

按决策主体分类,可以把领导决策划分为集体决策与个体决策。集体决策,是由领导集团制定并控制实施的决策。集体决策的长处在于集思广益,提高决策优化的概率,不出或少出漏洞,同时也能有效地防止个人专断。集体决策也有一定的的局限性,沟通情况、协调意见需要很多的时间,有时会因意见不一致而久议不决,贻误时机。个体决策,就是最后由一个人作出决断的决策。个体决策的长处是决策者能够迅速、灵活、机动地作出决策,在贯彻执行中也便于集中统一指挥,提高工作效率。个体决策的局限性,在于决策者个人素质决定着决策质量,如果缺少必要的制度,或者决策者主观专断,很可能导致"家长制"。个人决策和群体决策都有其优势也有其劣势,所以最好的决策方式是把两种决策方式结合起来。凡属重大问题,如方向性、立法性、战略性、规划性、政策性、协调性的重大问题,都应该由集体决策;而日常工作中应急性、具体性、技术性、执行性、随机性的事情,则由分工负责的领导者个体决策。

5. 单项决策和序贯决策

按决策的时态可划分为单项决策和序贯决策。单项决策也称静态决策,它处理的是某一时间阶段或某一时间条件下,问题应达到的可能状态或结果。序贯决策也称为动态决策,它是处理一串在时间上有先后顺序同时又是相互联系,呈串联结构状态的问题的决策。序贯决策特点表现为它做出的决策是一串,而不是一个;这一串决策不是彼此毫无关系,而是相互影响、相互制约的,前一阶段的决策能够直接影响到以后的决策;整个决策问题的效果并不是各阶段决策效果的简单叠加,而是相互影响、组合而成的总效果,决策者关心的也正是这一整串决策的总效果。

6. 高层决策、中层决策和基层决策

按决策的层次,可分为高层决策、中层决策和基层决策。高层决策是指组织中最高层领导所作的决策,这类决策大多是有关全局性的以及与外界有密切联系的重大问题,具有全局性、长远性的特点,属战略决策。中层决策是指组织中中层管理人员所作的决策,大多属于安排一定时期任务,解决工作或生产过程中的问题。决策的分类使领导者的工作理点更为明确,从而提高决策的效率和质量。相对低层有全局长远性,属战略决策,相对高层有局部短期性,属战术决策。基层决策是由基层领导作出的决策,具有局部性、短期性的特点。决策的性质一般属于战术决策和微观决策,是为了实现高层和中层的决策而进行的决策。它是由基层管理人员所做的执行性决策,这类决策多是指业务性决策,主要是解决作业中的实际操作问题。

7. 经验决策与科学决策

按决策的方式分类,可把领导决策划分为经验决策与科学决策。经验决策是决策者依靠个人的经验、智慧和胆略作出的决策,带有直观性。经验决策是历史的产物,并且随着历史的发展和人类的进步而逐渐完善,对现代科学决策有着重要的借鉴作用。科学决策是指在现代科学理论和知识的指导下,决策者依靠专家和群众的力量,采用现代科学技术手段所作出的决策。现代决策是伴随着社会化大生产的产生逐步发展起来的。社会化大生产一方面创造了空前的生产力,另一方面又使社会生活变得空前的复杂和多变。面对这种客观现实,迫切要求领导者采用现代决策技术手段进行科学决策。现代系统理论的出现和电子计算机的广泛应用,为科学决策提供了必要的条件。经验决策与科学决策的本质区别在于方式方法的不同,它们各有优缺点,因此应该把经验决策与科学决策结合起来,实现决策的科学化。

8. 常规型决策和非常规型决策

按照决策的性质,领导决策可分为常规型决策和非常规型决策。常规型决策指在自然情况比较清楚、依此提出的不同方案的结果也是比较确定的前提下,根据决策目标所作出的肯定选择的决策常规型决策。这类决策通常有章可循,有法可依,基本上那个是有把握解决的。一般由管理人员遵照领导者的意见和有关规章制度,加上自己的经验,按照一套正常的处理办法和程序进行决定,不必从头做起,这类决策有明确的成效标准,容易管制,有利于授权,能节约时间、人力及其他资源。非常规性决策指决策者面临可能出现的自然状态有多种,各种自然状态出现的可能性也无法作出主观的分析和估计的决策。这类问题因为是第一次出现或偶然出现,难以预料,没有十足的把握,因而不可能事先规定好一套程序,只能在问题出现进行特殊管理。这类决策是由决策者根据经验和分析能力,对决策对象进行定性和定量分析后做出的。在当今社会瞬息万变的情况下,经常要进行这类决策,领导者应特别注意抓好这种例外性和创造性的决策。

二、领导决策的原则

领导工作的过程就是制定和实施决策的过程,决策贯穿于领导工作的始终,是领导科学理论的重要组成部分,是领导者最重要的基本职能之一。它是衡量一个领导者水平高低的标志。领导决策正确与否,直接影响着领导工作的成败,直接关系着事业的兴衰。在现代社会,特别是在我国步入社会主义市场经济的今天,社会生活日益复杂化。要使领导决策正确率不断上升,就必须掌握领导决策的原则,实现领导决策的科学化。

(1) 客观原则

客观原则为科学决策的首要原则,尽管领导者是"拍板"人,但是这绝不意味着领导者可以随意决策,它必须建立在对客观实际的正确分析之上。

(2) 信息原则

决策的过程就是信息的输入—处理(制定决策)—输出(执行决策)的过程,决策的科学性是同信息的准确性、及时性、适用性成正比的。决策者必须善于发现可供利用的信息。应注意以下三个问题:要拥有"信息权力",这是由信息的时效性所决定的;要善于从一般人忽视的信息中汲取决策的智慧;要具有正确的分析和加工信息的能力,特别是区分"虚假信息"和"真实信息",且不可使自身的决策建立在虚假信息的基础之上。获取信息的渠道主要包括两种:一是领导者自己的调查研究,称之为"走动式领导";二是通过信息系统对信息的收集、加工和处理,以获取信息。

(3) 系统性原则

任何事物都是相互联系的复杂系统,如果孤立、静止、片面地看待事物,而不能系统、全面地去认识和把握事物,肯定会造成决策失误。因此,领导者决策必须做到系统全面、严谨规范。眼光放远,从全局看问题。

(4) 预测原则

决策的过程就是冒风险的过程,但要有把握的冒险,通过已知的信息和经验以及个人的直觉应该预料到事情发展的状态。科学的预测是科学决策的前提,领导者如何使自己在日常的领导过程中提高自己的预测能力,是一个极其重要的问题。

(5) 可行原则

任何一项决策都是为了实施,因而决策必须是可行的。要保证决策的可行性,必须分析现有的人力、物力、财力、科学技术水平等主客观条件,分析事物发展过程中可能发生的各种变化,分析决策实施后产生的各种影响,经过慎重地全面地科学地论证、审定、评估,作出可行性分析,确定可行性的程度,在此基础上作出的决策才是科学的。

(6) 选优原则

选优原则即任何一个决策方案的最终确定,一般来说,都是确立在对多种方案进行比较这一基础之上的。所以要尽可能从全局上着手,选择最合适的决策方案。

(7) 外脑原则

现代决策体制的一个重要特点就是"谋"与"断"的相对分工。"谋"就是提供备选方案,"断"就是对决策方案进行抉择。于是由各种专家组成的智囊团便成为领导者决策时必不可少的"外脑"。所谓外脑,实际上是一个集社会学和生物学概念于一体的名词。主要指为领导者出谋划策、搜集信息、帮助决策的一些人员与组织。

第三节　领导决策的程序和方法

一、领导决策的要素

无论什么决策,一般都由决策者、决策目标、决策备选方案、决策环境和决策效果五个要素组成。领导决策的五个要素必须同时具备,缺乏其中的某些要素就不会是完整的领导决策。

1. 决策者

决策者是决策活动的主体,是决策最基本的要素,没有决策者也就无所谓决策。决策者处在决策系统内外信息的枢纽地位,是决策系统中最积极能动的因素,是决策系统的驾驭者和操纵者。在决策活动中,决策者作为一种角色有时是由个人来承担的,有时是由集体来承担的,领导学把前者称为个人决策,把后者称为集体决策。决策者是受社会、征集、经济和心理等诸多因素影响的决策主体,可以是个体或群体,即指按法定程序和授予而拥有决策权的领导机关或领导者。决策权是领导权的一种主要的存在和表现形式。因为从提出问题开始,经由收集情报、提供咨询、制定方案到最后择定,是由领导集体共同完成的,只是由该集体的主导人物最后认定。领导决策一般实行"首长负责制",领导决策权的法定归属及最后选择权归最高领导者,从这个意义上说,决策者实际是指以领导者一个人为核心的决策群体。

2. 决策目标

决策目标是指决策要达到的目的。决策目标的制定必须满足下列几条检验准则：

❋ 目标是有的放矢的，要找到最合适的目标，才能达到成功的可能。

❋ 目标是具体的。目标是具体的是指要具有衡量目标的具体标准，能够数量化的目标必须规定明确的数量界限。具体目标还必须是单一的，只能作一种理解。切忌在实现过程和评价过程中犯"目标替换"的错误。

❋ 目标是系统的。全面考虑决策目标的主次、先后关系，建立起层次结构分明的目标体系。

❋ 目标是切实可行的。没有操作性的目标是无意义的。

❋ 目标是符合规范的。目标必须符合法律规范、市场规范乃至道德规范。目标符合规范要求决策者必须具有较强的政治分析能力、政治敏锐性和宏观、长远的眼光。

3. 决策备选方案

领导决策实际是一种选择方案的活动。对于决策的备选方案，选择的目的是追求优化。由于客观情况的复杂性，决定着决策目标和行动方案的多样性，因此，对决策备选方案的选择就要进行比较、鉴别，选择出可行性方案，一般要求拟定出两个以上的可行方案供对比选择。而且各个方案中要明确列出即对达到目标有妨碍的因素，方案中必须要有准确的定量分析和明确的定性说明。

4. 决策环境

决策环境是决策时面临的情形，一个决策是否正确，能否顺利实施，它的影响效果如何，不仅取决于决策者和决策方案，而且直接取决于决策所处的环境和条件。所以要对信息进行全面的采集和分析，无论是内部的还是外部的要做到心中有数。并且对这些状况进行科学的分析和判断。

5. 决策效果

决策效果就是决策者通过决策问题所希望实现的目标。决策的效果由多方面的因素决定，其中关键性的因素是决定决策的方法，同时反映决策者的决策水平，检验决策方法的科学性、可行性、时效性和决策目的的合理性、现实性、社会性。对领导决策来说，追求良好的社会效果是决策的出发点和评判标准。任何决策从提出到实施一系列过程，都是针对现实问题或即将出现的问题而展开的，决策通过这一系列活动所要达到的目的，也是决策的意义所在。

二、领导决策的程序

决策程序，是指决策的整个过程，按事物发展的客观要求，依时间顺序所经过的步骤。决策程序也叫决策过程，或者决策步骤。决策程序体现了决策的条理与方法。不同性质的决策，其程序也不尽相同。依照决策进行的先后顺序来划分，领导决策的程序可以分成发现问题、确立决策目标、拟定可行性方案、评价选定方案、实施决策方案和追踪决策六个阶段。

1. 发现、提出、论证待要决策的问题

既然决策是对未来活动的抉择和实施，那么发现、提出、论证待要决策的问题，就具有首要的意义。因为只有发现并正确地提出问题，才能有以后的决策活动。在领导活动中，发现并正确地提出问题，并不是一件容易的事情。因为客观事物是复杂的，本质往往被现象、甚至假象所掩盖，必然寓于偶然之中，决策者只有透彻分析问题产生的背景、影响它的因素，才能透过现象，剥开假象抓住问题的实质，才能从大量偶然的事物中更好掌握其必然。这就要求决策者必须有高度的责任心、敏锐的洞察力和很强的分析综合能力。发现和提出问题后，对于要不要做出新的决策还需要进行反复的思考，以便把待要决策的问题进一步找准。

2. 确立决策目标

确立目标是领导决策的前提，决策是为了达到某种目标而进行的。决策目标的确立是决策过程的中心环节。决策目标的确立是为了实现它，因此决策目标要求表达得尽量具体明确，并且要有可行性。明确的目标具有以下特点：第一，目标的内容含义明确，便于理解，容易掌握；第二，便于把组织目标落实到具体的实现目标的组织或个人；第三，根据目标，克掌握质量、数量、规格、时间、地点等方面的具体要求和标准；第四，目标有单一的，有多重的，有总目标，有分目标。在确定目标时要分别加以明确。

3. 拟定可行性方案

目标一旦确定，决策者就要责成有关人员或通过各种渠道，运用各种方法，广泛地搜集有关的信息资料，进行大量的调查研究工作。为了提高决策的科学性，信息的来源要可靠，传输要及时。在搜集材料的基础上，要进行去粗取精，去伪存真，由此及彼，由表及里地分析和研究，并及时补充必要但尚短缺的资料。并根据决策目标的要求，进行预测，提出可供抉择的多种方案。拟定供选择用的各种可行方案，是决策的基础。决策的好与坏，优与劣，是在对比中发现的。如果没有众多方案可供对比选择，就难辨优劣，也就无所谓决策。众多的智囊团或专门的参谋机构的建立，是实现有多种方案可供选择的组织保证。

设计决策的预选方案必须整体详尽（包括一切可能的方案）。在具体步骤上，通常分两步走。

初步设计——轮廓设想。这一步的特点是打开思路，分析事物中的各种矛盾关系，目的是要保证备选方案的多样性，为决策者提供尽可能广阔的思考与选择余地，这一步对设计方案的人员的要求是具有勇于创新的精神和丰富的想象力。

精心设计——详细论证。这一步的特点是小心求证，反复计算和细致推敲方案中的每一个细节，目的是要保证备选方案的准确性和科学性，经得起怀疑者与反对者的挑剔，这一步对设计方案的人员的要求是具有冷静的头脑和求实的精神。

通过上述两个步骤，应使所拟定的备选方案具有以下特点：创造性，能表现出对事务的敏感和认识问题的深度；群众性，反映普通那个成员的利益和要求，能调动执行者的积极性。可行性，全面、具体、明确、切合实际，立足已有的人力、财力、物力，有实现的可能性；多样性，能应付各种情况，使决策者有比较得失、权衡利弊的余地；层次性，既有整体方案，又有具体方案和实施方案，便于选用和付诸行动。

4. 评价选定方案

评价选定方案是整个决策过程中的关键环节。评估和优选的过程，是一个比较、对照、分析和选择的过程。它的目的是从可供选择的多种可行性方案中抉择一种最佳行动方案。为了做到最佳抉择，首先要对可供抉择的各个方案进行评估。评估中，要使各个方案尽量充分地介绍、解释、答疑。要允许各个方案之间进行讨论以至辩论。为了使各个方案得到充分地说明，评估时领导者先不要表示同意什么，不同意什么，以免使某些方案的提供者受到压抑，妨碍更多更好意见的发表。评估时，除参与抉择的有关人员参加之外，还要吸收与提供方案无关的专家参加，以便做到集思广益。对预选方案的评估和分析要注意以下因素。

※ 任何方案都是在一定条件下实施的，要充分考虑一切内部和外部因素，尽可能将方案试试所要求的条件具体化。

※ 要全面考虑各预选方案的直接效益和间接效益、经济效益和社会效益、长期效益和短期效益。

※ 要决策就要有一定的风险，方案实施后可能会出现一系列没有预料到的问题，要尽可能对潜在问题和不利因素进行充分的估计，并有所防范。

在分析和评估的基础上，选定最优方案必须坚持照顾全局、技术上可行、经济上合算、时间效益最佳等标准。经过对各项备选方案进行对比分析、总体评估，可以从各种预选方案中选择一个最佳方案，也可以从预选方案中综合出一项新的决策方案来。

5. 实施决策方案

领导者选定了一个决策方案并不是决策过程的结束，还需要促使决策方案付诸实施，并在实施过程中落实决策目标。如果方案中已提出可供参考的计划设想，那么，要认真组织修改，使之尽量完善、具体；如果方案中没有可供参考的计划，就要组织专人拟定计划。可以最优方案的提供者为主，并吸收有关专家，根据最优方案认真编制计划。计划不仅有总体的，还要有分步的。尤其要充分注意起点计划的编制。这是因为，它不仅有立即指导行动的作用，而且它还会造成一系列心理的和其他方面的影响。现实生活中由于起点计划编制不好，而导致全局被动的事例是不少的。根据最佳方案的要求，及时调整或重新确立执行决策的组织结构，并在此基础上建立相应的组织机构。结构要合理，机构要精干。机构一经确立，就要认真挑选人员，根据每个成员的特长和特点把他们放到合适的环节和恰当的岗位上。挑选人员要任人唯贤。人员一旦选出，就要明确职责、权利和义务，必要时还可用法律的形式将其固定下来。有关组织要相应配合，统一认识，统一步调；要向有关人员反复讲明为什么要作这一决策，目标是什么，使之认识其作用、意义；要讲明实施决策的步骤和方法，使之做到心中有数，积极配合和执行，以保证实现目标，达到预期的效果。

6. 追踪决策

决策过程中，还有一个不可缺少的步骤，这就是追踪、检查。追踪和检查的目的在于及时发现问题，随时作出恰如其分地处理。同时，还必须注意决策实施中信息的反馈。决策者要根据已得到的信息及时处理和解决实施中的问题。以保证决策目标的实现。

追踪决策是在主客观条件发生重大变化，或者发现原来决策有重大失误的情况下，对决策目标和决策方案进行根本性修改的一种决策。它包括三个方面：第一，回溯分析。对原有决策的产生机制和产生环境进行客观分析，列出失误发生的过程并找到原因，以便采取有效对策，是追踪决策建筑在现实的基础上。第二，非零起点。追踪决策面临的对象和条件，是原有决策已经实施了一段时间，不仅投入了大批人力、物力、财力等资源，而且这些资源的消耗结果对周围环境产生了实际影响。因此，对追踪决策既要慎重，又要果断，切忌拖延。第三，双重优化。追踪决策的方案选择，不仅要优于原有方案，而且要在诸多新方案中选择优化方案，甚至还要评价决策方案的损益值。

三、领导决策的方法

为了提高决策的科学性，决策者必须掌握科学的决策分析方法或者定量分析方法。领导决策的方法有很多种，我们重点介绍以下几种决策方法。

1. 头脑风暴法

头脑风暴法又称专家会议决策法，是指依靠一定数量专家的创造性思维来对决策对象未来的发展趋势及其状况作出集中的判断。

头脑风暴法其原则是在会上，对别人提出的意见不许进行反驳或下结论；欢迎和鼓励个人独立思考，广开言路，以便集思广益；追求数量，所提出的意见或建议越多越好，不要害怕彼此之间相互矛盾；寻求意见的改进与联合，可以补充、发展和完善相同的意见，从而使某一方案更加完备。

头脑风暴法能够发挥若干专家所组成的团体的宏观智能结构效应，而且这种效应往往大于团体中各个成员单独能力的总和；通过多个专家之间的信息交流而引发思维的共鸣，可在较短的时间内取得可喜的创造性成果；专家会议的信息量，总比某个成员单独考虑的要多；专家会议提出的方案，比某个成员单独提出的更具体、更全面；专家会议有助于专家们相互交流意见，通过相互启发和提示以及内外信息的交流与反馈，来弥补个人意见之不足，并将所产生的创造性逻辑思维活动集中于战略目标，从而为重大的战略决策提供依据。

头脑风暴法不足在于：受心理因素的影响较大，易屈服于权威或大多数人的意见，而忽视少数派的意见，但有时少数人的看法是正确的；此外，如果专家个性较强，往往不愿意轻易改变自己已经发表的意见。

2. 德尔菲法

德尔菲是古希腊传说中的神谕灵验，可以预卜未来的阿波罗神殿所在地。管理中借用德尔菲来比喻高超的决策能力。德尔菲法是直观预测法的一种，其实质是采用函询调查，请有关领域的专家对决策对象分别提出意见，然后将他们所提的意见予以综合、整理和归纳，匿名反馈给各位专家，再次征询意见，随后再加以综合和反馈。如此多次循环，最终得到一个比较一致的并且可靠性较大的意见。

3. 抽象提喻法

抽象提喻法，又叫畅谈会法。抽象具体作法和要求是，召集一个 6～10 人的专家会议，通过会议形式让与会专家提方案。但是，研究什么问题，会议的具体目的是什么，只有会议主持者知道，参加会议的其他人都不知道，以免思路受到约束。在整个会议过程中，会议主持者采用"抽象台阶"的方式,将人们对方案的思考逐步由抽象引向具体。当会议进行到适当的时机,在与会专家充分讨论和发表意见的基础上,会议主持者再把研究的问题和会议的具体目的告诉大家,综合大家的意见和设想,形成若干方案。

4. 竞赛式决策制定法

竞赛式决策制定法是将决策中有关联、有影响力的多种要素采取阶层结构的方式加以排列把握,这些因素可能是相互对立或排斥的,它们各自对决策方向发生着不同角度的牵引。

竞赛式决策法便把这些因素及其所指的决策方案排列出来,进行相互比较或"优劣比赛",运用数学方法选择出最优的一种决策方案。

5. 回归分析法

回归分析法是根据事物发展变化的因果关系,运用处理变量数学原理对事物的未来发展进行预测的方法。事物之间的因果关系有两类:一是确定的函数关系(如牛顿定律、欧姆定律等表述的变量之间的关系)。二是非确定的关系,即变量之间既存在着密切关系,又不能由一个变量的值精确地求出另一个变量的值,对于这种关系应当运用回归方程,通过大量统计数据的分析,找到它们之间相关性的关系,预见其未来的发展状况。

6. 模型决策法

通过建立一个与所需要研究和领导的实际系统的结构、功能相类似的模型,即同态模型,然后运行这一模型,并对各种不同条件下的模拟运行结果进行评价分析和选优,从而为领导者决策提供依据。模拟决策法的优点主要体现在以下几点:对于某些复杂庞大的实际系统,往往找不到有效的分析方法;模拟决策法本身带有实验性质,容许出现错漏或失误,因而能够打消人们的顾虑,在模拟中对事物发展的各种可能趋势进行大胆的实验和探索;模拟决策法可以避免对实际系统进行破坏性或危险性的实验;模拟决策法所费的时间较短,可以加快决策的进程。模型只能指出一定决策的一般性后果,但不能代替决策。

7. 系统工程方法

系统工程方法是一门基本的决策技术。系统工程方法是把所要处理的问题和情况加以分门别类,确定边界,又强调把握各门类之间和各门类内部诸要素之间的内在联系和完整性、整体性,否定片面和静止的方法。在此基础上,它没有遗漏而有区别地针对主要问题、主要情况和全过程,运用有效工具进行全面的分析和处理。

第四节 领导决策的评估

一、领导决策评估的含义

领导决策的评估,是指对整个领导决策活动过程中的各种因果关系以及决策效果进行的评价,它涉及决策问题评估、决策规划评估、决定执行评估、决策影响评估一系列活动和内容。

由于对领导决策认识的偏差、决策环境的变化、时间的推移、新问题的产生或由于决策人员的素质、决策资源等因素,可能使原有的决策目标无法达成,甚至产生副作用,引起不良的恶性循环。新问题的产生及其结果,更导致问题趋于严重和复杂化。因此,要求人们重新认识、发现问题的症结,再做决策。这一切都要以原有决策的评估为依据。

对于决策者或领导者而言,制定决策、付诸实施、获得成效,使领导绩效的主要表现。决策者或领导者,应尽可能地表现出领导的绩效以获取组织成员的积极支持。对于民众而言,任何一项决策,都影响着他们的生活、利益,他们也急于了解一项决策和最终实施状况及结果,以及对自己利益的影响,这一切也只有通过决策评估来进行。

领导决策评估的主要目的,从科学的领导决策角度来说,是为了向领导决策者、执行者和其他有关人员提供有关决策的客观信息和资料,以作为科学决策的依据,从而发展更有效和经济的决策方案。

二、领导决策评估的内容

由于评估者的着眼点、重点不同,决策评估就有不同的内容。依据决策评估的对象,可以将评估的内容分为三大类:预评估、过程评估和结果评估。

1. 预评估

预评估,就是先前对所要决策的内容进行分析与判断。具体地说,是在领导决策进行之前或在规划阶段,以及在执行不久或一段时间内,对有关事情进行分析和判断。现代社会生活对在横幅提出了新的要求,要求政府能够超前预测出社会发展的态势,社会大众未来的需求和即将来临的要应付的一系列问题,以便政府能够通过一系列科学方法,预知情态,及时纳入政府决策之中,这便是预评估的主要内容。

2. 过程评估

领导决策过程评估是指对决策问题认定的整个过程、决策方案的设计和选择过程,以及决策执行过程进行评估。简单地说,过程评估是对整个领导决策行动进行系统、完整的评价,主要有以下三个方面。

(1) 决策目标评估

决策目标评估具体包括目标的确定是否具有科学依据,目标明确程度,目标是否具体,目标体系的完整程度、平衡程度,目标是否恰当、客观,是否具有衡量目标达成的具体标准。

(2) 决策规划评估

决策规划评估具体包括相关单位和人员是否均参与了决策规划;在决策规划中,是否将主要的相关因素都考虑进去;是否将相关信息资料收集齐全;决策方式是否妥当;决策是否遵循科学程序;决策规划是否采用科学化的方法;领导决策体质是否健全、责任是否明确。

(3) 决策执行评估

领导决策执行评估所涉及的行为主要包括存在性、覆盖面、执行力、一般性和副作用。存在性,即执行决策的条件是否存在,存在的程度如何,主要条件包括执行人员的安排、资金的筹集和组织设施等;覆盖面,即执行机构是否已涉及或达到决策方案所期望的对象或实施领域;执行力,指有效贯彻决策的程度,包括工作效率、绩效;一般性,指在执行决策的过程中所采用的各种措施是否按照决策设计的内容进行；副作用，指决策执行对非决策对象的影响，以及因执行因素而产生的副作用。

3. 结果评估

决策结果评估是整个决策评估中最为关键的环节。政府的决策是否达到预期目标，是否实现其效果，只有通过结果评估才能表现出来。一项决策对社会发展产生了什么样的影响，也只能通过结果评估表现出来。结果评估是延续、终止一项决策的依据，也是新一轮决策循环过程的开端。

决策结果是决策执行后解决某一社会问题，满足决策对象需求的程度以及对社会系统、政治系统及其环境发生的影响的总称，就是某一项决策对个人、团体、社会、自然环境、政治系统的结构与运行方式、政治系统的输入和输出等方面所引起的变化。具体来说，决策影响包括对社会公共问题的直接作用效果，决策的连带效果，决策的历时效果，决策的系统性影响。

第五节　领导决策的发展

一、领导决策体制的结构

现代决策体制是由承担决策的机构和人员所形成的组织体系，是决策活动得以进行的组织机构形式。现代决策体制的特点包括：决策中"多谋"与"善断"的相对分工，这就是智囊系统和中枢系统的相对分工。决策的制定与执行的相对分工，决策者制定方案，执行者分工实施。

领导决策体制的结构主要包括：决策中枢系统、信息系统、支持系统和智囊系统四个部分。

1. 决策中枢系统

决策中枢系统，是决策体制的核心部门，由拥有决策权并负有责任的决策者及其设立的决策机构组成。决策中枢系统具有最高权力，负有全面责任。

（1）决策系统的特点

决策系统有权威性和主导性两大特点。权威性，即智囊系统提供的备选方案必须经过中枢系统的确认和选择，才能转化为一种权威性的力量；主导性，作为核心的决策系统，主导着决策活动的整个过程，它不仅是决策活动的发动者、组织者、协调者，而且还是决策方案的决断者，尤其是决策活动本身是多阶段、多部门的复杂行为过程，领导者虽然不能包揽所有的事情，但是仍需对决策过程中出现的各种问题进行协调、组织、检查和监督，以保证决策活动的顺利完成。

（2）领导者在决策系统中的职责

在决策活动中，领导者的主要职责是领导决策系统要通过调查研究搜集大量的信息，以便把握具体实际情况，对现实情况尤需从系统科学的角度把握其总体，抓住其主要方面，确定目标体系；领导决策系统对咨询机构提供的各种方案，要进行辨别、比较、分析、平衡、验证,确定决策目标之后,决策领导决策系统就要组织拟定方案,充分发挥咨询、研究机构的作用,对方案从多方面做可行性研究和论证。同时还要根据决策所要解决问题的繁杂程度、价值标准的差异、方案的多样性来确定选择方法。由于主观客观多种原因,对有的决策方案或决策目标要做根本性修正,或做追踪决策,这也是领导决策系统的一项必要的任务。

（3）决策的原则

只有事关大局的重大问题宜采用集体抉择的方式;充分讨论,允许发表各种不同意见;事先周密准备,事后一致执行。

（4）领导决策方案的实施

领导者的责任在于总体上的指导、控制、协调和监督,以保证决策方案的执行能够顺利进行。所以,我们说领导者是整个决策活动的发动者、组织者和调控者。

2. 信息系统

决策信息系统,是指由专职人员、设备以及有关工作程序组成的专门从事信息的搜集、加工、传递、储存工作的综合机构。信息系统的工作任务是按一定程序搜集、处理决策信息,为领导活动的各个环节提供必要的信息,保证领导系统的正常运转。

（1）信息的特点

信息就是各种新的知识、消息和情报的总称。其特点是：流动性,信息不是静止的,具有很大的流动性；可共享性,掌握信息的多少和掌握信息机会的平等程度甚至成为社会分层的一个重要指标,社会的发展实际上就是一个不断打破信息垄断的权力结构的过程,也就是一个不断复原信息之共享性的过程；时间性,利用信息的及时程度、得当程度是决定能否凭借信息进行正确决策的标志,对信息的争夺成为现代社会的一个突出特征。

（2）信息在决策活动中的作用

决策信息系统是整个领导决策大系统中的一个基础子系统。从信息的角度来说,领导决策的过程就是获取、加工、传递和利用信息的过程。信息是领导决策的基础,是决策思维的原料。信息质量的高低决定决策的可靠性、可行性,信息越多、越全面、越准确、越及时,领导决策思维的广度、深度就越大。决策是从获取信息开始的,能够获取准确、及时、适用的信息,关系到整个决策活动的成败。

（3）决策对信息的要求

因为受制于社会体制的限制,并不是所有的人都具有掌握信息的平等机会,所以优先掌握信息就意味着优先获取财富。因此,决策对信息的第一要求就是及时。信息必须是准确的,决策必须凭借真实、准确的信息才能顺利完成,除此之外,还要依赖专家和领导集体的智慧。

（4）决策信息的生成

信息收集的目的要明确,材料要可靠,态度要求实,视野要开阔。信息加工是保证信息质量的关键环节之一。信息加工主要包括三个方面的内容：分析,即揭示信息的真实含义,把握信息的真正价值；综合,综合是分析的继续,综合的方式可分为兼容综合、扬弃综合和全息综合；推导,信息传递就是把信息由一点传送到另一点的过程。信息传递必须具备信源、信道、信宿三个要素。信源是信息的来源,传递的起点,信源又分为原生源和再生源,前者生成的信息是以原始信息形式进入传递,而后者是指收集、加工之后以二次情报的形式进入传递。信道是信息传递的通道,包括信息传递的媒介和运行方式。信宿是信息传递终点,包括接受信息和利用信息。信息传递具有重要意义。信息贮存,信息输出,信息反馈。

3. 支持系统

决策支持系统是近年来计算机技术、人工智能技术和管理科学相结合的一种新的管理信息技术。

决策支持系统是能快速地支持各个管理层中决策活动的一个有机系统。决策支持系统是以计算机技术(硬件、软件和支持文本)为基础的有机协作系统,主要用于辅助决策者对半结构化问题进行决策,决策支持系统专家金斯伯格认为,决策支持系统是一个用以在决策过程中无法全部自动化的情况下,辅助决策者制定有效决策的计算机协作系统。基本特点,即决策支持系统主要用于辅助半结构化决策,这种决策无法全部自动化;计算机只能辅助而不能代替决策者做出决策;半结构化问题的本质并不稳定,因此系统必须随机调适,才能保证决策富有成效。决策支持系统是以支持半结构化或非结构化决策过程为特征的计算机交互式的软件系统。

4. 智囊系统

决策智囊系统,即所谓的"智囊团"、"头脑公司"、"思想库",是专门为领导决策服务的研究咨询系统,由各种不同专业的专家、学者组成的综合性研究机构。20 世纪 40 年代以后,随着科学、大工程、大企业的陆续兴起,依靠单个人或领导团体的智慧和能力,已经不能适应日益复杂的决策活动。于是咨询的相对独立化,使现代决策体制出现了"谋"与"断"的相对分工。智囊系统的产生与发展就成为一个必然的趋势。

(1)智囊机构的功能

对决策问题的有关方面进行咨询,咨询是现代智囊系统的重要功能之一。领导者在决策过程中,难免会碰到自己难以处理的重大问题,应当就这些问题向智囊团征求意见和建议,必要时召开专家进行"会诊",找出问题的症结,寻找解决问题的途径。智囊团不仅拥有较为丰富的专业知识,而且还掌握着较为广泛的信息,智囊团成员完全可以运用现代的科学技术手段和理论对决策问题进行预测。现代决策一般都是多方案决策,而备选方案一般都是由智囊团提供的。他们根据科学的分析方法和完备的知识结构,对决策者所涉及的问题考虑得较为全面,然后在预测准确的基础上,有针对性的提出多个备选方案。对决策方案进行具体设计,并对其进行详细的分析讨论。决策方案的分析论证和具体设计一般都是由智囊系统来完成的。在决策方案的实施过程中,智囊团可以起到一个信息反馈系统的作用。对方案实施过程中的信息进行分析,并就反馈信息的问题提出应付的对策,及时提供给领导,以便进行决策修正。

智囊团的另一功能就体现在对各种问题的综合认识和整体判断上。现代智囊团的综合认识功能,突出表现在对社会决策背景的认识上。大凡决策所设计的内容和知识都是相当广泛的。任何决策的成功都需多学科的知识、多维视角、"全方位"考虑和众多因素的相关分析。由于智囊团是由多学科的专家组成,因此他们的综合分析可以弥补决策者自身的不足,为决策者提供一种宽阔、开放的视野。现代智囊团是人类思考过去、现在和未来之关系的能力浓缩到一个组织体系中,并以此为社会和组织的发展提供带有规律性的东西。

现代智囊团不同于古代的智囊人物,它是一个聚集了一批专家学者的机构,因此它的一个重要功能就是承担了培训和输出人才的部分任务。首先,很多智囊团都有自己的教育机构,可承担为社会和组织培训人才的任务。其次,智囊团还承担培养国家公务员的任务。最后,现代智囊团还是储备人才的地方。现代智囊团如同一个人才库,它不仅为人才价值的实现提供了适当的空间与渠道,而且还保证了企业和政府公共政策的正确性。

智囊团因其独特的科学、中立面目而成为有效的宣传机构。无论是哪种类型的智囊团,都或多或少具有宣传和传播功能。他们或者把自己的观念与建议进行宣传,或者复杂把自己的意见传达给人民。一般来说,智囊团的宣传功能都是通过大众传媒等途径得以实现的。非官方或民营的智囊团有时会通过制造、左右舆论,从而影响政策。

(2) 智囊系统的特点

智囊系统是由多个人组合而成的,这是现代智囊团不同于古代智囊团的一个重要区别。因为古代的智囊人物是以个人的足智多谋而著称,而现代智囊系统则注意发挥集体的智慧,它把具有不同知识结构、不同经验的专家集中在一起,相互补充又相互启迪,构成合理的智囊系统,为领导者的决策服务。

现代智囊团不同于古代智囊团任务的有一大区别就是它的科学性。古代智囊人物通常是以凭借经验的一般推理及其个人独特的才能和智慧为上司出谋划策,而现代智囊系统是以科学知识、方法和技术为领导者的决策科学化服务的。因此,现代的参谋和咨询一般都是采用科学的工具,比如系统分析、计算机运用,追求科学性和准确性,用事实和数据说话,不仅仅是专家以往的经验决策和判断。

与古代智囊任务相比,现代智囊系统具有明显的相对独立性。即古代的智囊人物一般隶属于某个主人,而现代智囊系统则是相对独立自主的组织机构,他们对事实进行客观分析,得出自己的意见。在许多西方国家,智囊团与企业、政府的合作是按基于商业合同的合作,即契约式合作。智囊系统由此成为知识商业化的一种重要载体。正是在这种操作体系中,智囊系统能够保持一种相对独立性。

(3) 智囊团的类型

按照智囊团与政府、企业的关系看,智囊团有官方的、半官方的和民间的智囊团三种类型。官方的智囊团是通过立法或者惯例存在于政府体系内部,为领导者决策进行服务的机构和人员。半官方的智囊团是指独立于政府体系,但又因为各种原因与政府保持非常密切的关系。有的是政府资助的咨询机构,有些主要业务对象是政府的智囊机构,这种机构的领袖外脑主要与政府进行合作,有的领袖外脑因为在某专业与政府部门相一致,往往直接与该部门发生合作关系。民间的智囊机构通常是营利性的,主要为企业或个人服务。他们是独立的法人,拥有绝对的自主权。他们与半官方的智囊机构的不同之处在于,他们与政府的合作并不是其业务的主要部分,其收入的政府部分不占大多数,他们与政府的合作不是长期的、经常的和固定点。

按照智囊团的研究范围看,智囊团可以分为综合性的和专业性的两种类型。一般而言,综合性的领袖外脑的研究课题主要是宏观和综合性的,关注的战略决策是咨询机构。

综合性智囊机构的人数较多，机构较大，涉及的领域较宽。而专业性的智囊机构指的是擅长于某一领域的问题，为企业和政府领导人决策做贡献的咨询机构。

按智囊团的活动区域，智囊团可分为各国的、地区的、国际的三种类型。各国的智囊机构主要为自己国家的企业和政府服务，研究的主要是国内问题。地区性的智囊团主要是为特定地区内企业和政府服务的咨询机构。它们的主要业务集中在一定地区内的国家和地区，可研究该地区内各国的宏观和微观问题，也研究带有地区特色的局部问题。国际的外脑指的是国际性的咨询机构，包括各国和各地区政府或其他组织建立的国际性咨询机构，也包括由一国咨询机构发展而成的国际性咨询机构。

按照经济性质分，智囊团可以分为营利性和非营利性两类。营利性智囊结构一般以公司或合作的形式存在，以利润为目标，为企业、为个人和为政府的服务过程中追求经济效益。营利性智囊结构一般不是政府的委托对象，他们往往更多的是为私人或中小企业进行咨询，以按服务对象要求而做研究成果赚取利润。而非营利智囊结构不是以利润为组织目标，而是以研究或促进社会服务以及促进公共政策的正确制定为宗旨，结构各种基金会或者个人赞助作为运作经费。

(4) 组织领导与智囊团的关系

在现代决策系统中，领导者与智囊团是"谋"与"断"的关系，两者相辅相成，但不能相互替代。一方面，领导者不能干预智囊团的独立研究过程。尤其是对官方的智囊团，党政领导人不能把自己的个人意见强加给他们，更不允许党政领导人已经做出结论，而让智囊团只能论证去结论的正确性。另一方面，领导者，特别是企业领导者又不能让智囊团替自己决策，不能完全被智囊团的意见所左右，最后拍板的只能是领导者。

二、领导决策民主化、科学化

随着时代的进步，领导决策越来越讲求民主化和科学化，民主化和科学化已经成为了领导决策的要求。

1. 领导决策的民主化

领导决策民主化包括决策方式方法民主和决策目标民主两方面，即使人民群众充分行使决策参与的民主权利，听取各行业专家的意见，使决策目标体现民意，实现人民群众的根本利益。决策民主化是决策目标民主和决策手段民主的统一。

领导决策所以要求民主化，首先是来自领导活动本身的要求。如果决策充分反映人民的愿望，人民群众对关系到自身荣辱、祸福的社会重大决策的参与权行使得越充分，人民与政府的行动配合越密切，社会发展的方向受私利、邪恶目的或谬见左右的概率就越小，政府在人民群众中的威信就越高。其次，人民群众参与领导决策，个人的心理及情感的介入，一方面体现尊重知识、尊重人才，能够激励工作动机，提高效率；另一方面使更多的人有一种被尊重的满足感，行动上能与政府密切配合，从而减少实现决策的阻力。再次，现代社会领导决策问题的复杂性，使得领导者单凭自己的判断已无济于事，因此，领导者必须特别重视借助学者、专家的力量，并充分发挥领导组织中所有成员的聪明才智，依靠群策群力来增强决策的可行性、正确性。

领导决策的民主化要求在决策过程中，坚持群众路线和集体领导原则，不仅要发挥领导者个人的才能和经验，而且要集中不同层次、不同知识结构的群众和专家的智慧，提倡不同意见的讨论。一旦作出决断，大家都要执行。如果研究工作者仍有不同的意见，应允许在一定范围内，采取正常的方法和途径进行讨论，并通过实践加以检验，使领导的决策更加完善。

2. 领导决策的科学化

领导决策科学化，就是决策这一主观活动完全要符合客观事物的实际，坚持符合实际的思想路线，运用科学的理论、方法、手段、体制进行决策。决策科学化的提法虽是现代才出现的，但它却是人类长期追求的目标，并非只有在现代科学技术高度发展的情况下，才可能实现领导决策科学化。各国历史上，无论是军事、政治、用人等方面都有许许多多决策是主观活动符合客观实际，取得重大成功的，这些成功的决策就是决策科学化的结果。但是，必须看到，随着科学技术的发展，社会生活的迅速变化，领导决策科学化的要求是不断提高的。现代的电子计算机、数据库、模型库等科技手段，也为现代决策科学化的要求提供了条件。

领导决策科学化的一个突出特点，就是定性与量化结合决策的趋势。传统的领导决策主要依靠行政首长个人的经验和意志所进行的决策，这种决策以定性分析和定性选择为基本特征，即定性决策。当代新数学和管理新科学及其数量方法的产生，尤其是计算机的广泛应用，为决策科学的发展提供了坚实的基础和必然的前提，定性决策成为领导决策的新潮流。人机结合的量化决策理论和方法，提供了领导决策的新视野，大大提高了人们主观见诸于客观的能力，使人们能够对大量的日益复杂和日益增多的决策信息进行全方位的综合性的逻辑分析，将个人定性决策条件下的不确定决策问题，转化为集体定量决策条件下的确定决策问题，从而大大提高了领导决策的时效性、正确性和预见性。

但是，以计算机和数量分析方法为基础的定量决策，其哲学意义在本质上是决策行为主体的主观认识能力的反映，因此，它必然要受到人的主观认识能力的限制，通常表现为对决策行为主体所给出的诸多复杂关系的量化分析、逻辑推理和结论。在真实的决策中，被决策的对象往往包含许多的因素，而把这些因素全部抽象为数学符号和概念，并构成一种包罗万象的数学模型，不但不可能，而且也不必要。它决不能代替人的创造性思维，人仍然是决策的主体，尤其是在意见各异或利弊并存的决策方案的选择中，领导的个人经验和个性，仍然是决策的决定性因素。在要求最佳决策的前提下，定性决策和定量决策各自的局限性和优越性，决定了二者相互结合的发展方向。这种方向标志着决策和领导活动向更高级形式发展的必然趋势。

领导决策的科学化要求在决策过程中，在广泛调查研究的基础上，对复杂的社会现象进行系统的多层次的分析，并从它们的相互联系、相互影响中作综合的研究。这就需要根据现代自然科学和社会科学的许多原理，采用电子计算机等先进计算工具和测试方法，把典型的调查研究和系统的综合分析结合起来，把定性分析和定量分析结合起来，把静态研究和动态分析结合起来,从而使领导的决策更加符合客观对象的本质和运动规律。

三、群体决策

决策是在一定历史阶段产生并发展起来的,体现着时代的特征。随着环境的变化,决策也日益呈现出一些新的特点,其中最典型的就是群体决策受到重视并获得迅速发展。

1. 群体决策的必然趋势

在现代社会,任何一个天才的决策者都不能够完全凭借个人的知识、智慧、才干、个性和意志进行有效的选择。单一的决策主体、思想、模式和方法已经成为过去,取而代之以复合的决策主体、思想、模式和方法。在这里,复合决策即群体决策。这种决策是社会环境动态化和社会因素及其相互关系复杂化的产物,也是人类教育水平和职能水平提高、民主参与意识增强的产物。

(1) 是个人决策问题向群体决策发展的必然结果

决策主体的增多,带来了决策思想和决策利益的多样化,决策不再只以一种思想为指导,也不再只以一种利益为转移。以系统理论为基础的全面综合考虑正在成为一种决策时尚,"综合治理"正在成为公共领导决策的一种信条。

(2) 是单目标决策在实践中一再失败的总结结果

传统的领导决策基本上是单目标决策,用俗话说,就是"头痛医头,脚痛医脚",而不考虑较长的时空决策链中各个环节之间的相互制约关系,因而在实践中常常招致可悲的结果。比如,发展了社会生产却破坏了社会生态环境,最终招致大自然对人类生命健康的报复。在失败面前,人们变得聪明起来。先觉的公共决策者已经开始习惯于用社会系统工程观点和方法来看待和处理社会决策问题,在更大范围和更长的时间里来指定和检验特定领导决策的社会效应。

(3) 是为了实现更优良的管理效果的结果

现代公共管理是一个多因素的、动态的、复杂的系统,这一系统包含着目标和价值层级系统、技术层级系统、社会心理层级系统和管理层级系统自身,以及许许多多的层级更低的要素。为了实现优良的以社会目的为中心内容的管理效果,就必须准确地设置和阐述许许多多的目标,并准确地规定和协调各个目标之间的关系,最终实现一定的整合社会目的,即总目标。在这方面,总目标的综合性是以分目标的多向性为前提的。

(4) 是国家领导组织或机关为了在竞争环境中获得成功的结果

政府为了在国与国竞争中提高国家的整体实力和国民的整体素质,扩大国际影响,就必须全面提高国家的由政治、经济、文化、军事等因素合成的整体综合国力,提高全体国民的由教育、道德、精神等因素合成的整体综合素质。地方政府或领导机关为了在横向比较中显示政绩、保持领先地位和获得支持,就必须全面综合治理管辖区或领域里的各项领导管理业务。

2. 影响群体决策的因素

在进行群体决策的时候,有许多因素对群体决策产生了重要的影响。有些可能是有益的，但有些却不是，所以要了解影响群体决策的因素，尽量避免对决策造成不利。

（1）意见趋同倾向

由于从众心理的影响，在群体决策中，虽然有时人们对决策方案的看法、观点不同，但参与者却不愿或不敢将不同意见摆到桌面上来，而完全顺从或迎合某一种意见。从而大大降低了决策的质量。造成这种情况的原因主要有以下四个方面：

※ 领导者的效应。由于居于组织中的重要地位，赋予领导者以权威性，他的意见往往具有更大的影响力。一旦领导者提出了某些观点，就会给决策参与者形成某种心理暗示或心理压力。而一些作风比较专断的领导者在群体决策中，以权威自居，使群体决策形同虚设。

※ 专家效应。人们习惯地认为专家是某一领域的技术权威，具有丰富的知识和经验，因此，专家提供的方案也应具有绝对的权威性，毋庸置疑。

※ 决策参与者自身的心理压力。决策群体中地位比较低的参与者在提出不同意见前，会有较大的心理压力，诸如与领导意见的和谐问题是否会影响自己的发展，影响与领导的人际关系，自己的意见是不是十分成熟等。如果参与者选择了明哲保身、多一事不如少一事的态度，那么上述考虑只能使他付诸于保持沉默或迎合权威意见。

※ 小团体的压力存在。小群体意识对小群体成员具有规范和控制作用，它强制地维护小团体的行为统一性。

（2）情绪化倾向

在决策中有两个以上的可选择方案的存在，不同成员会对不同的方案产生偏爱。当群体决策要求所有参与的成员必须对各种不同方案和不同意见进行表态时，如果各成员固执己见，在争论中表现出个人情绪色彩时，就可能将个人取胜置于获取最佳决策之上的状况。这使关于决策方案之争转化为个人意气之争，从而使整个决策难以理性化地进行。同时，群体决策的情绪化倾向还可能导致群体决策的极端化倾向，即决策方案在两个极端的意见中进行选择，最终以一方的极端意见为决策基础，并使另一方情绪更加激愤，冲突愈演愈烈。

（3）平均化倾向

在群体决策中，持不同意见的争论各方各抒己见，互不相让，谁也没有充分的理由说服对方，各方都不愿意放弃自己的观点，也不愿意接受别人意见中的合理成分。这时，就会导致一种平均化的倾向的出现，即群体内部进行自身平衡和调节，双方各后退一步，选择一种折中的意见。这种折中意见往往不是吸收双方方案中的合理成分，其共同出发点是照顾双方的情绪，避免冲突升级。决策的结果是以能够怎样作为标准，而不是以应该怎样作为标准，从而丧失决策的原则和目标，是决策的有效性大打折扣。

（4）"冒险转移"倾向

行为科学研究发现，在群体决策中，人们敢冒决策风险的水平远远高于个人决策冒险的平均水平，这种现象被称为"冒险转移"。研究进一步表明，在竞争与对抗、冲突越来越激烈的环境下，冒险的系数就越高，相反，在非竞争的状态下，群体决策往往趋向于保守。

3. 充分发挥群体决策优势的途径

群体决策是一种必然趋势,因此要充分创造条件发挥群体决策的优势。具体可通过以下途径。

(1) 创造良好的群体决策气氛

在群体决策过程中,建立平等、和谐、畅所欲言的决策气氛,鼓励所有的决策参与者提出自己的见解和方案论据,提倡专家"唱对台戏"、全面听取不同意见。这样,才能更全面地把握决策问题的背景、性质、范围、策略等关键。

(2) 领导者善于运用倾听的艺术

在决策中,领导者应注意倾听其他参与者的各种思想。切忌首先提出自己的结论,然后要求其他人调查"事实",或引用"科学道理"来证明其结论的正确性。领导者无论是用强制或暗示的方法要求参与者论证并接受其观点,都将使言路大塞。当然,领导者倾听众人的意见,并不意味着领导者为各种意见左右,无法形成自己的决策思想。对各种意见加以比较、分析、判断、综合,得出最佳的可行性决策方案是领导者的基本能力和素质。

(3) 领导者善于运用并控制决策过程中的冲突

决策过程中发生冲突具有一定的积极作用,它可形成多种思想的比较。领导者应抓住这一优势,但是又不能任由冲突发展为极端化倾向。因此,领导者可采取仲裁、目标置换、说服、妥协等手段,有效地控制冲突。

(4) 建立科学的群体决策体制

在决策群体中,设立有效的分工、协作机制,明确协作部门与人员的职责与权限。科学的领导决策体制有助于保证群体决策行为的规范性、连续性和协调性。

(5) 科学地运用群体决策的方法

人们在不断积累群体决策的经验的过程中,已经发现了规律性的偏差。针对这些偏差,人们创设了一些可行的方法,如头脑风暴法、竞赛式决策制定法、模型决策法、系统工程法、德尔菲法以及各种定量分析方法。群体决策应善于运用这些科学方法,减少决策的失误。

四、决策的智能化

在集体决策成为一种趋势的情况下,如何让1+1>2,这就要讲求决策的智能化。决策智能化就是领导进行决策时如果调动组织成员相互之间协调配合,用最小的投入,达到最大的产出。

1. 领导决策智能化的意义

现代领导决策无论是首长负责制,还是委员会领导体制,客观上都存在一个领导决策集团,通过这一领导决策集团的共同努力构成一种合力,发挥整体效能作用。任何一个领导决策集团都是由具有不同职能优势的人员组合起来的,这里就有一个职能结构是否科学化的问题,就要有不同职能优势的人有机地、合理地组合成一个科学的群体职能结构。

决策集团的智能化可使参与集团的成员都能从各自不同的角度相互协调配合,从而产生大于个体成员职能简单相加的整体效应,使集团的任务得以圆满地完成。一个具有合理职能结构的领导决策集团,不仅使个体人尽其才、扬长避短、互相补充、相得益彰,而且可以使决策集团内部能保持目标的一致性,减少摩擦形成坚强的内聚力,成员之间互相配合默契、同舟共济、和谐合作,产生"思维共振",提高工作效率,从而形成一个既有民主又有集中,既有自由又有纪律,既有统一意志又有个人心情舒畅的生动活泼、充满生机和活力的集团职能结构,获得整体的最佳效应。这就是领导决策集团智能结构科学化的价值所在。

2. 领导决策的智能化结构

领导决策的职能化结构主要包括合理的知识结构、合理的经验结构、合理的能力结构和合理的个性结构。

(1) 合理的知识结构

现代领导管理是建立在生产和科学高度分工、高度综合的基础之上的,领导决策的综合性因素比较多,而学科知识则越来越专门化。因此,在领导决策集团中,既要有懂得自然科学方面各类学科知识的领导者,又要有通晓社会科学方面各种专业知识的领导者;既要有学校培养出来的专门人才,又要有从实践中锻炼出来的实干家。这样的搭配和补充,有利于形成知识结构合理的决策集团。合理的知识结构看重的不仅仅是学历,而是注重其实际能力。无论是从正规学校培养出来获得学历的,还是自学成才的,或是从实践中锻炼出来的,都应看是否具有相应水平的文化知识。此外,应根据各部门工作性质的专业特点,如工业、农业、财经、文化、交通、军事等有各自的专业知识要求,要注意形成合理的专业人才组合。

(2) 合理的经验结构

在决策活动中,经验的积累和升华对于决策者的成熟关系很大。在一个经验结构有序的决策集团中,应有经验较丰富、比较稳重扎实的人,还应有敢说敢为、激情多、框框少、敢于开拓创新,并且还应有一些人,介于其间而有之。

(3) 合理的能力结构

人的智慧和能力与一定的知识有关系,但有知识的人不一定都有能力,具有同等知识的人在实践中运用知识的能力可能相差很大。有的人不仅能从外部感受信息,储存知识,而且能对收到的新信息进行评价判断,在实践中已有知识同新信息结合起来进行想象、创新。这种人是我国新时期决策领导班子里是非常需要的、必不可少的成员。但是,一个决策集团的合理的能力结构,不能只有这类发现型、创造型能力的人。一般说来,决策集团的合理的能力结构,应当具有敢于开拓创新,善于出点子、富有想象力的人,也应有实践经验较丰富,善于冷静推敲研究、稳健务实的人和善于组织协调的人,不应是只有一种能力类型的人。美国德克萨斯大学行为学家阿格等提出,理想的决策班子应有左脑型、右脑型、均衡型三种不同主脑类型的成员组成。所谓主脑即一个人左右脑具有不同的功能,其中有一侧占主导地位,它可决定一个人的兴趣、习惯、特长和思维方法。由于各人的遗传、教育、环境的不同,主脑也就不同,左右脑均衡的人较少。决策先由富有想象力和创新精神的右脑型的人提出大胆的、其有创造性的设想,再由习惯于推理、统计方法的左脑型人对这些设想进行研究、批评，最后有均衡人进行裁决。这样合作的结果可能产生一个全面、正确的决策。

（4）合理的个性结构

不同个性的人对问题的判断和处理是不同的。感情奔放的人与沉着冷静的人在同一问题、同一境况下有不同的主张和态度。在一个领导决策集团中，需要各种不同的气质、性格类型的人，有敢作敢为、反应敏捷、处事急躁的，也有深思熟虑、谨小慎微的人。不同个性，互相协调，取长补短，形成多功能、高效化的决策集团。反之，如果性格相同，都是稳重有余、魄力不足，则可能效率不高；都是遇事欠思虑、少冷静的急躁人，也容易出现差错。所以，要根据气质、性格等动态心理因素，组成一个协调的个性结构，这样一个个性相互协调的团队，才能提高效能，在领导决策中选出最佳的选择项。

第七章 领导艺术

领导作为一种特殊的创造性的活动,是灵活的应变技巧与与众不同的待人处事风格的巧妙结合,是一种非规范化、非模式化的领导技能和技巧的艺术体现。正是因为领导艺术的存在,才有运筹于帷幄之中、决胜于千里之外的军事家,才有审时度势、力挽狂澜的政治家。因此,我们必须充分认识领导艺术的重要性,努力学会并掌握科学的领导艺术,并在实践中不断提高领导艺术水平。

第一节 领导艺术的概述

一、领导艺术的含义与类型

领导,就是设定目标,率领和引导组织或个人在一定的时境以及其他条件下,按照一定的计划或方法实现该目标的行为过程。领导是一种方法,更是一种艺术,需要不断地顺势而变,需要不断创新。要想深刻地认识和提高领导艺术,首先要了解领导艺术的含义和类型。

1. 领导艺术的含义

领导艺术是指领导者在一定的知识和经验基础上,灵活运用各种领导策略、资源、方法和原则的技巧、艺术和方法。领导艺术主要包括决策的艺术、创新的艺术、应变的艺术、指挥的艺术、抓总的艺术、统筹的艺术、协调的艺术、授权的艺术、用人的艺术、激励的艺术。领导艺术是非规范化、非程序化、非模式化的领导行为,是领导者智慧、学识、才能、胆略和经验的综合反映。领导艺术之所以称之为"艺术",就在于以下五个方面:

* 领导艺术是建立在领导者已有的知识和经验基础之上的,是领导者智慧、学识、才能、胆略和经验的综合反映,是领导者高素质的集中体现。

* 领导艺术遵循着领导活动的规律,即遵循着领导活动中所固有的本质的必然规律,但又是对规律的创造性运用。

* 领导艺术是领导方法的巧妙运用。这种巧妙,就是在于它既尊重客观规律、坚持从实际出发,同时又做到了因时、因地、因人的不同采取灵活、巧妙的措施。

* 领导艺术能有效地实现领导目标。运用领导艺术能够较好地把握时机实现最佳领导效能,达到领导目标。

* 领导艺术是领导实践中的最高状态和最高境界。领导艺术是领导者在经验的长期积淀基础上,在高素质的前提下对非常规性事件的非模式化、非程序化的创造性地巧妙

处理,即"运用之妙,存乎一心",因此,它是领导实践中的最高状态和最高境界。

2. 领导艺术的类型

领导艺术按照不同的划分标准可以有不同的类型。从影响范围上划分,领导艺术可分为总体性的、局部性领导艺术和专业性的领导艺术。从领导事务的类别上划分,有领导授权艺术、领导用人艺术、领导激励艺术、领导关系的处理艺术、领导运时与开会的艺术。

二、领导艺术的特征

领导艺术,作为各级领导者都应掌握和运用的基本领导技能,虽然同领导者个人的运用技巧关系很大,但领导艺术并非是领导者个人主观臆造的,而是符合客观发展规律,遵循一定科学原则的活动过程。因此,领导艺术不仅具有技巧运用的艺术性,而且还要符合客观规律的科学性,它是领导活动中的艺术性和科学性的完整统一。领导艺术作为经验的积累和实践的技巧,具有以下一些特征。

1. 机变性

领导艺术不同于一些规范化的领导方法和工作方法有严格和固定的程序和模式,它可以根据不同的时间、地点和条件,运用已有的经验、知识和判断能力随机应变地采取措施,解决问题。这就要求领导者必须从实际出发,根据客观环境因时、因地、因人、因事机智灵活随机应变地处理问题。正是对这种随机时间的非模式化、非程序化处理,表现出领导艺术具有机变性的特点。"运用之妙,存乎一心"中的"妙",就是机变性的体现。在这个意义上说,领导艺术就是领导者运用已有的知识思考和处理随机事件的一种应变技能。

2. 创造性

领导艺术不是对领导科学知识机械地、一般地和简单地运用,也不是墨守成规、照章办事的产物,它是一种层出不穷、丰富多彩、构思新颖、风格独特的技艺。具体说来领导艺术的创造性表现在两个方面:一是指领导艺术本身在领导实践活动中不断产生的新的内容、新的形式;二是指领导者在领导实践中,要根据客观环境充分发挥主观能动性,综合各种领导方法、领导手段,具有创新精神,勇于标新立异、敢于突破常规、创造性地解决实际问题。从这个意义上来说,领导艺术就是领导者富有创造性的领导技能。

3. 综合性

领导艺术是贯穿于领导活动过程始终的领导技能,因而也就相应地具有领导活动过程中各个阶段的各种因素的综合性的特点。领导艺术不仅要以领导者的知识和经验作为基础,而且还要以领导者的才能和气质为前提,表现为各种知识和才干等领导素质基于经验的综合运用的能力与技巧。

4. 经验性

领导艺术源于领导自身的阅力知识、经验,尤其是来源于新鲜的经验,是领导实践中的直接经验和间接经验的积累和升华。作为一个领导者,不管其领导艺术如何高超、如何巧妙,总是不可避免地带有经验的痕迹,而且它往往具有一定程度的个人感情色彩,有着难以言传的感染人、吸引人的魅力。从这个意义上说,领导艺术就是领导者在经验的基础上形成并表现出来的综合运用领导方法的技巧。

5. 速效性

领导艺术的速效性,是领导艺术在领导效能上的体现。领导艺术要求领导者在领导活动中要善于运用一定的方式、方法使各种要素和资源处于最佳的配合状态,实现系统整体功能的高效和优化。速效性体现了领导艺术的价值,也体现领导者掌握领导艺术的目的和能力。

6. 实践性

领导艺术具有很强的实践性,这不仅仅是由于它来源于领导实践,并在领导实践中表现出来,不断地得到检验和发展,而且还因为领导艺术的许多内容,尚处于"只可身教,不可言传"的经验形态。领导艺术只有来源于生活,通过实践的检验,才能形成一种经得起时间考验的艺术。

7. 适中性

领导艺术的适中性是指领导者对被领导者的要求应难易适度,高低适中。一方面,不要超越被领导者的思想,业务水平和其所处的实际许可条件;另一方面,不要落后于被领导者的要求和能力。可以说,适中性是体现领导艺术的重要标准之一。

8. 科学性

领导艺术不是领导者个人的主观臆造,它是建立在领导活动的一般原理、原则和方法的基础上的,具有内在的规律性的。领导艺术是领导经验和领导科学的综合运用,并不与领导科学的一般原理、原则和方法相矛盾,而是对这些内容的综合地、灵活地、创造性地运用,科学性是领导艺术的本质特征。

三、领导艺术的重要性

领导艺术是指领导者具有创造性的领导才能、技巧、艺术和方法。在领导活动中,领导艺术在有着非常重要的作用。

1. 是领导者实现最佳领导效能的必要条件

领导活动所追求的目标就是最佳领导效能,而领导艺术可以使领导活动取得事半功倍的效能。例如用人艺术,如果一个领导者善于用人,真正做到"人尽其才、事得其人",那么就会出现整体大于部分之和(1+1>2)的效能。相反地,如果用人没有做到"适才适所",就会出现整体小于部分之和(1+1<2)的效能。所以说,领导艺术是领导者实现最佳领导效能的必要条件。

2. 是领导者实施正确领导行动的指南

领导艺术作为一种高级的领导方法,它决不是一种庸俗的处世之道,更不是庸俗的"手段"和"门槛",而是实施正确领导行动的指南。例如决策艺术运用好坏直接关系到事情的成败与否。

3. 是领导者顺利实现领导目标的有力保证

领导目标的实现与领导艺术是密不可分的。大到治理国家小到管理一个团体或单位,高明的领导艺术都是实现目标的有力保证。因为领导艺术运用得好,不仅可以缩短达成领导目标时间,而且还可以使领导目标超出预想的结果。

4. 有助于提高领导水平

领导艺术的一次表现和一次运用,往往是为了解决某一特定的问题。当一个新的问题出现需要解决时,其领导艺术又将有新的表现和新的运用。因此,领导者在运用领导艺术时,总是表现为一系列新的创造过程。正是由于领导艺术这种创造性使领导者不断地发挥出自己的才能和聪明才智,不断地学习总结经验,不断地完善自我,不断地推陈出新,从而有助于提高其领导水平。

四、领导艺术与领导方法的区别和联系

领导艺术和领导方法是不可分割的辩证统一的关系。领导方法是领导者实现领导职能、完成领导任务的方式和手段,是领导科学的重要组成部分。领导艺术是建立在一定经验和科学基础上的高超领导技能,是对领导方法熟练卓越的运用,并把领导艺术中那些规范的东西概括为领导方法。

1. 领导艺术与领导方法的联系

领导艺术与领导方法有其共同之处,两者常常是不可分割、融为一体的。这主要表现在以下四个方面:

(1) 领导艺术与领导方法都同属于领导科学方法论领域

领导艺术与领导方法作为领导科学的方法论,它们都是领导者实践活动的指南或方法,即指导领导者观察问题、分析问题、处理问题的方法或指南。

(2) 领导艺术与领导方法都以领导手段作为共同的研究对象

领导艺术与领导方法都以领导手段作为共同的研究对象,即为实现领导目的而采取什么样的领导手段。领导是实现某种目标的过程,实现领导目标,既是领导活动的根本任务,又是领导过程所要达到的最终目的。而要达到领导目的,则必须要具有相应的领导手段,即采取相应的领导艺术或领导方法来实现领导目标。

(3) 领导艺术与领导方法在某一层次上是交叉的

领导艺术与领导方法一般都被统称为领导谋略或领导计谋,甚至被称为领导经验。所以从这个层面上说领导艺术与领导方法在某一层次上是交叉的。领导方法一般分为三个层次:一是高层次管理方法,作为高层次管理方法,从战略上为领导者提供观察、分析、处理问题的总方向、总原则或总方法;二是一般管理方法,它属于领导方法的中间层次,为领导者解决一般管理问题提供方法;三是具体工作方法,它是最低层次的领导方法,主要是为领导者提供解决具体工作问题的途径,这个最低层次的领导方法又是与领导艺术相互交叉的,难以辨别和区分。例如,领导工作中的"解剖麻雀"法、"弹钢琴"法,既是具体工作的方法,又是领导艺术。

(4) 领导艺术可以转化为领导方法

伴随着领导艺术解决非规范性问题的增多,人们就会发现在解决非规范性问题的过程中,同样存在着一定的规范性办法。如果将这些规范性办法归纳概括出来,就是领导方法的内容。领导方法规范性内容越丰富,对其现实的指导意义也就越大,对领导工作就会

提出更高要求。这便会出现更高层次上的非规范性情况,领导艺术也将在更高层次上发挥作用。这样,通过领导实践中的非规范性和规范性的办法不断转化,领导艺术也就逐渐转化为领导方法,同时领导方法内容也不断地得到充实丰富。

2. 领导艺术和领导方法的区别

领导艺术与领导方法有一定的联系,但又有很大的区别,所以不能将它们混为一谈。领导艺术和领导方法的区别主要表现在以下四个方面。

(1) 领导方法是领导者分析、处理、解决问题的一般性原则,而领导艺术是对这些原则的具体运用。

领导方法的一般性原则对解决任何问题都具有指导意义,遵循这些方法便可以找到解决问题的正确方向。但是在解决具体的问题时仅有正确的领导方法往往是不够的,想要成功地解决问题还必须掌握具体途径。这种具体途径就是领导艺术。领导艺术是领导方法的具体运用,但这个应用不是简单地再现,而是一种新的突破和创造。

(2) 领导方法是稳定的、不易变化的,而领导艺术是灵活的、易变化的。

一方面,领导方法大都体现在常规事件上,因此一般情况下是稳定的、不易变化的。而领导艺术却常常体现在非常规性事件上,它往往因人、因事、因时、因地而异,它不仅随着领导者工作对象、工作领域、范围等客观环境变化而变化,而且也随着领导者的经验、知识、阅历、认识能力的不同而不同,它是具有很大机变性的。另一方面,领导方法是以知识形态出现的,逻辑严谨,而且比较稳定,而领导艺术的形态有多样性、多变性。例如开会,就要按一定的程序进行,这是方法,没什么差别,但在程序的把握与运用上,就有了艺术高低之分。因此,领导者不能对领导方法简单、机械地运用,而要根据具体情况的变化,针对实际需要,灵活、创造性地解决问题。这样,才能产生高超的领导艺术。

(3) 领导方法具有普遍性、共同性、规范性特点,而领导艺术具有特殊性、经验性、机变性特点。

领导方法是很多领导人的技巧、经验的高度概括总结,是有章可循并且对现实问题有很大的指导、借鉴意义的,具有普遍性、共同性、规范性特点。然而现实中的情况和科学模式相比较,内容要丰富得多,变化也很复杂,如果仅是依靠领导方法是无法从根本上解决现实出现的非规范性问题的。这就需要领导者在千差万别的事物面前,在复杂多变的情况面前,在艰难曲折的环境中发挥出主动性和创造性,要因人制宜、因地制宜、因势利导,根据客观情况、根据自己的领导经验随机应变灵活地进行领导活动,这就决定了领导艺术创造性、经验性、机变特点。

(4) 领导方法属于理性知识范畴,而领导艺术属于感性知识范畴。

一方面,领导方法是经过系统化、规范化的技巧、经验,有的还可以用数学来表达,属于理性知识范畴。领导艺术则是技巧、经验,具有明显的感性知识特点。如果说领导方法是构成领导工作措施的"骨架",那么领导艺术就是填充领导工作的"血肉"。另一方面,领导方法是以科学程序、规律、原则参与领导过程,领导艺术则以直观判断、临机即兴、快速想象力和创造力投入领导过程。

第二节　领导用权的艺术

一、领导的权力观念

著名哲学家罗素说过:"人类最大的、最主要的欲望是权力欲与荣誉欲。"可见权力这个几乎和人类社会一起诞生的社会现象具有很强的魔力。权力的真正奥秘就在于权力可以产生威力,权力可以带来权威。正因为如此,一方面权力可以起着积极的作用,维持着组织的稳定,推动组织的发展;另一方面权力也可能会破坏组织的稳定,瓦解组织。一方面权力可以服务于人,为大家谋利益;另一方面权力也可以腐蚀人,给人带来灾难。可见权力具有很强的双重性。

领导者树立正确的权力观,是领导者能够正确用权的前提。领导者所拥有的职权是以他对职位的占有为前提的。如果领导者总是凭借职位的权威来行使自己的权力,通过强制性、命令性的手段去支配下属,则是对领导权力的片面理解。因为权力作为一种影响他人形式某种行为的能力,实际上是作为一种影响力而存在的。马克斯·韦伯讲过:"权力是在实现自己的目标时克服他人的阻力的能力,特别是当这种权力会影响他们的行为时。"这就说明权力是一种关系,它除了职权之外,还有领导者的个人权力。因此,领导者不能把职权作为支撑领导权威的唯一要素,而是要把个人权力考虑进来,依靠人格的感召力来保障领导活动的顺利进行,这更符合领导的本质。另外,领导者也不是职位的永久占有者,在现代民主社会,领导者是作为权力的代理者从事领导和管理职能的。

因此,领导者应当理智的认识权力,树立正确的权力观,避免走入权力误区。正确地认识和行使权力在很大程度上决定着领导者的心态、领导方式以及领导信念。那么,领导者要树立什么样的权力观呢?

(1) 民本权力观

领导者树立民本权力观,是领导者能够在职权面前保持清醒和冷静的基础。马克思主义的权力观始终认为权力来自于人民,植根于人民。领导者手中的权力来自人民的授予,这已经是现代民主社会中一个不争的事实。正是这种权力来源的实质,才使领导者认识到职权不是自己的垄断物,而是来自人民的授权,因此,要为人民服务。

(2) 代理权力观

领导者并不是天生的,他是受人民的委托来从事领导和管理工作的。领导者与人民之间的关系实质上是一种委托人与代理人的关系,领导者仅仅是作为一个代理者从事着一种崇高的实践活动,只不过这种代理者对于整个社会和一个组织的有序发展来说,是至关重要的。代理权力观有助于使领导者把自己摆到一个正确的位置上。

(3) 责任权力观

责任感使领导者能够在日常管理中,特别是突发事件时挺身而出,完成一个组织或一个国家的使命。正是从这个角度来说,担当领导者这一从社会群体中分化出来的角色,是受责任感驱使的。所以说,责任感是一个人成为领导者的关键要素,领导者应该把职权视为责任的外化物。另外,从权力的来源来看,领导者是要对人民负责的。责任权力观有助于领导者正确地履行自己的职能。

(4) 积极权力观

领导者是凭借自己的能力和素质成为领导者的,即认同领导者权威的根源在于对其人格和能力的承认和赞许。因此,领导者的个人权力也非常重要。只有将个人权力和职位权力实现完美的结合,才能使领导者释放出一种积极的力量。

(5) 奉献权力观

奉献精神也是领导者所必须具备的基本素质之一。领导者的权力来源于人民,就要服务于人民。领导者应该时刻准备着牺牲自己的个人利益,为人民贡献自己的力量。

二、领导用权的技巧

很多人认为权力似乎是一种很神秘的威势,但如果我们透过这一层神秘表象去观察权力,就会发现权力作为一种社会现象不仅不神秘,而且是有规律可循的。作为领导者如果要理解这一点,就要学会巩固自己的权力,在权力运用上艺术化地进行权力的分配和管理。通过原则性地、灵活地运用权力,领导整个组织实现既定的目标。领导者在实现巩固权利的技巧中,一般可以采用以下几种比较适用的方法。

1. 巩固权力

巩固权力主要通过以下四点来实现:

(1) 创造自己的传奇

创造自己的传奇是指留给别人一些比较成熟和个性化的印象。领导者创造自己的传奇本身并不能保证使其富有权力和成功,但它往往是成功的先驱,保证权力的稳定。

(2) 保持适度的距离感

保持适度的距离感的目的是要人在不被孤立的前提下,蓄而不发,在不会对成功产生不利环境的前提下,给别人留下性格多变的印象。具体的距离不是固定不变的,要因人、因地、因时而异。

(3) 坚决果断

撒切尔夫人有句名言:"你愿意屈服就尽管屈服,但我不会。"她在西方文化中给人留下了一个理想领袖的印象——坚决果断。对于领导者,做任何事情都不能优柔寡断,因为决策果断使一个领导者更像一位领导者。

(4) 协调各方面的关系

领导者要处理好上下左右方方面面的关系,使组织中的人际关系内耗减少到最小。在处理好各种关系的同时,也能巩固自己的权威地位。

2. 分配权力

领导者的权力分配艺术,是融用权、用人等艺术于一体的艺术,是领导者灵活有效地运用各种权力分配方法的艺术。权力的分配,要求领导者既不能大权旁落,无所用心,又不能大权独揽,事必躬亲。那么,如何正确、恰当地分配权力呢?这就要走集权与分权的"中庸之道",具体包括以下几个方面。

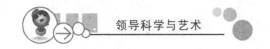

(1) 大胆放手

领导者应该懂得"放权授权,将在外君命有所不受"的道理,应该清楚哪些事应该自己管,哪些事应该交给下属管,要在适当的时候放权。大胆放手,不仅可以使下属认为自己得到了信任,同时还助于工作的完成。

(2) 适当超脱

权力分配是领导者一种重要的超脱艺术。一个领导者如果长期陷于日常琐事,势必疏忽于领导职守。领导者拔冗去繁,择人授权,才能做到干本职工作游刃有余,取得良好的领导效果。

(3) 知人善任

知人善任是领导者权力分配中的用人艺术。知人,就是要求领导者能全面地了解别人的长处、短处;善任,就是要求领导者能够科学地、合理地任用人才,授之以权,以做到人尽其才,才尽其用,从而有效地发挥人才的作用。知人是善任的必要前提。

(4) 虚怀宽宏

虚怀宽宏是领导者在进行权力分配时要容人之短而用之长,更重要的是指领导者在权力分配后,能对下属的小事小非和暂时性失误宽宏对待。虚怀若谷,大度宽容,不仅是领导者的重要作风,又是一种高明的无形的谋略手段和领导艺术。

3. 管理权力

领导者对权力的管理,实际上是对掌握人、用权人的管理。因为权力不是独立存在的,它只是工具,要依附于人,要被人所掌握和使用。所以,对权力的管理,也就是加强对人的管理,提高各个级别领导者的素质。这就需要建立一套具有很强的操作性的规章制度。具体来说,对不同岗位,不同层次的领导者,在权力管理中要各有侧重,区别对待。如在对高中低不同级别的领导者权力效应的管理上,就应有所区别和侧重,高层的领导者主要是担负决策和指挥,应重点管理和考核其权力的组织效应;中层领导担负综合协调工作,应重点检查其权力管理效应;而低层领导主要担负执行政策,组织实施,应重点管理考核其权力行使的操作效应。而同一领导者的考核也要注意条件的变化,并且坚持动机和效果统一的原则。总之,权力的管理是非常复杂的,且没有固定的模式,它需要领导者从长远的角度结合当前的客观条件灵活地制定自己部门的管理方法、考核规章与原则。

规范化用权,就是要遵守法定权限,不对上越权和向下侵权。

谨慎性用权,就是指领导者不要轻易运用法定权力,但在必要时敢于果断用权。

实效化用权,就是要保持权力的诱导和控制功能,使下属不能逾越和冲垮权力底线。

体制外用权,就是指领导者要以个人影响权弥补组织法定权之不足,依靠个人影响权使下级达到自觉服从的效果。

三、领导授权的艺术

领导者是领导部门的负责人,处于部门中心地位,有许多的事情需要处理,如果领导者事无巨细都去关注的话,到头来很有可能"捡了芝麻,丢了西瓜",出现事倍功半的情况。所以,领导者要腾出精力、时间抓大事、想全局,这就必须授权。领导者学会"授权"的艺术,不仅能减轻领导者的工作负担,而且能有效地延伸管理,提高办事效率。

1. 授权的定义

授权是指领导者通过与下属和员工共享相关信息,通过为员工和下属提供更多的自主权,以达到组织目标的过程。通俗地说,就是领导者根据情况将某些方面的权力和责任授权给下级。授权是领导者智慧和能力的扩展和延伸,授权过程是科学化和艺术化的过程。对领导者来说,授权是应该掌握的一项基本的领导技能,授权有助于增强下属与员工的自我效能感。授权允许下属和员工应付各种局面,当问题出现时,下属和员工能进行控制。

2. 授权的原因

授权是领导者普遍采用的一种领导艺术。领导科学把授权这一领导方式称之为"委托式领导"。这主要取决于以下三个因素:

(1) 间接性

由于领导活动多具有领导行为与领导目标的间接性特点,所以领导只有授权下属,才能调动下属的积极性,有效地完成组织目标。

(2) 多样性和专业性

当代活动具有多样性和专业化的特点,任何一个领导者都不可能是穷尽所有信息、具有完满的知识结构和专业能力的全才,因此只有授权于具有管理能力的专才,才能完成组织目标。

(3) 参与性

现代领导不是以领导者为原点的垄断型活动,而是下属与领导者融为一体的参与性活动。下属正是通过参与和有效的管理,获得一种自我归属感和主体价值的实现。因此必须通过授权,才能更好地完成组织目标。

3. 授权的原则

领导者授权的目的就是完成组织任务,实现组织目标。这就要求领导者在授权过程中遵循一定的授权原则。比较常用的授权原则有以下几点:

(1) 敢于授权

最忙碌的领导往往是工作效率最低的领导。因为他们舍不得放权、不敢放权,分不清大事,大权独揽,小权不放。这样势必造成其整日忙于应付日常琐碎之事,影响大事的处理,甚至影响其领导能力的提高,结果往往是抓了"芝麻"丢了"西瓜"。领导者要克服这一情况,首先,要有授权的胸怀,要舍得放权,不能贪权、恋权;其次,要有授权的胆略,领导者必须有授权的胆略和气魄,要大胆地授权;再次,要善于抓大放小,领导要善于统揽全局,抓住大的主要的权力,放开小的次要的权力。

(2) 合理授权

合理授权是指领导者通过合理的程序和合法的途径进行正当授权。合理授权可以给被授权者一种正式的身份,以便于被授权者合理的开展工作。

(3) 逐级授权

除特殊情况下,领导者只能对直接下属授权也就是逐级授权,绝对不能越级授权。否则不仅会给中间领导者的工作带来被动,而且也容易造成管理层次的混乱,搞乱权力的纵向隶属关系,影响上下级的团结,挫伤下级的积极性和创造性。

(4) 责权一致

授权要充分交代,明确被授权者权力范围,也应明确他们的职责,做到有权有责,权责相符,避免下级推卸责任。责权一致权有利于培养创造性气氛。

(5) 适度授权

授权适度是指领导者授什么权、授多大的权必须有一定的限度,超出这个限度,授出的权要么无效,要么达不到授权的目的。首先,量力授权。领导者授权时,应根据自己的权力范围、下属的能力强弱和水平高低,来确定授给下属的权力和责任。这就要求所授之权既不能超过被授权者能力所承担的限度,也要防止授权不足。其次,酌情加码。重要的、关键的权力,授予下属时不要一步到位,而要根据事态的发展,一点一点地酌情加码。最后,弹性授权。正确的授权,不是放任,撒手不管,而是保留某种控制权。没有可控权的授权是弃权。即授予下属的权力可大可小、可轻可重、可多可少;既要授得出去,又要能收回来。

(6) 因事授权

"权"不可乱授,要因事择人,视德、视能授权。领导者切实要把权力授给真正有能力的人。做到因事择人,人尽其才。不能因人设事,更不能把授权当作一种奖励的办法。

(7) 慎重授权

授权是一项政策性、原则性很强的工作,必须慎重行事。对授权对象要调查研究,认真考察,多谋兼听,反复考虑,不能盲目地授权。授权必须以事业的需要和授权对象能力的大小、水平的高低为依据,防止大才小用,小才大用,有才不用和无才宠用。

(8) 信任授权

既然授之以权,就要充分信任,这就是"疑人不用、用人不疑"的道理。为此,领导者授权后,应当积极支持下属,放手让他们大胆地工作,并为其提供方便,创造良好条件。决不能处处掣肘,事事苛求,时时责备。

(9) 有效控权

授权与控权是矛盾的两个方面,既相互联系又相互制约。授而不控,就是弃权,控而不授,就是专断。领导者在依据下属职权范围充分授权的同时,必须对所授之权实施有效的控制和监督。首先,明确权责,明确权责是搞好监控的前提;其次,跟踪监督,授权者对被授权者的工作要不断进行检查,掌握信息反馈,了解工作进展情况,对偏离目标的行为要及时进行引导和纠正;最后,及时调控,及时调控的目的是对不能胜任工作的人要及时更换,对滥用职权,严重违法乱纪者,要及时收回权力,并予以严厉惩处。

4. 领导者授权的技巧

领导者授权不仅要依据一定的原则,而且还要采取适当的技巧。领导者授权动机不同就有不同的授权技巧。常见的授权技巧有以下几种:

(1) 柔性授权

柔性授权是指上级领导者仅对工作安排给出一个大纲或轮廓,下属可随机应变,灵活而有创造性地处理工作。这样被授权者就有很大的自由活动空间,可见机行事,因地制宜地处理各种问题。如果下属精明强干,所要处理的事务又比较复杂多变或者任务重大而艰巨,难以定量,更多需要下属发挥主动性和创造性情况下,一般采取柔性授权。

(2) 刚性授权

刚性授权正好是与柔性授权相对立的。刚性授权是指领导者对下属的工作、责任、权力范围均有明确的指示与交代,下属基本上是照章行事。刚性授权主要用于工作难度比较小,程序化管理工作。

(3) 弹性授权

弹性授权,又称动态授权,是指在完成任务的不同阶段采用不同的授权形式。领导者面对复杂的工作任务或对下属的能力、水平无充分把握,或客观环境复杂多变,宜采用弹性授权法。例如,实行单项授权,即把解决某一特定问题的权力授予下属,当问题解决时,权力收回。或者采取定时授权,即在一定时期内将权力授给下属,时间到期后,权力即刻收回。弹性授权方法有很大的灵活性。

(4) 制约授权

制约授权,又叫复合授权,是指上级行政主体将某项任务的职权分解授给两个或多个子系统,使子系统之间产生互相制约、相互监督以及相互取长补短,以有效地防止工作中出现偏差、漏洞和滥用职权。这是一种下属之间相互制约的授权技巧。

(5) 逐渐授权

逐级授权就是领导者不一下子把权力授完,而是把应授予下属的权力分步、分阶段的授予下属。这是因为领导者对完成任务的客观条件和下属能力、水平特点等情况不完全了解,就采取逐渐授权法。比如先用"助理"、"代理"职务等非授权形式,试用一段时间,当下属具备授权条件时,才授予必要的权力。

(6) 引导授权

领导者把权力授给下属以后,既不是撒手不管,又不能横加干涉,而是要给予他们必要的指导和控制,全力支持、帮助他们解决具体困难,防止他们偏离工作目标。

(7) 模糊授权

虽然授权的方法有很多种,但是在采取授权方法时,要具体问题具体分析,使授权真正围绕工作目标的实现来进行,以达到授权的目的。

第三节 领导用人的艺术

一、领导用人的理论基础

领导用人是领导活动中非常重要的一个环节。爱才、识才和求才最终都是为了用才。领导用人也有深厚的理论基础,领导者只有了解了这些理论,才能更好地利用人才。用人的理论基础主要有两个方面。

(1) 领导活动与领导目标之间的间接性

领导活动不同于社会其他活动的一个特点是,领导行为和领导目标之间存在着间接性的关系人。即制定和规划目标的领导者本人并不是目标的实现者,相反,他是依靠用人和调动下属的积极性使目标得以实现的。领导活动的这一特征集中体现为以如何用人为核心的艺术化过程,如何鼓励和激励下属自觉地实现组织目标便成为领导活动不同于其他社会活动的最重要特征。正是从这个角度,我们可以得出以下两个结论:那些事事都身体力行的领导者并不是优秀的领导者,领导目标依靠下属来实现是领导活动最为重要的一种特性;一个不懂用人艺术的基层领导者也注定成不了优秀的高层领导者,因为领导过程中的用人艺术,并不因为行政层次的高低而不同,领导用人艺术从本质上说是相通的。

(2)人是唯一一种能够扩大资源的资源

管理学大师杜拉克说过:"企业必须有能力生产出比构成企业的全部资源更多或更好的东西……它的产出必须大于所有的投入。"但他又说企业的经营不能像19世纪的经济学家那样,认为"按照程序把资源放进去,然后打开开关把资投进去"就能使产出大于投入,它是"不可能从资本这样没有生命的资源中生产出来的"。任何一个组织,包括企业,有许多的资源,但是,所有这些资源都是受机械的法则支配的。人们可以把这些资源利用得好些,或者差些,但绝不可能使产出大于投入,所以杜拉克的结论是:有可能扩大的资源,只能是人的资源。在所有的资源中,人是唯一能增长和发展的资源,这是一种独一无二的资源。人之所以是能扩大、增大或发展的资源,根源于人的创造力。因此,怎样使用创造型的人才,怎样激发人的创造力,使平凡的人也能干出不平凡的事情就成为领导艺术的关键。

二、领导用人的原则

用人,对领导者来说是一个十分重要的职责。从大的方面看,用人关系到国家的兴亡;从小的方面看,用人可以决定一个组织能否顺利达到目标,可以决定一个组织的发展。领导者要做到善于用人,必须坚持以下用人原则:

1. 用人不疑

人们常常说:"用人不疑,疑人不用。"这是中国的一大传统,也是中国官方和企业、商业等管理层用人的标准,就是说在经过全面考察之后决定选用的人,就要授予其一定的权力。不仅要大胆放权,使其在一定范围内能够自主决断,而且要设身处地的为其着想,勇于承担他们在工作中的失误。不要认为获得成绩就是领导有方,出现了过失就是下属无能。人都有自信心,都有成就感,都抱着通过自己的努力去完成某项工作或某种事业的心情和愿望。领导信任,他就能充分发挥自己的聪明才智,在工作中做出很大的成绩。反之,领导者如果不信任他,就不能真正做到放心、放手、放权,即使授了权,也会是有名无实。在现实生活中,有的领导者在工作中包办替代下级的工作,越权指挥给中层领导造成被动,不懂某一方面的知识,却干涉下级的具体业务。下级一面努力工作,一面又被怀疑,其心理状态如何,是可想而知的。下级知道自己不被信任,也就不敢、不愿意、不会认真地工作,所以用人不疑很重要。

当然,用人不疑还必须有疑人不用作为补充。用人时一定要以具体的工作职务,全面、慎重地考察预选的使用者,看其在德才等各方面是否具备所需的条件。否则,决不能放在重要的工作岗位上,或者不能担任主要的领导职务。但可以按照具体情况,将其妥善地安排在其他能充分发挥本人特长的工作岗位上。

2. 任人唯贤

"贤"就是指有道德、有才能、有干劲的人。所以,人们常说"德才兼备,方位贤能。"实行任人唯贤,就必须坚持德才兼备。德和才是一个完整的统一体。离开"德","才"就失去了方向;没有才,德也就会成为空洞的东西。"才者,德之资也;德者,才之帅也",这二者是统一体中的两个方面。在德与才的关系上,应把德放在首位。德优才弱,可以通过努力逐渐提高才,从而达到德才的统一。美国管理学家杜拉克认为,人的品德与正直,其本身并不一定能成什么事,但一个人在品德与正直方面如果有缺点,则足以败事。所以在这一方面如果有缺点,不能仅视为绩效的限制,有这种缺点的人,应该没有资格做管理者。尽管封建社会的历史学家和一些管理学家对德的理解并不一致,可是在"选人应以德为首"这一点上却是相同的。但是,没有真才实学,不具备一定的专业技能,也是不行的。因此,选人要做到德才兼备。

实行任人唯贤,就是破除论资排辈的思想,敢于大胆培养和破格使用那些确有才能的中青年。实行任人唯贤,对领导者来说就是要敢于任用那些有争议的人,比自己高明的人。有些人才华非凡,但常常不拘小节,可能会因种种原因成为有争议的人物,领导者就要力排众议,敢于任用这些人。实行任人唯贤,就要反对任人唯亲。在选人用人问题上以个人好恶、亲疏为标准,徇私舞弊、搞宗派主义、裙带关系,这完全是一种庸俗恶劣的作风。

3. 用人之长

事物有长短,人才有高低,这是古往今来的客观事实。所以司马迁很有感慨地说:"尺有所短,寸有所长"。清代诗人顾嗣协曾说:"骏马能历险,犁田不如牛。坚车能载重,渡河不如舟。舍长以就短,智者难为谋。生材贵适用,慎勿多苛求。"这些都说明任何事物都有长短,我们要用其所长,避其所短。任何人都不可能全部占有人类已有的经验和知识。达尔文是生物进化论的奠基人,可是他对化学一窍不通;诸葛亮擅长运筹帷幄,但他在阵前却无力交战。这说明每个人都有自己的长处和短处。从用人的角度来看,在"扬长"与"避短"的问题上应求其长。美国的杜拉克在讲到这个问题时明确指出,用人的决策不在于如何减少人的短处,而在于如何发挥人的长处。中国古人也曾说"金无足赤,人无完人"、"君子用人如器,各取所长"。齐人晏婴说:"任人之长,不强其短;任人之优,不强其拙。"唐代陆贽说:"人之才行,自昔罕全。苟其所长,必有所短。"魏征用人的主张是:"固其才以取之,审其能以任之,掩其所短。"当然,避短并不是护短,扬长也还要提高。

4. 人尽其才

把适当的人安排在适当的位置上是用人的最高准则。正如管理理论不论先进只论适用一样,适才比优秀的人才更重要。人尽其才就是各安其位,各尽所能。工作有行业之分,职位有层次之别。人的才能大小和类别也各不相同。首先,在用人时要因人而异,根据各人的能力,把他们安排在适当的工作岗位上,做到职能相称,适才适用,适人适职,并使其有责有权。这样,各类人才就能"如鱼得水",他们的才智就会在不同层次、不同领域、不同岗位上得到充分发挥。也只有这样他们才能心情舒畅地做好本职工作。决不能因人设事,因事废人。或者小材大用,力不胜任,贻误工作;或者大材小用,人力有余,浪费人才。为了有效地使用人才作为领导者,首先要了解人,而且要了解得非常彻底。对人才的思想、性格、专业、优点和缺点等各个方面的情况了如指掌,甚至在不同时期和不同阶段,人才在想什么都十分清楚。这样才能区别对待,合理地任用人才。其次,要允许人才在国家的统筹安排下合理流动。一个优秀的人才长期在一个单位工作,容易形成轻车熟路,因循守旧,产生惰性。合理流动可以使干部在新的环境和新的条件下开阔视野,拓宽思路,充分发挥个人的作用,达到人尽其才,才尽其用。

三、领导用人的境界

领导用人境界的高低往往折射出一个领导者是否具有高超的领导艺术。领导用人的境界具体包括以下几点:

(1) 使员工和下属接受远景目标

领导科学大师华侨·丹尼斯曾提出,领导者应具备正面的激励能力。领导者应具有创造令人期盼的远景,将之转化为行为,并贯彻成能力。因此,领导用人的境界首先体现他提出的远景目标能不能转化为下属为之奋斗的目标。华侨·丹尼斯提出把下属接受领导者提出的远景目标以及通过动员支持将远景目标转化为行动和成果,是检验领导艺术高低的一个重要标志。因此,领导者首先要得到下属的支持,使下属主动为其工作,否则目标将无从实现。无论什么样的领导者,他们都在谋求支持。动员成功之后,便可通过激励促使下属以其自觉行动完成目标。否则,只能通过强制性的手段迫使其完成,这就违背了领导学的基本原理。

(2) 使组织目标转化为个人目标

领导活动能够顺利展开的一个前提就是组织目标必须通过一系列激励机制转化为个人目标。如果组织目标的实现与个人的生活、发展没有什么联系,那么员工的积极性就难以充分的显现出来。一般来说,成功的领导活动必须依赖于三个条件,即目标对组织有利、对个人有利、对领导者有利。只有做到这三个方面才能将领导者的智慧,组织的整体利益以及个人的积极性完美的结合在一起。一般来说,高超的用人艺术必须是建立在组织目标转化为个人目标这一基础之上的。

(3) 建立能令人才脱颖而出的机制

建立能令人才脱颖而出的机制就是从"伯乐相马"过渡到"赛马而不相马"的用人新境界。用人理论都是建立在领导者能够发现人才、使用人才的基础上的,其前提就是对领导者识人断人的能力给予了充分的肯定。但是,在现实生活中,领导者的这种能力往往会具有一定的局限性,主要体现在:领导者断人、选人、用人难免会受到其价值观、个人性情以及偏好的影响;领导者所能涵盖的视野也是有限的,即领导者不可能将所有的人才都纳入到用人体系之中。因此,从"相马"到"赛马"的提升,从而使人才的选拔与使用确立在一种机制上,而不是单纯的依赖领导者自身的识人断人。如果领导者自身的识人断人能力与赛马机制实现有效的整合,将是一种高超的用人境界。

(4) 选用比自己更强的人来为自己工作

选用比自己更强的人来为自己工作是领导用人的最高境界。任何人都不是万能的,领导者也是如此。领导者之所以成为领导者,不在于其无所不知、无所不晓,而在于他能够通过组织、协调以及用人,使人类社会有限的资源通过一定的规则聚合在一起,释放出更大效用。可见,一个人能否成为优秀的领导者,在很大程度上还取决于他是否能使比他自己更强的人来为他工作。

(5) 让每一个下属都感觉到自己是最重要的

一般来说,领导用人的关键就是让每一位下属都感觉到自己是最重要的。下属之所以感觉到自己是最重要的,关键在于与其才能能够得到充分发挥,而他的这一种才能又是其他人所不可替代的。领导者将每一个下属的长处发挥到极限,这就为下属对其重要性的体悟提供了深厚的基础。

第四节　协调人际关系艺术

一、协调人际关系在领导活动中的意义

领导活动实际上是群体行为的活动。从这个意义上讲,领导工作又是人际关系的协调工作。人际关系协调就是指通过对人际关系的处理,使之达到和谐统一,从而调动和激发人们的工作积极性。正是由于领导活动是群体活动,而不是个人活动,这就决定了领导协调对实施有效的管理具有重要的意义。

(1) 有利于政策的制定、目标的统一

领导者的重要职责就是在战略上制定政策,以便整体有统一的行动目标。如果人际关系协调不好,是难以达到此目的,具体可以通过三个方面体现。首先,良好的人际关系可以保证信息渠道的畅通,可以使领导获得准确可靠的信息。否则信息彼此封锁,领导者就难以驾驭局势,做出正确决策。其次,只有良好的人际关系才会使群众积极地提出意见和建议,有效地发挥群众智慧,减少决策风险。最后,有了正确的决策,就有了群众所能接受的统一行动目标,这既是人际关系协调的作用或结果,也是领导者进一步协调人际关系的措施或动力。因为政策的制定和人际关系的协调是紧密相连、环环相扣,一环出现错误,必然会影响整个环的链接。良好的人际关系有利于正确政策的出台,政策一旦出台,大家就有了统一的行动目标,有了统一的目标,大家就会为这个目标克己奉公,鼎力相助,这样就更有利于形成良好的人际关系。

(2) 有助于防止和减少内耗,形成高效能群体

任何一个单位、一个集团都是随着社会大气候的变化而变化,再加上集团之间相互影响,以至集团内部的部门与部门之间,上层与下层之间都会出现一些新问题。如果领导不及时解决协调这些问题,就会使矛盾扩大、问题积压,长期积累就会造成思想涣散、山头林立、关系紧张、矛盾重重的现象。这种离心的内战消耗就会大大削弱群体效能,降低效益。相反,如果人际关系协调得好,就会形成一种鼓舞干劲,催人奋进的环境气氛,并且会产生巨大的精神力量和物质力量。

(3) 是实现组织巩固、人员团结的有效途径

组织的统一,是以人员的团结一致为基础的。在领导活动过程中,各级之间必然要发生多层次、多方位、多角度的复杂关系。作为高超的领导者会把心理、权力、利益的各种关

系协调好,这样,在工作中领导者与上级、下级、同事就会畅通无阻地沟通思想、互通信息、交流感情,从而达成统一认识、形成合力,齐心协力、团结一致地实现共同目标。

二、协调人际关系的原则

我们知道了协调好人际关系在领导活动中有很多的重要意义,那么协调人际关系有哪些原则需要遵循呢?构建和谐的人际关系一般要遵循以下几点原则:

(1) 实事求是原则

人际关系的表现十分复杂,诸如分歧、隔阂、冲突、怨恨等,有主观人为的,也有客观造成的,有原则性,也有非原则性等。这就要求领导者在协调人际关系时必须兼听明辨,判明实质,弄清原因,然后实事求是采取不同的方法对症下药,头痛医头,脚痛医脚,及时协调好人际关系。

(2) 目标导向原则

目标是工作关系协调的方向,领导协调的目的就是使工作达到目标。因此,任何协调措施的出台和协调行为的实施,都不能脱离既定的目标。只有在目标所指引方向一致的前提下,围绕统一共同目标,把各方面力量组织起来,协调才可能成为现实。

(3) 疏导沟通原则

通常来说,在解决问题时用强制性的、命令式的方法,效果是不会好的。现代管理认为,现代管理就是意见沟通的世界,沟通中止,组织就名存实亡,因此,疏导沟通是协调的一大杠杆。

(4) 及时持续原则

当人际关系出现矛盾迹象时,领导者就要做好预防性协调。当矛盾发生时,领导者要及时协调,否则问题就会积小成大,造成事过境迁。另外协调还要注意持续原则。这是因为许多问题不是一两次就能彻底解决的,需要连续地、多形式地协调。而且,旧的矛盾解决了,还会随着事物的发展出现新问题。因此,人际关系的协调不能一劳永逸。

(5) 利益一致原则

利益是领导工作关系协调的基础。按照物质利益的原则考虑问题,领导的工作关系也是一种利益关系。共同利益使组织成员结合起来。因此,协调、平衡利益关系是协调工作关系的基础。其中物质利益是首要的利益关系,领导者公平合理地分配,是减少矛盾和解决矛盾的重要条件。

(6) 严己宽人原则

在协调具体矛盾时,要注意尊重人,切忌玩弄权势,有些时候处理不适当,要有错就改。对于一些棘手问题,既要抓紧,又不能急躁;既要本着关心宽待人,又不能"和稀泥"。

(7) 公平公正原则

领导者在协调活动时,要公平公正。领导要出于公心,不带任何个人偏见和成见,以及个人恩怨;要排除来自各方面的阻力和干扰,包括上司的压力、社会权势的压力、家庭亲友的压力;要抵制一切物质的、荣誉的诱惑,本着是则是,非则非,秉公办事,这样才能使人信服,达到人际关系的和谐。

三、协调人际关系艺术的方法

领导关系作为领导活动中各种关系的高度概括,是一个集合性的现代化概念。领导关系的对象是不同的领导者,领导关系的本质内容就是运用多种多样的方法,维持各组织之间、各领导人之间、领导和公众之间的良好关系。因此,领导关系有很多种。其中,最基本的领导关系是领导者在工作中与上级、同级和下级的关系。无论是处理哪一种关系,都要遵循一定的原则,但是要在方方面面协调得恰到好处,还需要领导者具有相当高的领导艺术水平。协调领导关系,只有原则性,没有灵活性,不一定能把各种关系处理得很好;离开原则性,片面强调所谓的灵活定,也不能处理好各种关系。

在实际工作中,协调艺术内容很多,但主要涉及的就是领导者如何处理好与上级、同级、下级的关系。事实证明协调艺术水平高的领导者,下级心情舒畅,干劲十足;同事愿意配合,关系融洽;上级信任赏识,鼎力支持。反之,协调艺术水平低的领导者,下属怨声载道,牢骚满腹;同事互生嫉妒,相互拆台;上级命令不畅,感到头疼。总的说来,领导者协调好人际关系应该做到以下几点:

1. 充分调动下级的积极性,做下级心目中的"理想上级"

领导者对待下级要特别注意讲究领导艺术。实践证明,一个部门、一个单位的领导者的领导艺术水平如何,直接关系到下级的积极性、主动性和创造性能否得到充分的发挥。领导目标的实现,主要不是依靠领导者的个人奋斗而直接获得的,更多的情况是通过调动下级积极性,率领下级工作而间接获得的。所以领导者能否顺利开展领导活动,进而获得较大的社会效益和经济效益,在很大程度上取决于能否调动下级的积极性。为此,要在领导艺术方面抓好以下几个环节:首先,认真剖析自己周围各种类型领导形象,努力把自己塑造成一个最受欢迎的领导者。其次,准确了解下级希望有一个怎样的"上级",他们希望从上级哪里得到什么帮助,然后尽力使自己"接近"他们心目中的"理想上级",树立起良好的自我形象。任何领导者,都有过当下级的亲身经历,并且他至今还在和更高层次上的上级打交道。因此,要设身处地想一想,倘若自己作为下级,将希望遇到怎样的"好"上级,并且希望得到什么帮助,这样就得到一名上级应该怎样去做的"诀窍"。最后,针对下属的心理特征和情绪变化,因势利导,不断进行科学地反馈、调节。一方面,绝大多数下属在接触上级时,具有一些共同的心理特征。作为领导者,只需设法满足他们的心理需要,就能调动他们的积极性和创造性。另一方面,领导者应积极观察下属的情绪变化,尽早帮助他们排除各种不利的困扰因素,使他们走出情绪低谷,积极投入到工作中去。领导者在处理与下级的关系时,一定要注意以下几点。

※ 作为领导者,其职务和权力是由上级授予的,但个人的影响力,是凭自己给下级做出的好榜样,通过自己的言传身教逐步形成的,领导者依靠个人的影响力推动工作,调动下级的积极性,比只靠领导权力产生的效果更好。

※ 领导者一定要在弄清情况的基础上,开展必要的批评,并且要注意分寸、程度,但不可笼统含糊,更不能批评错对象。

※ 领导者要明确对待下级提出的正确意见,实事求是地修正和完善原来的意见。

总之,作为上级领导者,要协调好与下级的关系,必须遵循公正、平等、民主、信任原则,在此基础上,还要注意尊重下级,对下级纠纷应公平处理,尤其要正确对待疏者,同时对亲者应保持距离。

2. 充分调动上级的积极性,寻求更多的信任与支持

领导者对上级来说,本身就是领导者。因此,对待上级应持尊重的态度,要服从上级领导的正确指挥,要维护上级领导的威信。对待上级交办的任务,要尽职尽责,保证质量,遇到重大问题或特殊情况,要及时请示报告,并主动提出自己的处理意见供上级参考。这样,上下级的关系才能融洽、协调,才能促进工作朝着健康的方向发展。当上下级发生矛盾,或者工作中出现了问题,下级受到上级的批评时,应该冷静地实事求是地考虑自己的思想和工作方法是否正确,要持谦虚谨慎的态度倾听上级的批评和意见。如果对上级的工作持不同的意见,可选择适当时机反映情况,开诚布公地交换意见,但是要注意处理的方法和效果,不能操之过急。

对于同一件工作,上级是支持还是反对,其绩效就大不一样;对于同一个人,上级是赏识还是厌恶,其使用结果也截然不同。领导者调动"上级"的积极性,应该通过以下四种方法:

※ 应该准确地摸清上级的长处和短处,以及他的工作方式和生活习惯,从而尽量展其所长,避其所短,使上级不仅愿意,而且能够有效地支持下级工作。

※ 应该运用有效的方式方法,使上级了解自己工作的重要性和可行性,这是使上级愿意帮助你的重要心理基础。

※ 应该准确推测出上级领导的指导思想和战略意图与自己微观、局部上的指导思想和战术意图之间存在的"认识误差"和"行为误差"。在此基础上,尽力拿出使二者趋于一致的可行方案,这是使上级"能够"帮助下级的一个重要环节。

※ 应该尊重上级,明确领导权威的意义,努力获取上级的信赖和支持。

总之,正确处理好与上级的关系还要注意对上级尊重而不恭维、服从而不盲从、到位而不越位、补台而不拆台、建议而不强求。

3. 协调好同级之间的关系,创造一个良好的人际环境

在处理同级关系中,要互相尊重、互相支持、互相谦让、互相谅解。要尊重其他部门的职权和其他领导者分管工作的职权,维护他们的威信,不干预其内部事务。相关的事要多商量,不要强加于人。各部门之间、同级领导者之间应做到权力不争、责任不推、困难不让。当同级领导者之间发生矛盾时,既要坚持原则,又要互相谅解,不宜把矛盾公开化,甚至扩展到下级和公众之中去。同级领导者相处,要严于律己,宽以待人。在一个领导集体中,要取长补短,形成新的合力,充分发挥优势,努力减少内耗。

同级不像上下级那样,他们双方的地位是平等的,既是天然的合作者,又是潜在的"竞争者"。同级这种关系非常复杂而微妙,现实生活中有些领导者虽然能够处理上下级关系,但是却未必能够与同事和睦共事,甚至关系很僵,互相掣肘。因此,协调同级之间关系,决不可掉以轻心。具体应注意以下几个环节:

※ 真诚相待,热情帮助,尽力消除对方警觉"竞争"的心理障碍,牢固建立"友好协作"的协调关系。

※ 讲究方法,巧妙处事,努力获取"互相信任,亲密合作"的最佳效果。

※ 正确对待"合作"与"竞争"的辩证关系,热诚合作,积极竞争,以崭新的面貌赢得同级的钦佩与尊重。

总之,协调好与同级的关系还要做到彼此尊重、平等相等、相互信任,不要权术、团结同志,密切合作。

第五节　领导者运筹时间和开会的艺术

一、领导者运筹时间的艺术

运筹时间艺术,既包括领导者对自己本质工作事物处理的时间安排,也包括他对本组织各类事务处理的时限了解和运筹。彼得·德鲁克在《卓有成效的管理者》一书中提到"记录时间"、"管理时间"、"统一安排时间"三部曲是卓有成效管理的基础。在领导工作中,能否科学地运筹时间直接影响着办事效率的高低。总的来说,对提高领导效率大有帮助的运筹时间艺术主要有以下几个方面。

1. 科学运筹时间

科学地运筹时间是提高领导效能的主要途径。领导者想要完成组织目标,并争取获得最佳的领导技能,就必须科学地运筹自己的时间。领导者在领导工作中科学地运筹时间,是一项重要的领导艺术。对于领导者来说,赢得了时间,就等于赢得了胜利。

2. 合理安排工作程序

合理安排工作程序就是领导者应把要完成的工作,依据轻重缓急、规模大小进行分类,按年、季度、月、周、日、小时的先后顺序安排好,然后按预定计划逐步完成。合理安排工作程序的基本要求有:要有明确的次序,一定要先做主要的后做次要的,同类工作要先办费时少的后办费时多的。应有严格的时限要求,要规定出每项工作的完成时间,一定要按时处理完,并按预先规定的时限检查或总结完成的情况。最重要的是安排处理好按周、按日排列的日常工作计划。

3. 合理安排自己的时间

俗话说:"凡事预则立,不预则废"。对时间有计划、有安排,就能使领导者在工作中掌握主动权,巧妙地节省时间。一般来说,对时间的安排有以下方法:第一,制定日常工作计划,合理安排工作程序。对时间的使用不能干了算,而是算了干。这就要求领导者对自己的工作分清轻重缓急、规模大小,按 ABC 分类方法合理地安排时间。"A"是最重要的工作,必须是亲自处理的。"B"是次要的工作,可以委托他人做的。"C"是最不重要的工作。他指出如果把 A、B 工作办好,等于完成了当天工作的 80%,但同时他也指出"ABC"顺序并不是一成不变的。由于特殊情况有时"C"类会变成"A"类。这就要求我们把握次序的弹性原则,灵活处理工作事务。ABC 分类方法看来简单,其实好处颇多,它可以使工作有所摆脱,有所抓紧。领导者可以亲自处理重要的工作,把次要的工作交给下属去做。还可以在保证完成主要和次要工作之后,留有适当的机动时间,免得安排过满过死。第二,每天上班,坐在办公桌首先列出自己当天要办的"事项",做到心中有数,并注意随时检查工作完成情况,以免因遗忘而延误时机。第三,坚持每天有一个总结。通过总结分析自己利用时间的情况,找到不合理之处,以求次日改进。领导者合理安排时间,既不要成为"当务之急"的俘虏,也不要被烦琐的事务所左右。

4. 整块使用时间

把零星时间集中起来整块使用,这是提高时间利用率的一种好办法。著名管理学家杜拉克在他所著《有效的管理》一书中提出,同样的总时间,如果将它分割开来零星使用,其效果必将不如整块使用。尽管零星的时间加在一起并不算少,但是只有点点滴滴的时间是不能办成大事。为了提高工作效率,每个管理者需要学会省出大块时间,以便整批使用时间。

5. 杜绝时间的浪费

要运筹好时间,就不能浪费时间,要想不浪费时间,要从以下几方面做起。

※ 做好每件工作的准备工作。有准备,就会使工作一开始就进入"重负荷运转",减少"空运转"时间,所以对每个时期的工作应有预见性,走上步,看下步,免得消极被动,贻误时间。另外领导者在办公室里应尽可能多准备一些必需的手册、参考资料和各种工具书,避免在工作时为寻找资料等东西而浪费时间。

※ 在处理公务时分清轻重,先办大事,后办小事,严禁事必躬亲。

※ 常将构想、凭据和资料存入档案,在会议和重要谈话之后,立即记录,这样虽然事过境迁,但仍能记忆犹新。

※ 准备时间记录簿,定期检查,改进对时间的利用。

※ 学会授权,交给助手去做。

※ 别让闲聊浪费时间,当遇到健谈者来访,站着接待,这样可以迫使他们少说话,开门见山道出来意。

※ 珍惜工作的"黄金时间",将一日之计的宝贵光阴用在思考和处理工作上。领导者应摸清自己体内"生物钟"的节律,找出自己每天精力最旺盛的时间,用来处理最重要、最迫切、最棘手、最困难的工作,提高时间的利用率和有效性,充分利用最佳工作时间。

※ 养成快速、准时的习惯。做每项工作要给自己定出一个时间限度,何时起,何时止,能用半小时办完的,绝不扯到一小时。开会和约见要准时,要养成开短会、说短话、写短文的良好习惯。

※ 善于排除干扰,专心致志地处理要事。领导者要善于抓住主要矛盾,专心致志,集中精力,一气呵成完成某一件工作。

※ 保持时间的弹性。所谓弹性有两个含义:一是指制定时间计划时要留有一定余地,不要安排的太满、太紧,使人疲于奔命;二是在时间的使用上要有劳有逸,劳逸结合。

※ 抓住今天,不唱"明日歌"。只有当天完成当天的任务,而不是拖延到明天,时间利用率才能提高。

※ 有效地利用能节约时间的工具。

※ 要善于挤时间。

6. 具备利用时间的能力

鲁迅先生说过,时间就像海绵里的水一样,只要你愿意挤,总是有的。时间是稀少的,

最易消逝、最难以捉摸。因此领导者除了掌握运筹时间的艺术外,还要必须具备利用时间的能力,这种能力主要体现在以下几个方面:

※ 只争朝夕。领导者应强化时间意识,掌握时间的运筹艺术。具体来说头脑要印有"即日行动"的便签,思想上要打上"马上办"的烙印,行动上要雷厉风行,力戒犹豫迟疑,切勿拖泥带水。

※ 一张一弛。夜以继日地工作未必会取得好的成果,一个成功的领导者应是劳逸结合。工作时全力以赴,休息时尽量放松。工作的持久性和高效能来源于张弛有度。长时间的开夜车,加班只会导致心力交瘁。

※ 见缝插针。领导工作中常常存在时间的"间隙",一个会运用时间的人往往能做到见缝插针,逢隙必钻。

※ 分身有术。领导者要破除事必躬亲,越俎代庖,如果样样都抓,就可能样样抓不住,样样抓不好,整天就沉于烦琐事务之中。

※ 有所不为。有些领导者迫于某些压力或碍于情面对某些事情总是点头答应,慨然应允。明知不可能的事情或者办起来困难重重,也随便答应。结果,逢请必至,遇会必言,浪费时间,囿于冗务。因此领导者要学会拒绝,只有"有所不为"才能"有所为"。

※ 轻重有别。如果领导者不分大小事,只是按部就班,不分轻重,不分缓急,先到者先办,必然会造成数量庞大的琐事淹没了屈指可数的重要事情。因此领导者应分清轻重缓急,按重要性、缓急度,排定事务的优先次序,抓住重要环节,进行重点突破。

※ 未雨绸缪。未雨绸缪,就是事先编制时间预算,长计划结合短安排。制定时间预算要明确三条:一是应该做的工作,一气呵成,尽快做好;二是取消可以不做的工作;三是空出部分时间以应付突发事件。

※ 精简会议。会议往往是领导者跌落的时间"陷阱"。领导者要讲究会议成本,学会开经济会、开短会,充分发挥会议的功能。

※ 办公自动化。现代领导者要提高办事效率就必须学会利用高性能的办公工具,以赢得"工具时效"。这种工具时效不仅使领导对纷繁的事务做到应付自如,而且在效果上起到了事半功倍。

二、领导开会的艺术

会议是领导者实施领导的常用工具,任何领导活动都离不开会议,依靠会议咨询、决策,依靠会议交流沟通,依靠会议安排布置工作,依靠会议鼓舞人心等。但会议能否开好,和领导者能否掌握驾驭会议的艺术有很大关系。

1. 开会必须遵循的原则

为了避免不讲效率的"滥开会"和无效果的"瞎开会",领导者在召开会议时必须遵循超前性原则、有效性原则和善后性原则。

(1) 超前性原则

会前做好与开会相关的一切准备,要有问题、有观点、有分析,不开无准备的会议。因此,领导者开会之前要弄清六个"W":

※ Why——为什么开会,即目的、理由、要求。

- What——开什么会,即内容、议题。
- When——什么时候开,即开会时间从何时到何时。
- Who——哪些人开会,即与会人员。
- Where——在什么地方开会,即开会的地点。
- How——怎样开,即方法、步骤、程序、手段。

(2) 有效性原则

会议的有效性原则,一是指会议期间要提高效率,保持言简意明的会风,力争用最短的时间解决问题。二是要讲究效果,会中有议,领导而有决,使会议真正达到目的。这就需要明确开会的目标,即会议的中心议题,围绕中心议题进行。因此,领导者要讲究开会的艺术,以达到自己预期的目标。召开会议要严格执行"四不开",即没有明确议题的会不开;没有准备的会不开;可开可不开的会不开;与自己工作关系不大的会不开。确定要召开会议,要做到会前有准备,会中有控制,会后有布置。

(3) 善后性原则

开完会要做到领导议后有决,决而有行,行要有果。同时,还要做到后果的信息反馈,检查落实,使会议能达到预期的目标。开会的意义在于会后的执行,如果是议而不决的会,那就失去了开会的意义。

2. 领导开会的艺术

领导者开会的艺术主要包括领导者主持会议的艺术和领导者参加会议的艺术两个部分。这里我们主要介绍领导者主持会议的技巧,领导者主持会议的技巧只要有以下几个方面:

(1) 要善于控制会议的进程

- 领导者主持会议时要明确自己的职责,以最有效的方式解释议题,引导大家围绕议题展开讨论。要排除干扰,保证会议的顺利进行,掌握会议的逻辑过程,适时总结。要控制会议的时间,做到准时开会,适时散会。

(2) 保持言简意明的会风

要达到与会者言简意明,主持者的言简意明是关键。言简意明的会风,在客观上可以造成会议的严肃气氛,使每个人的精神都处于高度集中、专心致志的状态。

(3) 言行举止要适当

领导者发言声音要洪亮,以表现出其自信心和魄力,形成一种无形的感染力。同时,在发言中,要避免炫耀自己的业绩,以防止削弱与会者的积极性。另外,领导者还应注意细节,举止要适当。

(4) 处理会议问题的技巧

- 要正确处理"冷场"。"冷场"的原因主要有两个方面:一方面是与会者对议题不清楚、缺乏理解,无从开口;另一方面是态度有问题,或漠不关心,或对主持人有意见等。如果是前者,领导者要详细说明议题,进行启发、引导;如果是后者,领导者要注意讲话的艺术性和趣味性,或安排有威信者发言等。

正确处理"离题"现象。会中出现离题的现象时,可根据离题的情况,或者根据离题议论中的某一句话,或插上一句话使话题自然转回;或联系议论中的某一层意思,提出新的话题,使议论者在有意无意中回到正题上来。

正确处理会议上的"争执"。如果争执是由逻辑问题所致,可先肯定各方的有理之处,然后指出逻辑上的错误;如果是争执是含攻击成分的争吵,可以用目光、手势示意,或起身以引起注意,或直接仲裁,进行调停等。

第六节 领导讲话和公关的艺术

一、领导讲话的艺术

领导者的语言艺术,就是将自己的思想、观点、意见、建议,运用最生动、最有效的表达方式传递给听者,从而对听者产生较为理想的影响效果。"良言一句三冬暖,恶语伤人六月寒"、"听君一席话,胜读十年书"、"一言可以兴邦,一言可以丧邦"、"巧舌能胜百万兵"、"慧于心而秀于言",都说明了语言艺术的重要性。

讲话艺术,通俗地说,就是讲话技巧。讲话要想吸引人、打动人、说服人,必须讲究技巧。没有一定的讲话技巧,漫无边际、信口开河、拖泥带水、词不达意,不仅没有吸引力,反而让听众厌烦,很难达到讲话的目的。但是讲话并非单纯的口舌之技、雕虫小技,而是高度复杂的脑力劳动。要使讲话取得成功,让听众心悦诚服接受你的意见和建议,必须认真学习和运用讲话艺术。

1. 领导讲话艺术的原则

掌握不了语言的艺术,也就谈不上什么领导艺术。领导讲话时要遵循以下原则:

(1) 准确表达思想

要做到领导有方,最大的秘诀在于清楚地知道如何使用自己的语言,用准确适当的词表达自己的意思。

(2) 明确听众对象

领导者应该明白自己所表达的信息的目的。另外,领导者还必须明确地知道,听众希望从你的讲话中获取什么以及他们对你所讲的话题的了解有多少。

(3) 区分不同场合

在确定了讲话的目的以及明白了听众对该话题的了解程度之后,领导者还应该根据不同的场合选择不同的方式来更好地表达你的观点。如果是在研讨会这样的场合,领导者应该力图使自己的发言给与会者留下深刻的印象。领导者应当有条不紊地陈述自己要表达的内容,把内容与形式有机地结合起来。这类场合的讲话要做到主题鲜明、要点明确。

(4) 论点明确精炼

领导者可以从简要介绍论点开场,之后再摆出论据,也可以先展开对论点的陈述,而在最后引出自己所要讲的观点。过于注重对细节的陈述会使听众迷失方向,不知所云。在讲话中,领导者的论点应该明确而精炼,使听众很容易记忆和归纳。此外,复杂的论点可以分解成若干个论点和不同的部分来讲。

（5）时间配置合理

在主题明确的前提下，领导者应该根据讲话的中心意思和各个部分重要性的不同，注意合理分配用在每一部分上的时间。

（6）讲话技巧娴熟

如果在讲话当中能够自如地穿插进一些奇闻轶事、比喻或是幽默，这可以为领导者增色不少，使领导者更能引起听众的共鸣。

（7）注重表达效果

讲话的时候，正确的呼吸方法非常重要。胸腹部肌肉如果过于紧张则不利于深呼吸，说话也就会显得有气无力。胸部放松、呼吸正确才能发出洪亮有力的声音。除了呼吸之外，发音也很重要。为达到良好的口头表达效果，领导者应做到以下几点：

* 放松。这是自如地控制发声所不可或缺的前提。
* 吸气。演讲者的呼吸是其声音的来源。
* 吐字清晰。声音给人的力度感源自演讲者清晰的吐字。
* 停顿。讲话当中适当的停顿有利于调整演讲者讲演的节奏，并使观众与演讲者合拍。
* 姿态。讲话要面向前方，面向听众。

2. 领导者讲话艺术内容

领导者讲话艺术主要包括主持会议的讲话技巧、报告类讲话技巧、即席讲话艺术、谈话艺术、实用讲话艺术。

（1）主持会议的艺术

善于驾驭会议的领导者，会把会议开得井井有条，按部就班，能够充分调动与会者的情绪，积极发表意见，实实在在地解决问题。而不善于主持会议的领导者，会议往往死气沉沉，或脱离主题，达不到效果。因此作为领导者必须掌握驾驭会议的技巧，提高主持水平。这是我们分别从主持会议的基本程序、主持会议的原则、主持会议的艺术进行讲述。

会议的种类不同，其操作程序也不同，但也有相同之处。就一般会议而言，主要有以下基本操作程序。主持会议者宣布会议开始，并作简单的开场白或开幕词。简要介绍会议的背景及有关情况，会议的议题、宗旨、要求、会议的开法及程序，出席会议的人员等。开场白或开幕词应简明扼要，不要拖泥带水。用最精炼的语言，向与会者讲明为什么召开这次会议，会议的主要任务是什么，重点解决什么问题，会议的议程有哪些，出席会议的人员有哪些，使与会者有一个总体的了解，便于领会和把握会议精神，为会议报告或研究问题做好铺垫。研究议题。研究议题是会议的实质性阶段，上级精神的传达、工作的研究部署、一系列问题的协调解决、提出各项工作要求，都将在这个阶段中完成。因此，领导者应严密控制会议进程，注意会议进行中出现的新情况、新问题，调动与会人员的情绪。会议总结。会议在即将结束时，要总结会议。就是对会议讨论了哪些问题，解决了什么问题，出台了哪些文件，达成了哪些共识，交流了哪些经验，进行高度地概括、归纳，向与会人员报告。以便于为下次会议的成功奠定基础。宣布结束。待会议结束后，要由主持人作简短致词，然后宣布散布。

* 为了避免不讲效率的乱开会和不顾效率的"瞎开会"，领导者在召开会议时，必须

遵循一定的原则,主要有超前性原则、有效性原则和善后性原则。提高会议质量,要做到:不开没有明确议题的会;不开许多议题的会;不开没有准备的会;不开可开可不开的会;不开无关人员陪伴的会;不开离题发言的会;不开重复发言的会;不开议而不决的会。

主持会议的艺术主要表现在以下四点:

✳ 严肃会议作风要做到五个"不":一是不能迟到;二是不准私下交谈或做私活;三是发言不能信口开河;四是会议不能拖拖拉拉;五是发扬民主,不搞一言堂。

✳ 要善于控制会议的进程。一是领导者要以最有效的方式解释议题,引导大家紧紧围绕议题展开讨论。二是要分清会议的性质,以免逢会必到,到会必讲,每讲必长的毛病。三是注意控制会议的时间。准时开会,适时闭会;有话则长,无话则短,言简意明。

✳ 处理会议问题的技巧。一是要正确处理冷场;二是要正确处理"离题"现象;三是正确处理会上的"争执"。此外,主持者还要做到言之有度、因会制宜,时刻注意调动与会人情绪,调节会议气氛。

✳ 提高会议效率。可以通过制定一些会议守则让与会者都遵守,来提高时间利用率,保证会议的顺利进行。

总之,要掌握驾驭会议的艺术,要因人因会而定。坚持开会的原则,控制会议的规模,掌握主持会议的技巧,提高会议的效率。

(2) 报告类讲话艺术

报告类讲话包括报告、发言、致词、祝辞以及与公众交流等方式。报告类讲话艺术体现于演讲者生动的语言,精彩的主题内容,流畅的口头表达,妙趣横生的典型事例,富有哲理的话语上。讲话艺术的效果应是以情动人、以理服人、以事感人,最终达到征服听众,鼓动情绪,激励意志的目的。报告类讲话艺术最大特点是让听众在美的享受中,潜移默化地接受你的观点。报告类讲话一般分撰稿和讲演两个阶段,各阶段都包含着报告人的才智和技巧。

撰写讲演稿,是获得最佳讲演效果的前提。讲演稿的撰写必须做到:主题鲜明,针对性强,观点明确,举证恰当。换言之,就是根据听众的情况和上级的意图,来确定主题和基本观点;在运用语言上,要通俗易懂,幽默流畅,通篇以短句为主,而且合乎口语;在结构上,要层次清楚,过渡自然,更主要的是逻辑推理缜密,这些都可以增加演讲的份量;在撰稿时要注意预测听众的反应,什么地方易于被公众接受,什么地方大家可能提出问题,甚至是反诘,要及早做好充分准备;采取典故、事例导入法,或以诗词警句开篇,或用设问形式吸引人们的注意力。

撰写完讲演稿后,就进入了讲演阶段。这时的讲演者只能靠有声语言和体态语言来提高自己的讲话艺术。讲演者要用有声语言把演讲的内容准确、清晰、优美地传达给听众,其中最重要的是,使演讲的声音随着思想感情的发展变化而变化,做到抑扬顿挫,波澜起伏。控制好讲演节奏,会极大地提高讲演的效果。体态语言,也是演讲中不可缺少的。体态语言包括姿态、动作和表情,它对有声语言起了推波助澜,提高力度的重要作用,以加强讲演感染力。加深听众的印象,姿态要端正,优雅的风度,合情入理,不能故作姿态,必须保持声、言、情、行的和谐一致,才能给人美的享受,才能体现出讲演艺术,才能达到讲演的目的。

（3）即席讲话艺术

即席讲话，是指在一定场合，没有充分准备，没有现成的稿子的情况下，由他人提议或自认为有必要而当众临场发表的讲话。即席讲话一般分为两种情况，一种是会议主持人邀请或群众推荐，不好推辞而讲话；另一种情况是受临场情景所感染，情绪激昂，有感而发。

即席讲话有突然性、临时性和不确定性特点，因此它是对领导者心理素质、应变能力、口语表达、文化修辞等综合能力的考验。

领导者在最短的时间内迅速组织一篇精彩的即席讲话可以通过以下方法：

※ 处处留心，选准话题。一是选择与会议主题密切相关的话题。选好角度切入，发表独特、精辟的见解。二是选择自己熟悉的话题。选择自己熟悉的话题可以消除紧张，以便打开思路，做到应付自如。切忌冒充内行，乱说一通，结果造成要么不能自圆其说、中途卡壳、草草收场，要么破绽百出、班门弄斧、贻笑大方。三是选择能够吸引和打动听众的话题。语言尽量通俗化，做到雅俗共赏，谈吐自然，妙趣横生，但并非是奇闻轶事或深奥哲理。四是议题要有独到之处。对于老生常谈、众所周知、放之四海而皆准的话题就没有讲的必要，要讲一些前沿的东西或有价值的东西。

※ 迅速构思，组织材料。一是迅速构思，形成讲话的框架、提纲。二是围绕框架抓取材料。三是迅速思索，拟定结构。拟定结构要明确开头讲什么、用几个观点阐述主题、以什么方式结尾。通过以上三个步骤一篇文章基本框架已经搭成了，怎样做到这篇文章有点、有线、有骨架，或者说有血有肉，这就涉及材料。因为讲话离不开材料，材料是讲话的基础，有了材料才有话可说，观点才有寄托，讲起话来才得心应手，否则词不达意，言之无物。那么组织材料时，首先要对讲话内容高度概括；其次要从前述发言人提炼出好的观点；最后组织句群，一个句群应该有一个明确的意思叫"意核"，无数的句群就组成了这篇文章的段落大意。

※ 先声夺人，抓住听众。要做到先声夺人，抓住听众，就必须有一个好的开场白。开场白可以用幽默、引用、悬念型方式开门见山，做到不落俗套、干净利索、语出惊人。总之开场白要用简短精辟的语言迅速转入正题。

※ 通俗易懂，生动有趣。领导者语言应该具有强大的吸引力，这样就可以吸引人们都注意力，使人们爱听、想听。因此，讲话的内容要抓住要点，突出主题，同时尽量通俗化，做到雅俗共赏，谈吐自然，妙趣横生，不要照本宣科，死死板板，过于严肃。

※ 语气适度，方法有佳。领导者语气要平易近人，不要盛气凌人；要谦虚谨慎，不要好为人师；要亲切待人，不要摆架子；要尊重听众，不要讲大话、空话、假话、套话和粗话，不作自我吹嘘，不搞哗众取宠，不独占鳌头。说话要实事求是，既寓意深刻，见识不凡，又谦逊温雅，同时语言要做到朴实无华、跌宕起伏、抑扬顿挫。

※ 结尾适当，回味无穷。领导者讲话结束语是非常重要的。结束语不仅要引起听众共鸣，给人耐人寻味、回味无穷、余音绕梁的感觉，而且还要发人深思、催人奋进。结束语总的要求是：精悍有力、调子高昂、充满热情。

（4）领导者谈话艺术

领导者成功谈话的基本艺术包括以下三点：

※ 要掌握提问的艺术。因为提问是开启对方心理的钥匙，要想与对方保持友好谈

话并取得良好的效果,就要提问对方感兴趣的或善长的话题,避免对方敏感性话题或使对方处于尴尬状态。

※ 掌握聆听技巧。会说不如会听,通过聆听来洞悉对方的优缺点或优劣势,找出双方的共同语言,使谈话继续下去。

※ 谈话要做到条理分明、清晰。谈话海阔天空、漫无边际或者含糊不清就会使对方感到索然无味,就会不想听。谈话一定要有一条主线,沿着这条主线展开,能放能松,能近能远,运用自如,不能前头一句,后头一句,不着边际,让人不知所云。

(5) 提高语言艺术的方法

提高语言艺术的方法主要有以下三点:

※ 有"语不惊人死不休"的勇气和毅力。要立足时事热点,抓住社会焦点,讲出新颖的观点,以便抓住听众的心理。

※ 注重语言表达的辅助效果。一是仪表和态势,仪表大方、富有震撼人心的魅力的讲话与不拘小节、无精打采、有气无力的讲演,其效果是截然不同的;二是气质风度,风度是内在气质的自然流露,良好的气质风度,主要表现在饱满的精神状态,受欢迎的性格特征,流利文雅的谈吐,整洁洒脱的仪表,配之以恰到好处的表情动作;三是层次与格调,讲话一定要层次分明,格调得体,要做到思路清晰,熟悉讲稿,把握重点和要领,语音要吐字清晰,干脆利落,声调准确,自然流畅,节奏上要注意起伏跌宕,快慢有度;四是语法和修辞,语法要有严密的逻辑性并且符合语法结构,防止别人产生误解和歧义,修辞上要恰到好处地运用一些必要的修辞手法,以增强讲话的艺术美感。

※ 把握语言艺术的关键环节。讲话最基本的要求是使人有所学、有所获、有所求、有所悟,能从思想认识上给人启迪,精神境界上升华。所以要把握好语言艺术的几个关键环节:一是看对象——有的放矢;二是观场合——协调得体;三是开好头——一鸣惊人;四是扣主题——中心突出;五是扮角色——分寸有度;六是控篇幅——长短适宜;七是结好尾——留有余味。

二、领导公关艺术

领导公关艺术既是一门艺术又是一门科学,作为一个领导者要掌握领导艺术就必须了解领导公关艺术的含义、特征、形式和方式。

1. 公关艺术的含义

(1) 公关艺术概念

公关,是一种内求团结,外求发展的经营管理艺术。也就是说通过各种各样的公共关系活动,能够实现对内结缘、形成内部的凝聚力、营造团队精神,对外营造良好的环境、树立良好的企业外部形象。

领导者的公关艺术是以一定组织机构为支点同公众对象呈多辐射的网状关系,是一种互相沟通关系。领导者公关艺术实际上是指一个组织赖以生存和发展的整个社会关系网络技术。

(2) 公关艺术的特征

公关艺术的特征可以概括为以下六个方面:

※ 以公众为对象。协调好与公众的关系是组织生存与发展的前提。

* 以美誉为目标。美誉是组织的美好声誉和良好形象,是领导者公众活动的目的,良好的美誉会给组织带来无形资产,因此是组织活动的目的。

* 以互惠为原则。领导者公关艺术是以主、客体存在一定利益为前提,只有双方获利才能长久。

* 以长远为方针。获得好的声誉绝非一朝一夕,要长久保持下去更是难上加难,因此要以长远为方针。

* 以真诚为信条。诚信对任何个人、组织的发展都是非常重要的。

* 以沟通为手段。内外兼顾,实现双向沟通是领导公关艺术的基本途径。

(3) 公关方式

任何一个组织要在现代社会中处于不败之地就必须掌握相关的公关方式,依据公关的目的不同,领导者的公关方式大致可以分为十种。

* 宣传性公关。宣传性公关是指领导者通过宣传传播方式来表达领导者的意图或扩大组织的知名度。宣传性公关把握好就必须注意四点内容:第一,应有明确的目的性,以保证公关活动的正确方向,做到有的放矢;第二,要有重点性,突出重点,不要做到面面俱到;第三,要注意效益,每次宣传要与效益挂钩;第四,要做到标新立异,无论在宣传思想、宣传材料、宣传方式都要力求创新。

* 交际性公关。领导者交际性公关就是领导者通过广交朋友、联络感情等直接接触的方式与公众沟通。领导者交际公关必须遵循一些原则:一是向度原则,即应具有方向性,即领导者与哪些公众接触必须做到心中有数;二是广度原则,即在可能情况下,领导者应尽量多接触社会各阶层人士,以拓宽视野,广交朋友;三是深度原则,交朋友联络感情不要浮于表面层次,要想取得一定效益还必须在浓度上下工夫;四是适度原则,适度原则就是做到适可而止,过犹不及。另外,领导者还应具备一定的交往技巧。

* 服务性公关。领导者服务性公关应树立为社会服务、为公众服务的宗旨,这不仅有利于组织的发展,扩大组织的知名度,也有助于领导者素质的提高和形象的树立。

* 社会性公关。领导者社会性公关是不以盈利为目的,它不从本组织的直接利益出发,而是从互惠角度出发。社会性公关通过公众得到实惠间接达到扩大组织的影响力。

* 征询性公关。征询性公关是指领导者采取各种形式去争取公众的建议与批评,例如召开各方代表见面会,聘请特约监督员等。

* 维系性公关。维系性公关是通过默默的、循序渐进的、一点一滴的工作,在不知不觉、潜移默化中,去维护组织的稳定形象。

* 进攻性公关。进攻性公关是在公关工作中采取积极主动并且具有进攻性势态的公关方式,其特点是以攻为主、以退为守、保持主动、步步进逼,以争取更大的优势和机动性。

* 防御性公关。有进攻就有防御,但防御不是被动、消极的应付,而是积极、主动、有组织的活动。防御性公关要求领导者在采取进攻性公关时采取防御性措施,或临时性的应急办法,所谓"以退为进,以守为攻"就是这个道理。

* 矫正性公关。当组织受到不公正的舆论或招致误解时,或被谣言中伤有损组织

形象时,组织领导者必须以果断姿态迅速查明原因,防止以误传误,及时扭转组织形象受损的被动局面。

※ 建设性公关。提出建设性方案,并通过适当的形式劝诱领导和有关公众进行选择的活动方式,就是领导者建设性公关。

上述所讲的十种领导公关方式并不是彼此孤立,截然分开的,有时候往往需要交叉运用。因此,领导者如果能灵活运用将会提高其公关艺术水平,取得更好的公关效果。

2. 领导者公关形式

领导者的公关活动总是通过一定的形式表现出来,主要有领导者的接待艺术、领导者的拜访艺术和领导者的谈判艺术。

(1) 领导者的接待艺术

接待艺术是领导者最基本的公关形式。接待艺术看似简单,但其中蕴含着许多艺术。如何使接待艺术取得更好的效果可以从以下五个方面考虑:

※ 营造一个和谐温馨的气氛,在外观上给人留下亲切的感觉。

※ 有接待的风度。风度不仅是指形象、仪表等外在表象而且还包括气质、言谈举止等,而且气质、言谈举止尤其重要,它是体现领导魅力的一个重要方面。

※ 掌握交谈的要领。交谈的要领就是掌握倾听的技巧,多给对方说话的机会,利用最短时间把握住对方心理状态,然后抓住时机,达到交谈的效果。

※ 妙用微笑。微笑具有神奇的力量,面带微笑接待客人可以拉近距离;面带微笑讨论棘手问题可以消除紧张气氛;面带微笑批评或赞扬,使人感到善意和诚心。

※ 掌握说服人的办法。要以情动人,以理服人。

(2) 领导者的拜访艺术

拜访是公关活动中的一个重要环节,其目的是为了巩固和发展与有关方面的联系与合作。由于拜访具有主动性、准时性和守信性等特点,这就要求我们在拜访时必须做到以下几点:拜访要选择一个合适时间,避开主人吃饭、休息时间。拜访时尽量放松自己的心情,做到不卑不亢,从容镇定。在初次拜访时自我介绍要得体,要做到及时、准确、简明。力求留下一个难忘的第一印象,这就要求拜访必须守时,态度诚恳谦虚。认识告别的重要性,临别话语会给对方留下深刻印象。

(3) 领导者的谈判艺术

要使谈判取得胜利,就要打有准备之仗,通过精心策划,做到胸有成竹、从容不迫,有效地达到预期目标。领导职的谈判艺术主要包括谈判前的艺术、谈判中的艺术和谈判结束时的艺术。

在谈判前的艺术主要是指:要通过各种途径、方式了解对方,做到知己知彼;要确立目标,目标要切实可行,通过一番努力可能到达;确立谈判思路;拟定谈判计划。

在谈判过程中也需要艺术。巧妙地运用探测策略,以便弄清对方的意图,并灵活机动地调整自己的策略,使自己处于主动地位。先发制人,把握谈判的形势,同时用实例和数据指出对方项目的不足,削减对方对谈判结果的高期望值。选择"高手"谈判,以便在关键之时起到左右谈判方向的作用。运用语言和技巧压倒对方,如风趣幽默的语言技巧、严密而合理的逻辑推理、适时转移主题、避重就轻等,都可以使自己在谈判过程中处于有利地位。

在谈判结束时,同样需要技巧。如果谈判遇到对方的强力拒绝时,应做最后的努力,让对方充分了解自己的优势,但要适可而止,不可强求,从而尽快地结束谈判。谈判中占了上风的一方,不要以为自己在谈判时,赢得了一时利益而得意忘形,不到签字画押决不能松懈。老练的谈判者,为了永久的合作永不亮出自己的底牌。在谈判即将签约时,谈判者要迅速地把口头上取得一致意见的内容,全部写入条款中去,不能有遗漏,写完后尽快交对方审查,及早结束谈判,免得节外生枝。

3. 领导公关艺术的程序

任何事物都有其发展的内在规律,都有其产生发展和终结过程,领导者公关艺术也不例外。按其自身固有的基本程序展开,领导公关艺术的程序主要包括自省、设计、实施和评定四个环节。掌握每一个环节,使整个过程的运作呈良性循环往复,方能使公关活动取得良好的绩效,为组织建立起最佳形象,进而使组织得到进一步完善和发展壮大。

(1) 领导者公关的自省艺术

"自省"就是通过自我意识来省察自己言行的过程,其目的是"有则改之,无则加勉。"自省,是领导者公共关系的第一步,是对自己组织形象的自我认识,自我解剖的过程,也是比较组织的现实社会形象和自我期望形象差别的过程。只有在这个基础上才能提出问题,抓住问题的实质,做到有的放矢,使整个公关活动顺利进行。

(2) 领导者公关的设计艺术

通过自省,领导者对本组织"究竟该树立怎样形象"这一问题有了初步的认识和定位,下一步就是从战略上设计公关艺术。公关艺术设计包括制定公共关系目标和计划,确定公共关系实施方案。领导者在设计公关艺术时必须注意树立系统观念、时效观念和创新观念。

(3) 领导者公关的实施艺术

领导者确定好实施方案后,必须付诸实施。实施的过程是组织形象的塑造过程,也是整个领导者公共关系活动的中心环节。为此,领导者在公关艺术实施过程中必须注意以下几点:

※ 统观全局。注意整体目标,努力做好局部工作的统筹协调,时刻为大局着想。

※ 选准媒介。应选用公众所常用的传播媒介,以实现最大范围的传播,取得最佳的传播效果。

※ 适度调整。要不断、及时地掌握进度,协调好各方面的工作,并在总目标引导下达到同步和平衡发展。

※ 监督反馈。对领导者公关计划与客观实际之间偏差进行监督和检查,并作出必要的调整和修正。

(4) 领导者公关的评定艺术

评定工作是公关程序的最后一个环节,它的必要性在于,通过评定可以了解本次活动的效果,并及时总结经验教训,同时为下一次公关活动成功开展奠定基础。评定的内容主要包括是否达到目标、经济效益、对传播媒介的评价等。

第七节　领导日常事务和突发事件的艺术

一、领导日常事务艺术

处理日常事务艺术，就是领导者依靠自己的智慧、学识、胆略和经验，灵活巧妙地运用各种日常事务的理事方式方法，以实现最优组织目标的艺术。日常事务具有四个特点：一是繁，日常事务往往很繁多；二是杂，日常事务没有严格的工作程序，很杂；三是小，相对于重大决策来说，日常事务就显得微小；四是偶然性或不可预测性，很多日常工作是临时安排的，事先无准备。总之日常事务是比较烦琐，但是如果处理得不好就会影响大局。因此，领导者必须掌握处理日常事务的艺术，领导日常事务艺术主要包括以下几个方面：

1. 抓主要矛盾，突出重点

抓主要矛盾，也称抓关键，这是一项十分重要的日常事务处理艺术。为此要求领导者在处理日常事物时不能不分轻重缓急，平均使用力量，"眉毛胡子一把抓"，而应当从事物的整体联系上去考察，抓住主要力量，突出重点，搞好中心工作，才能收到最佳的工作效果。否则，只能适得其反，得不偿失。通常抓主要矛盾需注意以下几点：

※　注意中心环节的客观性。因为中心环节不是人为随意规定的，而是由客观事物发展本身的规律性决定的。因此，只有深入细致的工作，才能抓准主要矛盾，抓住中心环节。

※　分清中心环节的差异性。要分清中心环节的差异性就要抓中心环节，不能上下一般粗，左右一刀切。

※　掌握中心环节的可变性。工作的中心环节不是一成不变的，而是随着不同时期、不同条件，有所转移的。一个主要矛盾解决了，中心任务也就完成了，但是新的主要矛盾又出现了，这就要将新的中心环节提到日程上来。

※　抓住中心环节的紧迫性。对于中心工作、中心环节必须抓紧，抓而不紧，等于不抓。这就要求集中精力、人力、物力、财力于中心工作，排除枝节问题的干扰。

因为主要矛盾对事物发展起决定作用，主要矛盾解决了，次要矛盾也就迎刃而解。所以领导者要善于抓住主要矛盾。

2. "十指弹琴"

"弹钢琴"要十个指头工作，而这十个指头如何动作，则是一个艺术性很强的问题。手指在键盘上跳动有先有后，有重有轻，有急有缓，才能弹出美妙动听、醉人的音乐。把"弹钢琴"的艺术应用于日常事务处理中，就有两层意思：一是要善于处理中心工作和其他工作之间的关系，既要抓住中心环节，又要兼顾其他各项工作；二是要注重组织管理中的各个因素之间的有机配合，平衡协调，使之成为一架有节奏、有旋律、浑然一体的管理机器。"弹钢琴"的领导艺术，实际上是一种整体协调的技能。这种技能要求把组织管理中的"硬性"因素与"软性"因素妥善搭配、巧妙揉合,在规范化、制度化、科学化的组织结构中,注入具有能动性、灵活性和创造性的人员,使得比较机械的管理更加富有弹性和活力。这种高超的整体协调技能所产生的成效往往是潜移默化的,不易察觉的。但是可以肯定,它的影响是持久深远的,不容抹煞的。领导者在处理日常事物中要想把"弹钢琴"艺术应用自如要掌握以下几点:

(1) 区别对待,用人所长

每一个人,都好比钢琴上的某一个"琴键",在整个演奏过程中,它具有其他"琴键"无法取代的特殊作用。领导者对这些"琴键"的特点必须做到心中有数、了如指掌,用其所长,灵妙、灵活地使每一个"琴键"充分发挥自己的作用。

(2) 不偏不倚,一视同仁

领导者凌驾于各种"琴键"之上,要不偏不倚,秉公办事,巧妙、灵活地按动每个"琴键",这是对各类领导人才实行有效管理的一条重要原则。

(3) 宏观控制,微观松缰

领导者要对各种"琴键"在宏观上严格控制,使其沿着有利于完善管理机器的正常轨道前进。与此同时,还要在微观上大胆松缰,使其增强活力,适度自由。从而能够更好地发挥每一个"琴键"的积极性和创造性。

(4) 保持平衡,协调关系

要使机器正常运转,必须使各种"琴键"之间保持动态平衡。而事物发展的复杂性和多变性,又随时随地打破这种动态平衡。为此,领导者就是经常分析各种"琴键"的变化发展,及时协调它们之间的关系,从而使动态平衡得以继续维持。

(5) 分而治之,互相制约

分而治之就是把客观事物划分为若干个各具特色的"局部",然后根据局部的个性特点,扬长避短,投其所好,充分发挥其特有的优势,从而达到积"小治"为"大治",最终实现对"整体"事物的有效控制。为此,领导者面对各种"琴键"的存在,不必强求"统一"和"一致",而应该积极引导,适度控制,任其共存,使其互相制约。

(6) 不求"最佳",唯求"合理"

最好的不一定合适,但最合适的一定最好。"最佳"关系只能存在一时,唯有"合理",才能永恒。

3. "反弹琵琶"

"反弹琵琶"来源于敦煌壁画上的一幅仕女图。这位仕女将琵琶放在背后,反手去弹,而且同样能奏出妙音。"反弹琵琶"借用到管理艺术上,就是要求领导者在处理日常事务时应打破常规,破除教条,多方位考虑,另辟蹊径,从而达到以反求正,以目促纲。同时"反弹琵琶"对于改变领导者多年习惯的"一贯制"、"一刷子"的领导方式有着重要意义。反弹的方式主要有多角位性、逆向反成反弹性、修正与突破性三种。

(1) 多角位性

多角位性是指领导者在分析和处理问题时不从单一的角度"正弹"出发,而是要做到多角度、多渠道、多方位地考虑、权衡、协调问题。要把琵琶弹得好,可以按常规去正弹。

但是在面对动态的社会和事务,会涌现出许多新情况、新问题,却更多地要求去反弹。因此领导者要养成思维的多维化,处理问题的多角位性。

(2) 逆向反成反弹性

逆向反成反弹性是指领导者在工作中不是从正面直接地解决问题,相反地是从反面解决问题,更巧妙地实现"正方向"目的,也就是人们常说的"逆向求解"。同样"欲擒故纵"、"以攻为守"、"以毒攻毒"、"以柔克刚"、"薄利多销"、"欲速则不达"等,都充分反映了"反弹"艺术的逆向反成反弹性。

(3) 修正与突破性

"反弹琵琶"本身就是对传统"正弹琵琶"的突破,借用它比喻领导艺术,就是一种具有突破性领导艺术。修正与突破性主要是指不要用常规的方法去解决问题。对于那些不符合时代、脱离实际的解决方法,及时地给予修正或否定。也就是说,要"反"掉僵化模式,"弹"掉不合时宜的方法、方式。

4. 抓好典型

一个好的典型,往往具有强烈的感染力和吸引力,能够产生不可替代的示范、鼓舞和引导作用。领导者处理日常事物一个重要的方法,就是善于发现典型、宣传典型、运用典型,使先进典型发挥应有的作用。抓典型的工作方法,可以使领导者的工作意图、政策要求具体化、形象化,从而提高工作的针对性、指导性和实效性。

抓典型工作涉及方方面面,是一项系统工程。从实践上看,做好典型工作,提高领导艺术,需要遵循典型工作的特点和规律,抓好三个基本环节。

(1) 从大局出发选好典型

领导者要选好典型必须注意以下几点:

✲ 选的典型必须具有代表性、普遍性。典型要与全局工作密切相关,全局工作指导典型工作,典型工作体现全局意图,并成为推动全局工作不可缺少的一环,从而做到以点带面。

✲ 选择典型不能搞"高、大、全"。世界上没有十全十美的事物,也没有完美无缺的典型。我们不必苛求典型的高大完美,也不必回避或掩盖典型自身的某些缺点。

✲ 培养典型不能"小灶加餐"。典型不是靠开小灶,加营养喂出来的,而是靠自己干出来的。

(2) 联系实际、推广典型

联系实际、推广典型,使典型效应成为群体效应、社会效应。"一花独放不是春,万紫千红春满园"。发现典型、宣传典型,出发点和落脚点都在于推广和应用,在于"一花引来百花开"。

(3) 加强典型管理

加强典型管理,使典型不断自我完善和提高,保持典型持久的先进性和生命力,而不能任其自然。实践表明,如果疏于管理,一些典型可能会"昙花一现",有的甚至会走向反面,造成不良影响。

5．处理常见的几项事务性工作的艺术

在日常工作中，工作检查、总结和处理公文是最常见的事务性工作，处理好这些工作，是日常工作管理的重要组成部分。下面就具体探讨这两种艺术。

(1) 工作检查、总结艺术

※ 领导者工作检查、总结艺术不仅可以培养和考察下属工作情况，而且还可以提高领导效能。因为领导工作是由"决策、部署、检查、总结、再决策"所构成的螺旋式循环。这个螺旋每循环一次，意味着领导者的决策更切合实际一点，工作更有效一些，因而领导者工作能力就提高一些。行之有效的工作检查艺术需要走"四步棋"：第一步，听汇报，其目的是在短时间内获得基层的大量工作信息，形成一个整体初步印象；第二步，看现场，其目的是在直接观察和切身体验中进一步深化认识；第三步，查资料，其目的是进一步了解真实情况；第四步，与群众座谈，其目的了解下属某些很隐蔽微妙的问题。只有按"四步棋"进行工作检查，才能去伪存真、由表及里，真正把握住领导决策在基层落实的准确情况，从而避免了以偏概全，一叶障目，不见泰山。

※ 工作一段时间后，要善于及时对工作进行总结，以便积累工作经验，及时把感性认识上升到理论认识，为以后的工作提供方法。但是工作总结需注意三个方面的问题：首先，工作总结不要面面俱到；其次，要做到一分为二；最后，要做到推广经验，纠正缺点。

(2) 处理公文的艺术

公文是指行政机关在行政管理活动中产生的，按照严格的、法定的生效程序和规范的格式制定的具有传递信息和记录作用的载体。公文是传递信息，实施领导者指令和意图不可缺少的工具。但是目前关于公文却存在着不少问题：文件越来越多，简报越写越繁，自上而下的领导讲话一篇接一篇。一些领导者疲于案牍之劳，由于繁文缛节，公文层层抄转，旷日持久运转，最后成了纸上谈兵，文字游戏，使公文成了官僚主义的伴生物。

正确处理公文包括控制发文、筛选来文、限期办文、催促完文四个过程。

※ 控制发文。发文力求简练、高质量、一目了然，能口头传答的就不要发文。

※ 筛选来文。为了节省时间，首先由秘书先阅来文，从而筛出重要来文，对于篇幅过长的来文要进行综合整理。

※ 限期办文。限期办文，落实责任，注重工效。

※ 催促完文。催促完文的目的是付诸执行，汇报结果，必要时领导要督促和过问。

※ 总之，领导者在繁杂的日常事务中想取得事半功倍的效果，掌握工作检查、总结和处理公文的方法与艺术是很有必要的。

二、处理突发事件的方法与艺术

突发事件就是指首次突然发生，造成或者可能造成严重社会危害，需要采取应急处理措施、处置措施，予以应对的自然灾害、事故灾难、公共卫生事件和社会安全事件。突发事件必须具备三个条件：一是突然发生，难以预料；二是问题极端重要，事关大局，必须马上处理；三是首次发生，无先例可循。

美国著名管理学家西蒙指出,突发事件的实质,是非程序化决策问题。因此处理非程序化事件是一种非程序化决策。处理突发事件是棘手的,任何领导都不希望这类事件的发生。作为领导者,当突发事件发生时又必须面对,而且不能感情用事,不能有任何侥幸心理。所以领导者必须掌握处理突发事件的方法和艺术,把损失降低到最低。

1. 处理突发事件的方法

处理突发事件的方法主要有以下四种。

(1) 当机立断,迅速控制事态

突发事件一旦出现,领导者必须迅速做出反应并及时控制局势,否则就会造成很大的损失,甚至会导致全局失控。因此在处理突发事件时就不能像正常情况下按程序进行决策和执行,而应该是从容地做出决定,当机立断,果断行动。

突发事件发生后,能否控制住事态,使其不扩大、不升级、不蔓延,是处理突发事件的关键和首战。要达到这一效果,领导者可以通过心理控制法和组织控制法两种方法达到。

※ 心理控制法。当突发事件发生时,会对人的心理产生强烈的冲击力和压力,在这种情况下人往往处于冲动、焦躁或恐惧之中。所以,当突发事件发生时,领导者应保持清醒的头脑,沉着冷静,镇定自若,临变不惊,遇险不慌,沉着应变,稳定局势,以静制动,以治待乱。

※ 组织控制法。组织控制法是指在组织内部迅速统一观点,使大多数人有清醒认识,稳住自己阵脚,以大局为重,避免危机扩大。

(2) 注重效能,标本兼治

处理突发事件的首要目标是当机立断,控制局势,这就要求处理突发事件的决策必须针对表象要害问题,达到"立竿见影"的效果。也就是说先采取迅速而周密的措施扭转不利局势,从"标"上寻找效果。然后在治"标"的基础上谋求治"本"之道。要想真正消除突发事件造成的危机,需要在事态稳定后,及时准确地找到突发事件根结所在,只有这样才能对症下药,医治根本。由于突发事件具有信息不完全性,因此,它的根本原因更具隐蔽性,对组织也更具威胁性。所以领导者必须在超常情况下进行超常思维和运作,具体做到:

※ 收集事实。事发后立即组织力量深入现场,全方位搜集资料,不遗漏重要情况和细节,尽量抓住事件的薄弱环节和暴露之处进行调查,发现问题。

※ 确定事件的性质。控制事态后,领导者应站在全局角度上对搜集到资料进行筛选,去伪存真,做到透过现象看本质,找到整个事件根本矛盾,确认事件性质,找到焦点问题,化害为利。

※ 决策的制定。事件的原委及性质确立后,领导者必须在控制事态的基础上迅速制定决策,从偶然性中寻求必然性,扭转危局并及时决策和总结教训。

(3) 打破常规,敢于冒险

由于突发事件具有突发性,必须及时有效地处理,如果处理不当,就会产生严重的后果。因此,领导要敢于打破正常情况下的运行模式,争取时间上的胜利,并且必须敢于冒险,强制统一指挥,最大限度地集中资源,依决策经验,迅速作出决策并付之实施。

(4) 循序渐进、急中求稳、稳中求胜

在处理突发事件时,领导者固然要有冒险精神,但也要选择稳妥的阶段性控制方案,以保证能准确地控制突发事件的发展。但是由于领导者所掌握的信息有限,这就要求领导者要对每一阶段决策后果可能出现的风险进行预测和控制,同时要对前一阶段的方案实施准确评估,一步一个台阶,克服急于求成,从而达到循序渐进,从而在稳中求胜。

2. 领导者处理突发事件必须具备的能力

突发事件是突然发生、无章可循、首次出现的事件,它总是通过偶然的形式出现,令人难以预料、措手不及,但它又关系到组织的安危,是不能逃避的,需要紧急处理。因此处理突发事件的非程序化决策具有很大的风险性,处理结果也是难以预测,这就要求领导者必须具备较高的素质。领导者在处理突发事件是必须具备以下几点能力:

(1) 领导要有政治品德

领导者只有高尚的政治品德和高度负责的责任感,才能在突发事件发生后把握全局,沉着稳健应付危机,从战略高度处理突发事件。否则,就会出现逃避现实、会做出不负责的决策。

(2) 领导者要有胆有识

领导者有胆才能大智大勇地处理突发事件,达到出奇制胜。除此之外,领导者还要有识。领导者的出奇制胜的决策是建立在丰富的知识基础之上的,是已有的知识、经验、能力的厚积薄发,而不是临场上的冒然决定。

(3) 领导者要有敏锐的洞察力、预见能力,防患于未然的意识

突发事件往往是事物的内在矛盾由量的逐渐积累发展到质的飞跃的过程,但突发事件作为一种质的突变,是借助一定的契机诱发的。而这种契机以什么方式出现、什么时间出现,则是偶然的,在风云变化的政界、扑朔迷离的商界、变化多端的战场,都潜伏着不确定因素,这种不确定因素很可能成为突发事件的导火线。所以领导者必须具备敏锐的洞察力和"防火"意识的预见能力。对此,领导者平时就应该积极学习和探讨,充分发挥想象力和智慧,并假设各种危机到来时的应对策略,时刻具备防患于未然的思想和措施。一旦危机来临,就会临危不乱,从而避免损失或者把损失减少到最低程度。

(4) 领导者要有创新意识

突发事件发生后,如果领导者还按常规的方法去处理,不仅起不到有益的效果,而且还可能造成严重的后果,甚至出现事与愿违、背道而驰的情况。因此领导者必须有创新精神,运用创新、权变、当机立断的领导艺术,以超群的领导能力灵活地处理超常规出现的突发事件和由此带来的危机,进而获得好的处理结果。

突发事件是非程序化问题,在对组织造成威胁的同时,也对领导者提出很大的挑战。但是只要领导者具有高超的领导能力,善于透过偶然性发现深刻的必然性,并善于运用领导艺术机敏地处理突发事件和突发事件带来的危机,就会化解矛盾,变危机为机遇,为组织的发展作出贡献。

第八章 领导激励

研究表明，人的潜能是很大的，人们表现出来的现实能力仅有30%，还有70%的潜在能力未发挥出来，领导激励的目的就在于最大限度地激发员工的潜在能力。激励，即指通过了解人的需要，激发人的内在动机，使其朝向所期望的目标的心理活动过程，亦即激发、调动人的积极性的过程。领导激励即是指领导者对组织成员实行的一种鼓励的领导策略，旨在用一定的诱导因素诱发组织成员的个体行为朝向特定的方向，从而促进组织目标的达成。用人的策略是领导艺术的一个很重要的方面，一个优秀的成熟的领导者一定有一个良好的激励员工的方法。

第一节 领导激励的概述

一、领导激励的概念

激励从广义上来说，就是激发鼓励的意思，就是通过领导工作创设一定的条件，激发起被领导者实现工作目标的积极性、主动性和创造精神。总的来说，激励就是为特定目的而去影响人们的内在需要或动机，从而强化、引导或改变人们的行为过程。从这个意义上来说，所谓领导激励，就是领导者从组织目标出发，通过一系列的措施和手段来引发人们产生某种动机或愿望，激发人们为达到目标而采取积极行动的一种领导行为。一个发展成熟的组织应该有一个完善的领导激励机制，即是拥有一套理性化的制度来反映组织的领导者与被领导者的相互作用。一个完善的领导激励机制主要包括以下几个方面的内容：

(1) 领导者要有敏锐的洞察力

敏锐的洞察力是领导激励机制的前提和基础，也是领导者的一项基本素质。领导者要进行有效的激励，最先要做到的是洞察下属的需要。只有了解了下属需要的是什么，才能有针对性的展开激励行为，因为人的动机和行为完全根源于他的需要。因此，是否能够洞察下属的需要，就成为领导活动能否成功的决定性条件。

(2) 明确动机

动机是人们需要某种东西的表现，是直接推动人进行活动的内部力量，它驱动人们和诱发人们从事某种行为，一定程度上支配着人们的方向。动机明确对人们所从事的活动、未来的方向以及能达到的深度和广度起着重要的作用。领导者的动机明确不仅有利于领导者策略性的展开激励行为，而且可以在较短的时间内达到最大的效果。领导者和被领导者的动机明确是领导激励机制的起点。对于被领导者来说,明确动机,首先要自觉地提高目标要求,激发自己潜在的能力,有利于发现和培养动机;其次还要发现自己的兴趣所在,兴趣是最好的老师,也是一个人前进的最大动力,发现了自己的兴趣所在,就能进一步发现工作的原动力,从而为动机的维持提供源源不断的能量。

(3) 满足需要

满足需要是领导激励机制成立的关键,主要包括两个方面的内容:一方面,是领导者实现领导效能,最终促使组织目标的达成;另一方面,被领导者开发了自己的潜能,同时也满足了个人的需要。满足需要实际上就是将个人目标和组织目标统一在一起,建立激励机制的过程。这是现代管理和现代领导的一个重要特征,也是现代领导制度的一项重要内容。

(4) 领导者与被领导者的相互作用

一个完善的激励机制中,领导者与被领导者的相互作用是一个良性循环。领导者实施的激励行为必然会对下属产生一系列的影响,每个人在激励行为下的反应都不一样。激励的结果是否符合领导者的意图,这决定于领导者的激励方式和被领导者的接受程度以及二者的契合程度。激励机制中有效的反馈也是领导者应该注意的一个方面,因为这可以为领导者提供必要的信息以便更好地进行激励行为。

二、领导激励的作用

领导激励的积极效果按时间的长短可以分为短期的和长期的。一般来说,如果激励得当的话,短期效果是你能看到大家的工作比较积极,团队的总业绩有很大提升;长期的效果主要包括:团队凝聚力更强,氛围更融洽,企业形象、品牌形象得到有效提升,整个组织提升了竞争力等。但是不管哪种激励,最终的目的都是一样的,即希望组织成员认可组织的目标和愿景并心甘情愿为之奋斗。领导激励的作用具体表现在以下几个方面:

(1) 能最大限度地调动被领导者的积极性和创造性

人的行为皆由需要而起,行为的目的是满足自身的需要。人的积极性能否最大限度地发挥出来,关键也在于其自身的需要和愿望能否得到充分满足,这也是积极性持续时间长短的主要因素。心理学研究表明,人的一切行为都是受到激励而产生的。激励是打开人们心扉的钥匙,是启动人们行为的按钮。选择哪把钥匙、启动什么按钮,就会产生相应的动机和行为。每个人不仅需要自我激励,而且需要得到同志间的互相激励,需要组织的激励。作为一个有效的领导者,应善于对自己领导的工作人员进行激励,使他们愉快地、自觉地、充满信心地完成组织的任务。管理心理学家列了一个著名的公式:绩效 = f(能力×激励)。这个公式表示,工作绩效是能力与激励乘积的函数。它说明了人们在能力相同或相近的情况下,其工作绩效的高低大小取决于激励,如果一个人虽然工作能力很强,但积极性没有被充分调动起来,工作劲头不大,工作成效就不一定太好。当一个工作者受到激励后,其心理处于兴奋状态,就会由被动转化为主动,由消极转化为积极,由"要我做"转化为"我要做"。领导激励是调动被领导者积极性的一种重要的方法。

(2) 领导激励是实现组织目标的重要保证

激励的意义就在于对有益的、积极的行为进行强化,从而使之得以重复出现。而这种有益的积极的行为,必然是指向实现目标的。有效的激励能在两个方面保证组织目标的实现。一方面,可以把有才能、有知识的人吸引过来,把社会的人才变为组织的人才,使人才的价值在组织中得到体现,组织依靠人才的智慧和力量得以发展。人才是组织活力的源泉,是组织发展的根本动力。人是实现组织目标的主体资源,是组织目标能否顺利实现的核心力量。拥有人才是组织目标得以实现的前提。另一方面,激励可以使组织成员充分发挥其智慧和才能,最大限度调动成员的积极性,消除组织成员心理上的各种疑虑和消极因素,变消极为积极,主动性地为实现组织目标而出谋划策,落实执行,不仅能及时有效地实现组织目标,有时甚至会得到意料之外的新成绩。开发人才是组织目标实现的关键。所以,激励是实现组织目标的重要保证。

(3) 领导激励是提高工作效率的重要动力

激励可以强化人的行为,进一步激发职工的创造性和革新精神,从而保证工作的有效性和高效性,大大提高工作的绩效。美国哈佛大学的心理学威廉·詹姆士在对被领导者激励的研究中提示,按时计酬的职工仅能发挥其能力的20%~30%,如果受到充分激励的职工其能力可发挥至80%~90%,其中50%~60%的差距是激励的作用所致。这就是说,同样一个人在通过充分激励后所发挥的作用相当于激励前的3~4倍,个体的工作效率也就会大幅度的提高。可见,即使能力再高的人,如果缺乏足够的动力,其结果工作效率也会很低。而充分有效的激励会调动被领导者的工作潜力并能有效地提高工作效率。

(4) 有效的领导激励可以提升被领导者的价值取向,确立主人翁的意识

在领导活动中,激励主要表现为物质激励和精神激励,它向被领导者昭示了行为的对错与奖罚,从而引导职工追求正确的价值观,遵守组织运作的有关规章制度,树立以组织利益为中心的价值观。有效的领导能增强被领导者的责任感和使命感,使被领导者确立主人翁意识,提升被领导者的价值观,激发其实现自身价值的最大化。领导肯定的某种动机和行为,就表明这种动机或行为会受到尊重,这样的精神会得到表扬,同时也向被领导者明确了社会需要的是什么样的行为,组织和领导提倡的是什么行为,以此就会达到使被领导者通过领导者的激励,提高觉悟,规范和矫正自己的行为,引导自身向有利于组织、社会的方向发展的效果。

(5) 领导激励是增强组织凝聚力的重要途径

正确而有效的激励具有极强的感染力,能够激发被领导者之间、集体之间、被领导者和集体之间的竞争意识、荣誉意识和追求成就感的自尊意识,对增强组织的凝聚力和组织的活力都大有裨益。组织的凝聚力表现为整个组织对其被领导者的吸引状况,以及组织成员间的相互吸引情况,表明被领导者对组织的满意程度。激励使被领导者愿意把自己的才能充分发挥,又使自己的需要得到公正、合理的满足,使被领导者感受到组织所对他的尊重,看到个人对组织的作用,使个人产生强烈的归属感、认同感和自豪感,从而更加热爱和关心组织。被领导者之间的关系只有处于融洽和团结一致的时候,才能发自内心的自觉维护集体的利益和威信,遇到困难时,才能风雨同舟,共渡难关。良好的环境还可把有才能的人吸引过来,长期为组织尽力。由此可见,有效的激励能使组织成员心往一处想,劲往一处用,有利于增强组织凝聚力。

三、领导激励的原则

领导激励,尤其是正面激励能对组织产生重要的积极作用。激励作为一种领导方法和领导艺术是有一定的规律可循的。在进行领导激励时我们需要遵循的基本原则有以下几个方面:

(1) 整体性原则

整体性原则就是在强调激励的对象的整体性。个体激励一般突出的是个人责任,它一方面促使人们产生一种通过个人努力奋斗来满足个人需要的愿望和行为,增强了个人的内在动力;另一方面也可能使人们过于计较个人得失,淡化集体的目标意识,容易导致人际关系的紧张和整体士气的衰弱。整体激励则不同,它一般突出的是团体功能,强调团队精神。整体激励有助于加强内部信息交流,强化人际关系的团结互助,增强内聚力。因此要注意激励的整体化和群体性,要克服过分理想化地以少数人的高层次需求为基础构建激励机制。要充分调动个体和群体,少数与多数的积极性,体现出国家利益、集体利益和个人利益的一致性,使"高"者令人信服,"低"者自己心服,从而形成奋发向上、充满活力的竞争与团结协作的工作氛围。

(2) 公平性原则

领导者要注意在激励过程中激励的方式、方法和手段的公平性。人们的工作动机和积极性,不仅受他所得的绝对报酬(即自己的实际收入)的影响,而且还受相对报酬(自己的收入与他人收入的比较)的影响。一个人工作积极性的高低,不仅取决于他所得到的报酬和评价是否与所做的贡献成正比,而且取决于与同行、同事相比是否感到公平合理。如果被领导者感到自己所付出的劳动与自己得到的报酬成正比,就会感到领导处事公平,心情就舒畅,工作的干劲就高;反之,如果被领导者感到自己所付出的劳动与自己得到的报酬成反比,就会感到领导处事不公平,心情就会沮丧,工作的积极性就会低落。古人云:"不患寡而患不均",讲的就是这个道理。因此,领导者在运用激励手段时,必须坚持各尽所能、按劳分配、多劳多得的原则,不断改革和完善分配制度,在机会均等、公平竞争的前提下,注意奖得公平、罚得合理,才能使大家感到心情舒畅,才能充分调动被领导者工作的积极性。

(3) 方向性原则

领导者必须要准确的确定激励方向。所谓激励方向是指激励的针对性,即针对什么样的内容来实施激励。它对激励的效果有显著的影响作用。根据美国心理学家马斯洛的需要层次理论,人的行为动机起源于五种需要,即生理的需要、安全的需要、归属的需要、尊重的需要和自我实现的需要。人的需要并不是一成不变的,它是一个由低到高的发展过程,不同的需要多数时间是同时并存的,但在不同的时期,各种需要的刺激作用是不同的,每一个时期总存在一种起最大刺激作用的优势需要。这一理论表明,激励方向的选择与激励作用的发挥有着非常密切的关系。当某一层次的优势需要基本得到满足时,激励的作用就难以继续保持,只有把激励方向转移到满足更高层次的优势需要,才能更有效地达到激励的目的,需要指出的是,激励方向的选择是以优势需要的发现为其前提条件的,因此,领导者在领导实践中要努力发现不同阶段的优势需要,正确区分个体优势需要与群体需要,以提高激励的效果。在我国要求领导者在实施激励中,要始终坚持正确的政治方向,用正确的立场、观点和方法激励下属。从宏观上说,就是领导得要引导下属加强思想意识、道德品质和情操的修养。从微观上说,就是领导者对下属的政治生活方面加以具体的关怀,这样做的目的是为了使下属有一个具体的政治生活目标,把他们的政治观点、政治修养、政治生命导向一个更高的层次。方向性原则是领导者激励下属的一个最根本的原则。考察领导激励的正确与否,首先要看其是否坚持了正确的政治方向;检验领导激励的效果如何,也首先要看其是否提高了下属的思想政治觉悟,并见诸于实际行动。

(4) 适度性原则

适度性就是恰当地把握激励程度。所谓激励程度是指激励量的大小,即奖赏或惩罚标准的高低。激励程度是激励机制的重要因素之一,与激励效果有极为密切的联系。能否恰当地掌握激励程度,直接影响激励作用的发挥。过量激励和不足量激励不但起不到积极的作用,有时甚至会起反作用,会挫伤被领导者的工作积极性。如果设定的激励程度偏低,就会使被激励者产生不满足感、失落感,从而丧失继续前进的动力,如果设定的激励程度偏高,就会使被激励者产生过分满足的心理,从而丧失上升的动力,所以要求领导者对激励程度的把握要恰如其分,激励程度要适中,超过了一定的限度或不到一定程度,激励的作用就不能得到充分的发挥。

(5) 物质和精神相结合的原则

在激励中,物质激励的作用是重要的,它具有实在性和强效性。物质需要是人们生存和从事其他活动的基础。这与马克思主义所强调的物质利益在群众历史活动中的地位是一致的。物质激励的重要作用要求我们在可能的条件下进行适当的物质激励。但是人毕竟不同于动物,人的需求是多元的,除了物质需要外还有精神方面的需要。如责任心、事业心、荣誉感、成就感等。因此,精神激励是领导激励中一个很重要的方面。精神激励具有教育性和长效性,根据激励的心理学原理,精神激励能导致巨大的、不消退的动机强度,能导致强烈的积极行为。在一定的条件下还会胜过物质激励。物质激励和精神激励各有特点、各有优势,就像是激励前进的两只轮子,那一只轮子力度不够都会翻车。因此,激励一定要"两手抓",找准物质与精神的最佳结合点,通过报酬激励、关怀激励、目标激励、表彰激励等多种方式的立体组合,满足各层次成员的归属感、荣誉感、成就感、安全感和物质与精神的双重需求。

第二节 领导激励的理论

人是社会性的动物,人们从事的生产活动和社会活动都是集体进行的,组织和协调集体活动就需要领导和管理。但是社会生产力水平直接影响到领导水平、领导范围和领导的复杂程度,因而对领导学的发展也会产生影响。领导学是随着人类社会的发展而发展的,领导激励行为作为领导学的一个组成部分也是逐渐地发展和完善的。领导学上主要的领导激励理论有以下几种:

1. 泰罗的经济人理论

泰罗在前人的基础上,创造性地提出了一整套"科学管理"的理论,将管理工作从一般的事务性工作中解脱出来,成为一门独立的学科。也因为泰罗开拓性的伟大贡献,他的科学管理理论成为管理学的基础,他被称为"科学管理之父"。

泰罗的理论突出强调了人的重要性,提出要关心人、尊重人、发展人,同时倡导各方利益的一致性和协调合作的重要性,因此包含着科学的人性因子,蕴涵着丰富的、朴素的人本管理思想。泰罗在激励理论上的贡献包括:

第一,人是有经济需求的人。人是需要金钱和奖励的,因此金钱和物质利益是刺激积极性的唯一动力。

第二,把激励的法则和员工结合起来。在领导、管理部门和员工之间建立良好的合作关系并实行奖励制度。泰罗特别强调任务和奖金的激励作用,他认为任务和奖金构成了科学管理结构上的两个最重要的因素。

泰罗主张实施科学管理以提高生产效率,从而实现雇员和雇主的共同富裕。因此,其理论偏重于技术和管理,过分强调物质的刺激,忽视了"人"的因素。

2. 梅奥的社会人理论

泰罗的经济人理论忽视了"人"的因素客观上促进了梅奥的"社会人"理论的诞生。梅奥认为人不但有经济方面和物质方面的需求需要得到满足,更重要的是人有社会方面和心理方面的需求需要得到满足。正是基于对人的本性的这种认识,梅奥的人际关系学说认为,要调动职工的积极性,就应该使职工的社会和心理方面的需求得到满足。"社会人"理论的提出,完全地改变了管理理论发展的进程。这一理论对激励理论的发展有以下贡献:

第一,首次提出并肯定了领导激励中的精神激励内容和重要性。与泰罗的观点相反,梅奥认为,人们的行为并不单纯出自追求金钱的动机,还有社会方面、心理方面的需要,即追求友情、安全感和受人尊敬等,甚至后者更为重要。

第二,建立良好的同事关系的重要性。人是处于社会关系网中的社会人,一个员工与其他组织成员的关系影响着他的工作效率甚至才能的发挥。

第三,重视企业内部人际关系的建设。经营管理人员一旦抛弃工人群众是群氓的错误假设,重视企业内部的人际关系的不断调整,就能获得惊人的效果。良好的人际关系就是指被领导者在劳动中同其他人进行交往,紧密地结合在一起。经营管理者忽视人际关系的调整,必然造成生产中的重大问题。对于社会人来说,重要的是人与人之间的合作,而不是人们在无组织的人群中互相竞争。

由此可见,梅奥意在寻求一种新的人际关系型的领导者,一种以社会和人的技能为基础的新的领导方式。员工通过被人承认而获得安全感和满足,从而愿意为达到组织目标而协作和贡献力量。

3. 马斯洛的需求层次理论

马斯洛把人的各种需求分为五个层次,并按照其重要性和先后次序排列成阶梯状,即生理的需求、安全的需求、爱的需求、尊重的需求和自我实现的需求。具体是指:

生理的需求:对食物、水、空气和住房等需求都是生理需求,这类需求的级别最低,人们在转向较高层次的需求之前,总是尽力满足这类需求。

安全的需求:安全需求包括对人身安全、生活稳定以及免遭痛苦、威胁或疾病等的需求。和生理需求一样,在安全需求没有得到满足之前,人们唯一关心的就是这种需求。

社交的需求:社交需求包括对友谊、爱情以及隶属关系的需求。当生理需求和安全需求得到满足后,社交需求就会突出出来,进而产生激励作用。

尊重的需求:尊重需求既包括对成就或自我价值的个人感觉,也包括他人对自己的认可与尊重。有尊重需求的人希望别人按照他们的实际形象来接受他们,并认为他们有能力,能胜任工作。

自我实现的需求:自我实现需求的目标是自我实现,或是发挥潜能。达到自我实现境界的人,接受自己也接受他人。解决问题的能力增强,自觉性提高,善于独立处事,要求不受打扰地独处。

从马斯洛的需求层次理论中可以看出,由于个人目的、个人偏好、个人利益的存在,人就会有多种需求。这些需求,会产生各种各样的动机,由此引发出各种各样的行为来满足个人的自我发展、自我实现和自我完善的需要。在当今社会人们受经济、政治、文化道德等方面的陶冶和洗礼,人性变得非常复杂,如果管理者不及时审时度势,引入激励机制与员工真诚合作,以满足员工的需要,充分调动他们的潜能,组织效率就不可能真正提高。因此,领导者必须对下属需求层次的提升及其实现的限度有深刻的了解,从而有的放矢、分门别类地进行激励活动。

4. 赫兹伯格的双因素理论

双因素理论又叫双因素激励理论,是美国的行为科学家弗雷德里克·赫茨伯格提出来的。赫茨伯格通过考察和半有组织性的采访发现,员工倾向于把对工作满意的因素归于自己,而把不满意的因素归于外部和组织。他将这种情况归纳为两种因素:

第一类因素是激励因素,包括工作本身、认可、成就和责任,这些因素涉及对工作的积极感情,又和工作本身的内容有关,当具备这些因素时,员工在工作中就会有很大的主动性和积极性。第二类因素是保健因素,包括公司政策和管理、技术监督、薪水、工作条件以及人际关系等。这些因素涉及工作的消极因素,也与工作的氛围和环境有关。这类因素并不能影响人们对工作的满意程度,而只能影响对工作的不满意的程度。也就是说,对工作和工作本身而言,这些因素是外在的,而激励因素是内在的,或者说是与工作相联系的内在因素。

赫茨伯格的双因素激励理论同马斯洛的需要层次理论有相似之处。他提出的激励因素相当于受人尊敬的需要、自我实现的需要等较高级的需要;保健因素则相当于马斯洛提出的生理需要、安全需要、感情需要等较低级的需要。由于双因素激励理论没有把"个人需要的满足"同"组织目标的达成"这两点联系起来,其正确性遭到一些西方行为科学家的怀疑。但是,双因素激励理论强调了内在因素,倡导领导者注意工作的安排,量才录用,各得其所,注意对人进行精神鼓励,给予表扬和认可,注意给人以成长、发展、晋升的机会。促使企业管理人员注意工作内容方面的重要性,特别是它们同工作丰富化和工作满足的关系,因此是有积极意义的。

5. 麦克莱兰德的需要理论

麦克莱兰德的需要理论主要分为三种:成就需要、权力需要、合群需要。它们的具体内涵如下：

成就的需要。指人追求卓越，实现目标，争取成功的内驱力。他们追求的是个人的成就而不是成功的报酬本身。他们寻求的环境有以下特点：个人能为解决问题的方法承担责任，喜欢接受困难的挑战，能够承担成功和失败的责任，他们不喜欢靠运气获得成功。

权力的需要。指人影响或控制其他人的欲望。这类人喜欢承担责任，努力影响其他人，喜欢竞争和被重视的环境。与绩效相比他们更关心威望和对他人的影响力。

合群的需要。指人努力寻求友爱，被其他人喜欢和接受的愿望。这类人喜欢合作性的而非竞争性的环境，渴望高度相互理解相互支持的人际关系。

6. 认知评价理论

认知评价理论由德西和莱恩在 1975 年提出的，又称为自我决定论，是指人对客观事件、事物的看法和评判。认知评价理论提出了"内在激励"的概念，也称为内在激励理论。其中认知评价是关键因素，即人们对于情景因素是支持行为或控制行为的一种心理评价。他们认为控制行为的外部强化无视个人的自我决定，促使人们把自己的行为认为是由外部环境所决定的，因此导致内在动机的降低，使本来具有内在兴趣的活动必须依靠外在的奖励才能维持。

认知评价理论认为：虽然人们可以分别被内在、外在因素激励，但这两个因素并不是毫无影响的。当对某种工作结果进行外部奖励时，那种因喜欢做这种工作而产生的内在激励作用便会降低，因为这会使人们感到他们不是自觉的人，是为了外部因素而工作，为了奖励而工作，觉得自己丧失了对自身行为的控制。认知评价理论解释了为什么在组织中对出色的工作绩效进行奖励有时反而会使工作动机降低的现象。

当然，认知评价理论对工作组织的应用性是有限的，因为大多数低层次的工作实质上并不能够带来较高的内部乐趣，只有许多管理职位和专业职位可提供内部奖励。认知评价理论可能与那些不十分有趣的组织工作相适应。

7. 目标设置理论

目标设置理论是于 20 世纪 60 年代由爱德温·洛克提出的。他认为目标是激励的主要来源，目标能把人的需要转变为动机，使人们的行为朝着一定的方向努力，并将自己的行为结果与既定的目标相对照，及时进行调整和修正，从而能实现目标。

目标设定理论提出，目标是一个人试图完成的行为的目的。目标是引起行为的最直接的动机，设置合适的目标会使人产生想达到该目标的成就需要，因而对人具有强烈的激励作用。重视并尽可能设置合适的目标是激发动机的重要过程。

目标设定理论预测，目标困难的增加能够使一个人的工作业绩提高，直至达到业绩的顶峰，而面对困难的目标缺乏认同感的个体，其业绩会降低或者很差。

8. 强化理论

强化理论是美国的心理学家和行为科学家斯金纳、赫西、布兰查德等人提出的一种理论。斯金纳所倡导的强化理论是以学习的强化原则为基础的关于理解和修正人的行为的一种学说。所谓强化，从其最基本的形式来讲，指的是对一种行为的肯定或否定的后果，它至少在一定程度上会决定这种行为在今后是否会重复发生。

根据强化的性质和目的可把强化分为正强化和负强化。在领导层面上，正强化就是奖励那些组织上需要的行为，从而加强这种行为；负强化就是惩罚那些与组织不兼容的行为，从而削弱这种行为。正强化的方法包括奖金、对成绩的认可、表扬、改善工作条件和人际关系、提升、安排担任挑战性的工作、给予学习和成长的机会等。负强化的方法包括批评、处分、降级等，有时不给予奖励或少给奖励也是一种负强化。

强化理论认为强化塑造行为是激励过程的核心。它认为人的行为是由环境引起的，关心内部认知活动是没有意义的，而控制行为的因素是外部强化物，它在激励过程中具有最为重要的作用。但是，强化理论因疏忽了人的内部状态而受到很多指责。

9. 公平理论

公平理论是美国心理学家1965年提出的。该理论的基本要点是：人的工作积极性不仅与个人实际报酬多少有关，而且与人们对报酬的分配是否感到公平更为密切。人们总会自觉或不自觉地将自己付出的劳动代价及其所得到的报酬与他人进行比较，并对公平与否做出判断。公平感直接影响职工的工作动机和行为。因此，从某种意义来讲，动机的激发过程实际上是人与人进行比较、做出公平与否的判断并据以指导行为的过程。

公平理论对激励机制的贡献有：首先，影响激励效果的不仅有报酬的绝对值，还有报酬相对值。其次，激励时应力求公平，尽量使组织成员的投入与产出成一定的比例，尽管有主观判断的误差，也不致造成严重的不公平感。再次，在激励过程中应注意对被激励者公平心理的引导，使其树立正确的公平观，一是要认识到绝对的公平是不存在的，二是不要盲目攀比，三是不按劳付酬是在公平问题上造成恶性循环的主要杀手。

为了避免职工产生不公平的感觉，企业往往采取各种手段，在企业中造成一种公平合理的气氛，使职工产生一种主观上的公平感。如有的企业采用保密工资的办法，使职工相互不了解彼此的收支比率，以免职工互相比较而产生不公平感。

10. 期望理论

期望理论（Expectancy Theory），又称作"价值评判—手段—期望理论"，是由北美著名心理学家和行为科学家维克托·弗鲁姆于1964年在《工作与激励》一书中提出来的激励理论。

激励取决于行动结果的价值评价和其对应的期望值的乘积。由于各种人对某一目标的价值评判和期望值不尽相同，因此价值评判和期望值之间就可能有各种不同的组合形式，并由此产生不同的激励力量。一般来说，目标价值评判和期望值都很高时，才会有较高的激励力量；只要价值评判和期望值中有一项不高，目标的激励力量就不大。此外，期望值还会受其他一些因素的影响，如在期望认知中的人的个性、个人经验、环境条件等。

期望理论的核心是研究需要和目标之间规律的。期望理论认为，一个人最佳动机的条件是：他认为他的努力极可能导致很好的表现；很好的表现极可能导致一定的成果；这个成果对他有积极的吸引力。这就是说，一个人已受他心目中的期望激励。可以推断出：这个人内心已经建立了有关现在的行为与将来的成绩和报偿之间的某种联系。因此，要获得所希望的行为，就必须在他表现出这种行为时，及时地给予肯定、奖励和表扬，使之再度出现。同样，想消除某一行为，就必须在表现出这种行为时给予负强化，如批评惩处。

第三节　领导激励的方法和技巧

一、领导激励的方法

领导者应注重在整个领导活动中对激励方法的综合设计与运用。根据组织成员的需要特性,比较常用的、行之有效的激励方法主要有以下几种:

1. 需要激励

满足需要是调动人的积极性的重要方法。需要激励根据不同层次的需要可以分为物质激励和精神激励两种。

(1) 物质激励

物质激励就是为满足人们的物质需要,以物质奖励为手段,通过包括货币在内的各种实物奖品,使被奖励者得到一定价值量的物质利益,用以激励受奖人并教育他人的一种激励形式。物质利益是人们的最基本的需要,领导者应当将物质激励放在重要的和正确的位置上。恩格斯在马克思的墓前肯定马克思的伟大贡献时,说了一句令人豁然开朗的名言:"正像达尔文发现有机界的发展规律一样,马克思发现了人类历史的发展规律,即历来为繁芜丛杂的意识形态所掩盖着的一个简单事实——人们首先必须吃、喝、住、穿,然后才能从事政治、科学、艺术、宗教等。所以,直接的物质生活资料的生产是一切活动的物质基础,人们的国家设施、法的观点、艺术以至宗教观念,就是从这个基础上发展起来的,因而,也必须由这个基础来解释,而不是像过去那样做得相反。"实践证明,领导者经常关心群众的切身利益,不断满足群众日益增长的物质文化生活的需要,并对突出贡献者给予相应的物质奖励,是激发人们工作热情的重要方法。领导者运用物质激励时,需要注意以下两点:一是要有量化的奖励标准,把物质激励与相应的制度结合起来,坚持按标准实行奖励。二是物质激励必须公正,但不搞"平均主义"。

(2) 精神激励

精神激励根据人们所获得的精神力量不同又分为荣誉激励、情感激励、尊重激励、支持激励四种。

荣誉激励是一种较高层次的激励方式。所谓荣誉激励,是领导者根据人们希望得到社会的承认和集体的尊重的心理需要,对那些为社会做出贡献的人给予相应荣誉称号和奖励的一种激励方法。荣誉激励一般将荣誉以一定的形式或名义确定下来,如劳动模范、先进工作者和相应的职称等。这样既可以使荣誉获得者心理得到满足,巩固和提高正确的思想和行为,并经常以此鞭策自己;又可以为其他人树立学习的榜样和奋斗目标,产生较大的社会激励效应。荣誉激励是人们的一种高级精神需要的满足。从人的动机看,人人都具有自我肯定、争取荣誉的需要。荣誉激励是组织对个体或群体的崇高评价,是满足人们自尊需要、激发人们奋力进取的重要手段。荣誉激励成本低廉,但效果很好。这一激励措施有效地利用了被领导者的荣誉需求,容易取得良好的激励效果。

情感激励主要是满足人们交往和友谊的需要,建立起良好的组织内部关系,从而调动人们积极性、提高工作效率的一种激励方法。这种方法要求领导者与组织成员在思想、工作、生活方面相互沟通、关心和爱护,友好交往,以增进彼此间的了解和信任,使人们在宽松上进的组织环境中心情舒畅地工作。古人云"士为知己者死,女为悦己者容",在领导学意义上即是要求现代领导者,不仅要注意以理服人,更要强调以情感人。

尊重激励是人们希望具有一定的社会地位,有一定的威望,受到他人尊重、信赖和高度评价的需要。这种尊重既包括人们内在的自重,也包括来自外部的社会尊重。领导者对组织成员的尊重和信任,可激发起人们强烈的自尊心。因此,不论职位高低,领导者都应一视同仁地对待部属,满足人们尊重的需要,激发人们的工作热情。

支持激励一般包括四个方面的内容:第一,支持人们开拓进取精神,尊重他们的独到见解,爱护其积极性和创造性;第二,信任人们的工作能力,放手让其大胆工作;第三,让人们承担与其才能相应的责任,给他们提供施展才华的机会与舞台,以满足其成就感,激发其献身精神;第四,当工作出现问题和差错时,领导者应勇于为部属承担责任,不委过于人。

2. 目标激励

目标具有明确的方向性,所有行为都是围绕目标而展开的。如果目标不确定,行为就会随之出现混乱,激励则因盲目性达不到初衷。前面我们提到了弗隆姆的期望理论,他认为目标激励有两个原则:第一,目标能否满足人们需要并且能在多大程度上满足个人需要。因此,设置的目标应该与人们的物质利益与精神需要相联系,使人们能够从组织目标中更多地看到自身的利益,这样的目标价值评判才大。第二,人们对目标实现可能性大小的判断。只有经过努力可以实现的目标对人才有激励。因此,要让人们感到目标实现的可能性很大或较大,这样的目标期望概率就高。

领导者采用目标激励时,需要注意以下四点内容:

首先,注意组织目标与组织成员个体目标的一致性。从根本上讲,在社会主义条件下,国家、组织利益和个人利益是一致的。但由于人们的需要存在着个别差异,因此,组织目标与成员个人目标既有一致性,又有差异性。领导者要善于使成员的个人目标同组织目标结合起来,使组织目标能包含人们更多的共同要求,使更多的人们能从组织目标中感受到自己的切身利益,从而把组织目标的完成看成是与自己休戚相关的事,以在工作中充分地发挥聪明才智,出色地完成组织目标。

其次,注意目标的科学性。在一般情况下,目标应适当高于个人能力与水平,使其带有一定的挑战性。但同时也不能脱离个人能力的实际情况,要有一定的可行性。

再次,注意目标的阶段性。为增强人们实现目标的信心,在组织的总目标确定之后,还应制定出各阶段的分目标,把一个大的目标分解成许多小的目标、小步骤去完成,会使人们在心理上感到大目标并非高不可攀,可有效地鼓舞人们一步一步地实现最终目标。

最后,注意目标的可变性。组织目标确定后,一方面要维护目标的严肃性、稳定性,并认真执行;另一方面要根据变化了的情况,对目标作适当修正或调节,使之更加符合变化了的主客观条件。

3. 工作激励

进化论中说,劳动是人的一种最为本质的需求;美国心理学家弗雷德里克·赫兹伯格也认为,工作本身就是一种非常重要的激励资源,因为它是调动人的积极性的最本质、最活跃、最有效的因素。由此可见,工作的需要对人类的重要性。启发和增强人们对工作的兴趣或者对工作结果的兴趣是领导者的主要责任之一。这就要求领导者注意以下各方面的内容。

※ 工作激励最为首要的事情是给人们安排与其自身素质、能力、兴趣、追求相匹配的工作,因为人们总是喜欢从事自己感兴趣的事情和自己能够胜任的工作。因此,把合适的人安排到合适的岗位上,是工作激励的第一要义。

※ 有了合适的工作之后,还要让人们了解本职工作的重要性。在现代工作条件下,由于分工细致,人们往往对本职工作与整体工作的联系、本岗位工作的重要性认识不足。要通过各种途径让人们了解整体工作与本职工作的紧密联系,了解本岗位工作与最终产品、最终工作结果的关系,从而看到自己的工作的重要性,激发他们对工作的认同与热情。

※ 为其设定一个具有创造性和挑战性的目标。一个人整天干驾轻就熟的工作,毫无创造性,常此以往,工作兴趣就会低落。因此,在明确工作意义与价值的同时,安排给人们的工作应有一定的难度,须通过相当的努力才能完成。这样,才能使人们在任务完成过程中以及任务完成后,获得从事创造性工作的满足感和成就感。

※ 尽力拓展工作内容。应注意增加人们工作的种类,让其同时承担几项工作或周期更长的工作,以消除由专业分工造成的工作单调乏味状况;或者将一项较完整的工作交给一个人去独立完成,使人们因有能力独立完成专项工作而得到心理上的满足,从而激发工作兴趣。

※ 下放人们对自己工作的支配权。应创设条件,让人们在自己的职责范围内,有更多的自由选择合适的工作方式,如工作目标的确立、工作计划的安排、工作方法的抉择、工作结果的检查等,以增进人们的责任意识,充分发挥个人才能,不断满足自尊需要。

※ 提供给人们自我实现价值的机会。应创设条件,让人们有更多的机会参与组织目标、规章的制定,各种政务、事务的管理以及发表自己意见、建议的权力与机会。一方面可以提高参与者的主人翁意识、自我价值感和成就感;另一方面是有助于领导者开阔思路,集思广益,同时增强组织决策的科学性;此外,还有助于增强组织的活力,建立和谐的人际关系,从而建立组织的向心力和凝聚力。

※ 采用科学合理的薪资发放方案。主张以工作绩效作为评价贡献、决定奖惩的主要依据。领导者在奖励、提职、晋级等涉及人们利益分配的敏感问题上,应重视工作成绩与工作效果,要以工作绩效作为衡量人们贡献大小、决定奖惩幅度的主要依据。薪资合理才不会触发组织成员的不公平心理,才不致影响组织目标的实现。

※ 注意提高工作效率,让人们及时获取工作进程以及结果的信息。一方面可以让组织成员实实在在地感觉到自己是组织活动中的一员,另一方面即使让人们知道自己的工作成果,可以及时地给予肯定、赞许或者鼓励,可以促使他们改进工作,提高工作的兴趣与责任。

4. 榜样激励

所谓榜样激励,就是通常所说的典型示范,是以富有情感的行为来激励他人,从而达到调动人的积极性的目的。我们常讲榜样的力量是无穷的,就是因为典型人物的行为,能够激发人们的情感,引发人们的"内省"与共鸣,从而起到强烈的示范作用,就像一面旗帜,引导人们的行动,榜样可谓是人的行动的参照系。

作为领导者,如果能够建立起科学、合理的"参照系",就会把组织成员的行为导向组织目标的实现。发挥榜样的激励作用,能够促中间带落后,从而推动各项工作的开展。榜样激励首先要求领导者以身作则,现代领导者在组织中居于主导地位,他们的行为往往是影响被领导者积极性的重要因素。因为领导者通过自身榜样的示范作用,刺激和影响单位工作人员的思想和行为,并逐渐被工作人员模仿与认同,从而转化为工作人员的"自我强化",纳入自身的心理结构之中,达到内化的目的。实践证明,一个才华出众、品德高尚、作风正派并善于以身作则的领导者,就能成为群众的精神寄托,就会吸引更多的人才,使群体内成员凝聚成巨大的合力,释放出巨大的能量。因此,作为单位的领导者能够处处身先士卒,以身作则,吃苦在前,享乐在后,就会通过自己榜样的作用去影响被领导者做好工作。领导者在注重发挥自身表率作用的同时,还要树立好先进典型。善于发现,重点培养,大力宣传,积极保护本单位的先进典型,使榜样激励由点到面,由表及里,自上而下,自下而上,以达到最佳的激励效果。

在具有优秀企业文化的企业中,最受人敬重的是那些集中体现了组织价值观的企业模范人物。这些模范人物使组织的价值观"人格化",他们是被领导者学习的榜样,他们的行为常常被被领导者作为仿效的行为规范。树立先进典型,使被领导者学有榜样,赶有目标,形成你追我赶的良好氛围,有助于实现群体的目标。当然,榜样也不是僵死的"样板",也不是十全十美的圣贤,而是从人的群体行为中孕育、成长起来的,被群众公认为思想进步、品格高尚,工作出色的人。那种仅凭领导者的好恶,人为拔高的榜样,不仅起不到激励作用,反而会引起人们的反感,挫伤人们的积极性。因此,领导者在实施榜样激励时,要注意把握好榜样激励艺术的运用,以便更好地发挥榜样的激励作用。

除以上几种激励方法以外,常用的激励方法还有:民主参与法、提升发展法、培训激励、成果激励、危机激励等。

二、领导激励的技巧

领导激励的目的在于激发组织成员的工作热情与个人潜能,从而更快更好地达成组织目标。激励行为与效果通过激励技巧成为一个有机的整体。一种有着良好技巧的激励行为能够促进领导效果的达成,反之,则会影响领导效果的达成甚至组织目标的实现。领导学里常见的领导激励的技巧主要有以下几种:

1. 启发而不惩罚的激励技巧

在做某件事之前,要打好基础,以征得他人的意见或同意。在施以激励之前,必须先对人员进行启发、教育,使他们明白要求和规则,这样在采用激励方法时,他们才不至于感到突然,尤其是对于处罚不会感到冤枉。所以,最好的管理方法是启发,而不是惩罚。"人性中最深切的禀质,是被人赏识的渴望",惩罚会打击组织成员的积极性,在一定程度上影响组织活动的质量。因此,领导者应掌握好领导激励的技巧,确保一切活动围绕组织目标的实现。

2. 公平相待的激励技巧

解放前,宝元通百货公司完全由考核结果来决定提升与受奖。考核的内容包括"意志、才能、工作、行动"四个方面,每半年评比一次,评比的依据主要是组长和门市纠察人员在日记中专设"人事"一栏,每天记录售货员在这四方面的表现。经过这样的考核,职工就有可能由每月0.5元的工资一步步往上爬,一直爬到宝元通"九等三十六级"的顶峰。主任级以上职员就是通过这样的考核逐步提升起来的。这一做法就给人一种印象:凡是能力较强而又积极工作的,在宝元通必有出头之日,凡是考核成绩不好的人,绝无侥幸提升的可能,表现极差者甚至有被辞退或者开除的危险。宝元通规定每年将总盈余的31.5%分配给全体职工,正因为采取了以上的办法,在具体进行分配时才没有发生多大的困难,大家基本上无异议。

充分利用激励制度就可能极大地调动企业职工的积极性,保证企业各项工作的顺利进行。要保证激励制度的顺利执行,就应当像宝元通一样,不唯亲、不唯上、不唯己、只唯实,公平相待。

3. 注重现实表现的激励技巧

西洛斯·梅考克是美国国际农机公司的创始人,世界第一部收割机的发明者,有一次,一个老工人违反了工作制度,酗酒闹事。按照公司有关管理制度的有关条款,他应受到开除的处分,梅考克在管理人员作出的决定上签署了赞同意见。决定一发布,那位老工人立刻火冒三丈,他委屈地说:"当年公司债务累累时,我与你患难与共。3个月不拿工资也毫无怨言,而今犯了这点错就把老子开除,真是一点情分也不讲!"梅考克平静地对他说:"你知不知道这是公司,是有规范的地方……这不是你我两个人的私事,我只能按规定办事,一丝也不能例外。"在实施激励方法时,应该像梅考克一样,只注重激励对象的现实表现,将现实表现同过去的情况分开来看,当奖则奖,该罚就罚。

4. 适时激励的技巧

美国一家名为福克斯波罗的公司,专门生产精密仪器设备等高技术产品。在创业初期,一次在技术改造上碰到了若不及时解决就会影响企业生存的难题。一天晚上,正当公司总裁为此冥思苦想时,一位科学家闯进办公室阐述他的解决办法。总裁听罢,觉得其构思确实非同一般,便想立即给予嘉奖。他在抽屉中翻找了好一阵,最后拿着一件东西躬身递给科学家说:"这个给你!"这东西非金非银,而仅仅是一只香蕉。这是他当时所能找到的唯一奖品了,而科学家也为此感动。因为这表示他所取得的成果已得到了领导人的承认。从此以后,该公司奖励攻克重大技术难题的技术人员时,授予其一只金制的香蕉形别针。

行为和肯定性激励的适时性表现为"赏不逾时"的及时性,公司总裁在没有别的东西,只有一只香蕉也要拿出来作为奖品。这们做至少有两个好处:一是当事人的行为受到肯定后,有利于他继续重复所希望出现的行为。这正如小孩学走路时,当他走出一步姿态并不雅的第一步后,就立即鼓励他走出第二步、第三步,直到他真正学会走路为止;二是使其他人看到,只要按制度要求去做,就可以立刻受奖,这说明制度和领导是可信赖的,因而大家就会争相努力,以获得肯定性的奖赏。

5. 适度激励的技巧

有人对能通宵达旦玩游戏者不可理解,但一当自己去玩时,也往往废寝忘食,原因何在?游戏机上电脑程序的编制是按照由简到繁、由易到难的原则,在每一个具体的程序中,操作者在与电脑相较量时都不可能轻而易举地获胜。但经过一段时间操作之后又能够赢取部分的胜利。这样有努力就有进步、不努力就退步的若得若失的情况对操作者最有吸引力。游戏机事例说明了激励标准有个适度性的问题,保持了这个度,就能使激励对象乐此不疲地努力。反之,如果激励对象的行为太容易达到被奖励和被处罚的界限,那么,这套激励方法就会使激励对象失去兴趣,就会达不到激励的目的,所以说:"赏罚不中则众不威。"

第九章 领导方法与技能

人们观察和处理任何问题都必须采取一定的方法。作为领导者,要在组织中卓有成效地行使权力,并且影响和推动下属为实现组织目标而努力奋斗,方法尤为重要。好的方法可事半功倍,不好的方法则事倍功半,不仅劳而无功,甚至造成巨大损失。因此,领导方法既是领导学原理的重要组成部分,也是领导者必须研究的重要课题,它直接影响领导者的工作成绩,更是衡量领导者领导水平高低的重要标志。

第一节 领导方法的本质

一、领导方法的含义

方法是指人们达到某种目的的行为方式和手段。黑格尔在《逻辑学》一书中将方法界定为"方法也就是工具",是主观方面的某个手段,主观通过手段和客体发生关系。因而"方法"是人们在认识世界和改造世界的过程中,为了达到某个目的,而发挥人的主观能动性来运用各种物质、能量、信息的一系列技巧、方式和手段。

领导方法是领导者为达到一定领导目标,按照领导活动的客观规律所采取的方式和手段,是领导者致达目的的桥梁和纽带。从广义上说,领导方法不仅包括领导者个人的思想方法和工作方法,而且包括制定使用诸如政令、政策、规章、制度、会议、道德规范等上层建筑。

领导方法作为领导活动中最生动的领域,是领导活动艺术化过程中的重要组成部分。美国著名领导学家斯道戈迪尔曾经对领导艺术提出了这样的看法:"最有效的领导应该是表现出一定程度的多才多艺和灵活性,从而使自己的行为适应不断变化,充满矛盾的需求。"因此领导绝不仅仅是一种程序上的运作而是一种创造力的表现。沃伦·本尼斯把领导定义为创造并实现梦想。我国著名的科学家钱学森和王寿云也认为:"领导艺术是一种离开数学领域的领导才能,它能从大量事物的复杂关系中判断出最重要、最具有意义的东西。"这些都是对领导方法重要特点的表述。可见,领导体现了领导者的创造力、聚合力,它是最富挑战性的社会实践活动。正是与领导活动的这一特征相适应,领导方法便成为展现领导智慧的最生动、最具活力的领域。

俗话说:"工欲善其事,必先利其器",领导者必须掌握基本的科学的领导方法。领导方法是领导学体系中最为生动的重要组成部分之一,是领导者发挥其影响力的最广阔领域。领导方法得当,会极大地提高领导绩效。

二、领导方法的特征

正确的领导方法,是领导者认识世界、改造世界、科学地分析形势、提出战略任务的重要条件。正确的领导方法是确定目标、完成任务的根本保证。了解和掌握领导方法的特征,深刻地把握领导方法的实质,才能选择和灵活地运用合适的方法,并根据变化了的新情况和新问题,研究创造出新的方法。

(1) 直接目的性

领导方法直接服务于领导目的。目的决定手段,手段从属、服务于目的。没有无目的的手段,也没有无手段的目的。因此,学习和运用领导方法,应该有明确的目的。为方法而方法的"无的放矢",则失去了存在的实际意义。然而,没有正确的目的,甚至错误的、反动的目的,其方法愈"高明",给社会带来的危害就愈大。当然,领导方法对于领导目的并非是消极、被动的,相反,它能制约领导目的的实现。在实际领导活动中,在大体相同的条件下,大体相同的工作,由于方法不同,效果大不一样,甚至正负效应反差甚大。

(2) 客观真理性

所谓客观真理性,是指领导方法不是随意制定的。也不是任意的主观比的选择。从根本意义上说,正确的领导方法是正确的思想方法和工作方法的具体体现,是领导者对客观规律的正确反映和运用。脱离客观实际,主观随意地制定和选择方法,就会违反客观规律,使领导工作造成严重的失误。

(3) 系统层次性

领导工作是一个复杂的系统工程。与此相适应的领导方法也是一个系统体系。由于领导目的和任务不同,领导方法也就不同,不同层次的目的和任务,需要不同功能和适用范围的方法。领导方法的系统体系大致分属三个层次:马克思主义根本方法论、基本领导方法和具体领导方法。根本方法论是领导方法中的最高层次,它是从具体方法和基本方法中抽象出来的理论体系,反映的是领导方法中最普遍、最一般、最本质的方法。居于方法体系的核心地位。基本方法是反映领导工作一般规律,适用面比较广,而且渗透在具体方法中的领导方法。具体领导方法则是反映领导工作具体规律的方法,它既是根本领导方法的体现、展开、引申,又是在领导工作中适用于某些具体阶段、领域领导工作的方法,是与基本领导方法反映的一般领导规律不同的特殊规律。

(4) 条件相关性

领导方法的条件相关比,是指领导方法的产生和便用与特定的条件相联系。领导方法受领导者、被领导者、领导系统环境等因素的制约。一般说来,领导者的知识越丰富,知识结构越合理,开拓创新精神越强,就越容易把握科学的领导方法。领导者的意志、兴趣、情绪等心理因素,对领导者能否掌握好某种领导方法也有一定的制约作用。客观真理是具体的、有条件的,任何领导方法也是具体的、有条件的,因此是相对的、有限的、暂时的。"包医百病"的领导方法是不存在的。领导者运用领导方法要受到条件制约。

(5) 动态变异性

领导方法的动态变异比,是指领导方法产生、发展的过程性。领导方法是客观的,而客观事物又是不断变化的,因此反映客观事物的领导方法也是经常变化发展的。特别是现代科学技术的发展，政治、经济形势出现了许多新情况、新特点，也使领导活动发生了很大的变化。作为领导方法，绝不能凝固不变，而必须在实践中不断发展和完善。领导方法的动态变异比并不引听领导方法在某些方面、环节的静态稳定性。但是，动态变异比是绝对的，静态稳定性是相对的。

(6) 开拓创新性

开拓创新，指的是有目的的推动社会进步的开创性活动。也即与时俱进，想前人所未想，做前人所未做。21世纪是一个充满希望的世纪，也是一个充斥着矛盾、挑战的世纪；我们所从事的事业，不论是在2050年实现中等发达国家的水平；还是在本世纪完成中华民族复兴的伟业，都是前所未有的开创性事业，这一开创性事业本身就要求领导者从思想、方法到行为都要具有创新性。如果说，在后工业化社会之前，由于整个社会的知识含量有限，不事创新也可守成，维持局面；但在人类知识经济时代的今天，没有开拓创新能力的领导者，就坐不住板凳，难于建功立业。创造性的事业必然要求创新性的领导者，创造性的事业也必然要求领导方式方法的全面创新。

第二节　领导方法的种类

一、基本的领导方法

领导工作过程中始终存在两对矛盾：一是领导者与被领导者之间的矛盾；二是领导者（领导活动主体）与环境（领导活动客体）之间的矛盾。因此，原则上讲，为解决这两对矛盾而产生的方法都属基本领导方法。具体来说，领导方法包括以下三项主要内容。

1. 调查研究的方法

没有调查就没有发言权。调查研究就是深入实际，对客观事物进行观察了解，详细占有多种资料，并对这些资料进行科学的加工处理，从而认识和掌握客观事物的本质及其发展规律，为做出正确决策提供科学依据的方法。

调查研究是认识客观事物的基本方法，也是领导工作的基本方法。在领导者与被领导者、领导与环境的矛盾关系中，对领导者来说，被领导者与环境这两者都是不以领导者主观意志为转移的客观存在。因此，处理这两对基本矛盾，归根结底就是处理主观与客观实际的关系。领导者做决策，是主观如何正确反映组织的客观实际，将决策贯穿实施，争取达到预期目标，是主观反作用于组织的客观实际。为了使主观指导符合客观实际，惟一的途径就是深入实际，调查研究，掌握实际情况，舍此没有别的途径。调查研究的方法，通常情况有以下内容。

（1）确定调查对象

当确定下研究课题又决定采用调查研究的方法后，首先做的工作是确定调查对象。根据调查对象，可以分为全面调查（或称普查）和非全面调查。领导者开展调查研究活动，应当学习将传统方式与现代手段结合起来综合使用的方法。传统的调查研究的方法有个别采访，开调查会，上图书馆收集资料。现代手段增加了诸如上信息检索、

(2) 访谈调查

个别采访、开调查会,采用的是问答式、讨论式,要同被调查者平等对话,采取虚心求教态度,并口问手记。这在全面调查和抽样调查之后,选择其中有代表性的个体,进行更加深入具体的调查,便是典型调查。其目的是,加强所获信息的准确度和所获资料的可信度,确保调查结论的可靠无误。

(3) 问卷调查

在调查研究中,发问卷的形式是最常用的一种收集资料的方法。它简便易行、节省时间,所收集的材料也比较容易整理和统计。有时用无记名形式问卷,可以获得访问或开调查会所不容易获得的某种有价值的资料。当然有时发出的问卷无法全部收回,会影响所给材料的代表性。为避免这种情况发生,我们要重视对问卷的设计。如果想比较顺利地获得真实可靠的资料,并使它易于整理和统计,就必须遵循一定原则:问卷中的所有问题都应和研究的目的相符合,即题目应是研究问题和假设所要测量的变量;问卷要清楚地说明问卷的重要性;问题要简明扼要,客观,不能暗示答案;整份答卷要尽可能简短;所问问题不能超出回答者的知识和能力范围;回答问题后的资料要易于列表说明和解释。

设计问卷首先要设计标题,标题要与研究目的相符。其次要写问卷中的指导语,一般包括称谓、研究目的、回答问题的要求,对有关问题的解释等。最后要说明联系人、联系地址、电话号码等。

问卷设计好以后,还不能正式使用,需要先做试验性调查,也就是小范围的调查验证问卷内容是否合理,好的保留,不好的淘汰或修改,这样调查问卷表就会更科学可行了。

2. 群众路线的方法

在领导活动中,领导者与被领导者的矛盾,始终贯穿于领导活动的全过程。解决不同矛盾要用不同的方法,毛泽东认为,正确处理社会主义领导与被领导着之间矛盾的基本方法,是群众路线的方法。毛泽东在《关于领导方法的若干问题》一文中指出:"从群众中集中起来又到群众中坚持下去,以形成正确的领导意见,这是基本的领导方法。在集中和坚持过程中,又必须采取一般号召和个别指导相结合的方法,这是前一个方法的组成部分"。群众路线,就是一切为了群众,一切依靠群众,从群众中来,到群众中去。一切为了群众,是领导的根本立场和宗旨;一切依靠群众,是领导的根本观点和准则;从群众中来,到群众中去,是领导活动的最基本的方法。

马克思主义的唯物史观和认识论告诉我们,人民群众是历史的创造者,他们既是社会实践的主体,也是认识的主体,有丰富的实践经验和巨大的创造力。对组织而言,全体成员的积极性和创造性则是组织活力的源泉。因此,组织的领导者只有走群众路线,虚心向组织内的其他成员学习,充分以来全体成员的智慧、经验和力量,充分发挥全体职工的积极性、主动性和创造性,才能形成正确的领导,才能带领全体员工胜利完成组织的各项任务,实现组织目标。这也就是说,在领导工作中坚持群众路线的方法,不仅是正确处理领导者与被领导者关系所需要的,而且也是解决领导者与环境之间的矛盾,使领导者的思想、决策、计划、指挥等符合实际,保证组织在特定的环境中顺利发展所必须坚持的基本方法。群众路线的基本方法具体表现在以下三个方面。

（1）领导与群众的结合

从群众中来，就是把群众意见集中起来化为领导意见。领导者深入到群众中去，真正听取群众发自内心的要求和呼声，经过认真的调查研究，把群众在实践中积累的丰富经验、提出的意见要求和愿望，集中起来，经过分析研究，加工制作，化为一般的指导思想，形成符合客观实际的科学的路线方针政策。到群众中去，就是把集中起来的领导意见化为群众自觉的实践活动，即把所形成的政策方案、工作指示，再回到群众中去，化为群众的思想和行动，同时领导者要身先士卒，带头执行，依靠骨干的力量，积极组织动员广大群众进行实践，并使政策在群众的实践中得到检验和发展。

（2）一般号召与个别指导相结合的方法

从群众中来，到群众中去的过程，同时也是一个从个别到一般、又从一般到个别的过程。这个方法是辩证方法和群众观点在领导工作中的具体应用。一般号召，就是指领导者把从群众中集中起来而形成的各种政策、方针、口号、纲领等，又回到群众之中，进行广泛宣传、动员、号召，以期得到群众的了解认同和支持，化为其群众的自觉行动。个别指导，就是在方针政策的执行过程中，领导者深入实际，率先垂范，进行具体的指导，发现问题，取得经验，然后更有效地指导和贯彻落实政策。

（3）领导骨干和广大群众结合的方法。

毛泽东认为，进行任何工作，"只有领导骨干的积极性，而无广大群众的积极性相结合，便将成为少数人的空忙。但如果只有广大群众的积极性，而无有力的领导骨干去恰当地组织群众的积极性，则群众的积极性既不可能持久，也不可能走向正确的方向和提高到高级的程度"。因此，只有把领导骨干的积极性和群众的积极性结合起来，才能更好地进行领导活动，取得应有的效果。

3. 科学分析的方法

辩证唯物主义的认识论认为，人们对客观世界的认识包括感性认识和理性认识两个阶段，认识是在实践的基础上，从感性认识发展到理性认识的。人们能否完成从感性认识到理性认识的飞跃，形成正确的认识，了解事物的本质和规律性，首先需要掌握十分丰富而且合乎实际的感性材料；其次就是用科学方法对感性材料进行加工。这个分析加工过程是十分复杂的抽象思维过程，是"经过思考作用，将丰富的感性材料加以去粗取精、去伪存真、由此及彼、由表及里的改造制作工夫，造成概念和理论的系统。"因此，可以说，所谓科学分析的方法，就是泛指领导者的认识在由感性认识到理性认识的抽象思维过程中，既包括定性分析的方法，也包括定量分析的方法。

组织的领导者不管是进行调查研究，还是采取群众路线的方法开展工作，都离不开科学分析的方法。因为只有依靠科学分析，才能透过调查了解到事物表面的现象，认识事物的本质、整体和内部联系，也只有依靠科学分析，才能真正把群众的智慧、经验和正确的意见集中起来，集思广益，做好领导工作。

二、专门的领导方法

除了基本的领导方法之外，领导者在进行领导活动的时候，还有一些针对性比较强的领导方法。下面我们有选择地一一作详细介绍。

1. 软硬领导法

软硬领导法要求领导者在权变思维的过程中,通过对下属成熟度、任务性质等变量进行清醒的判断,然后做出灵活多变的调整,使其既能在软化过程中,培植人格的感染力,又能在硬性的规定中,展示自身不可侵犯的权威。如美国安哥拉监狱的看守长韦特利,在1990年就任该监狱看守长时,面对的是犯人不满、暴力、越狱,看守们士气十分低落,监狱的管理工作处于十分艰难的状况,不到三年的时间他就用正派公正等人格的力量,和对违反规章制度的犯人们的毫不犹豫的惩罚,使得安哥拉监狱发生了巨变。其使用的方法就是软硬领导法。

2. 运筹领导法

组织动员下属去实施决策绝非易事,并非一声令下就能奏效的,更非领导者自己亲临现场、冲锋陷阵、事必躬亲就能奏效的。领导需要全面系统的运筹,对涉及实施决策的种种复杂因素,如内外在因素、现实因素、潜在因素、精神因素、物质因素等,即人、财、物、信息和时间等资源进行科学运筹。一切组织系统总的领导人不仅要对自己领导范围内的资源做到心中有数,对组织外部的资源也要有所了解,而且还要通过对这些资源的全面分析,综合权衡,使之都能组成一个牵一发而动全身的整体,使内部和外部资源进行整合,每种资源都能相互作用,成为实现组织战略目标的有效资源。

(1) 领导运筹五要素

运筹的要素包括五个方面的内容:人、财、物、时间和时效性。

组织的领导者在运筹时,最难处理的就是人力资源。人是一种活的资源,是很难琢磨的,而且每个人都有自己的个性。领导者面对的是一个个活生生的生命,如果把不同类型的人纳入到领导过程之中,使他们的行为和思想有助于组织目标的实现,那么采用什么样的原则和方法将人们组合在一起,如何为下级领导配备助手,如何组建领导班子,这对领导运筹来说,都是极其重要的。其次是财、物资源,财和物相对于人力资源来说,具有相对的确定性。但如何使其发挥最大的作用也需要科学的运筹。再次是时间,时间在领导运筹过程中也是重要的战略资源。时间的最大特性是不可逆性。美国管理学权威彼得·德鲁克说:"在每一项领导问题、每一项决策、每一项行动中都从在一个复杂的问题,这就是时间"。领导在运筹时应兼顾现在和将来,不能以牺牲未来收益而获取暂时的利益。最后是信息,信息是领导决策的基础。领导者在充分掌握信息的基础上,对组织内外的资源进行配置和重组,有利于各个部分最佳效能的发挥。以上的五个要素,是领导者在作出决策过程中,在运筹过程中必需考虑的因素,忽略了任何一个要素,都将严重地影响领导在决策和运筹之后的活动,甚至会导致领导活动的失败。

(2) 领导运筹原理

领导运筹活动中的每一个对象都不是孤立的,他即在自己系统之内,由于其他个系统发生联系。因此,为了达到现代化领导的优化目标,就必须运用系统理论,对领导活动进行充分的系统分析。领导者的最大作用就是整合组织内外资源,使资源产生最佳效益。而必须运用系统理论,对领导活动进行充分的系统分析。我们已经讲过,领导者最大的功用就是能够使各种要素的相加大于其部分之和。因此,对于领导运筹来说,必须坚持整体性的原则,而不能头痛医头,脚痛医脚,更不能挖东墙,补西墙。

在决策实施过程中,最重要的便是落实任务,把总任务变为几十人、几百人甚至成千上万人的协同行动。这是一个从整体到部分,再到整体的过程,这就是领导运筹中的整分合原理。这就要求领导者对任务有一个整体的了解,对任务进行分解,并进行强有力的组织管理。对任务的分解不是领导运筹过程的终结。领导者将任务分解之后,必须进行强有力的组织管理,使各个环节同步协调,使人、财、物、时间、信息得到有效合理的利用。

在领导运筹活动中,反馈就是有控制系统把信息输出出去,又把其作用和结果发送回来,并对信息的在输入发生影响,起着控制的作用。有效的领导绝不是一个封闭的流程,而是一个从不间断的信息交流过程,其中反馈控制是极为重要的。

能级原理要求领导者应根据每一个单元能量的大小使其处于恰当的地位,以此来保证结果的稳定性和有效性。现代领导的一个重要任务就是建立一个合理的能及。能力的确定必须保证领导结构具有最大的稳定性。不同能级应拥有不同的权力、物质利益和精神荣誉。能级原理要求领导在运筹过程中,要保证每个人能在其位、谋其政、行其权、尽其责、取其酬、获其荣、惩其误。领导者要使各个岗位上的人能充分发挥其才能,必须使人处其位,通过艺术化的授权,为其才能的发挥提供权力上的保证。

3. 目标领导法

目标是领导活动的一个基本要素。确定目标是实施引导功能、推动组织发展的先决条件。能否确定正确的发展目标,实现组织发展的恰当定位,是考察领导者预测能力高低和分析能力高低的一个重要指标,可见,确定目标是领导活动的起点,他为决策的制定和实施提供了重要的依据。目标一错,可能就会错上加错。因此可以说"目标一旦定好,决策问题已经解决了一半。"目标领导法包括三个方面的内容。

(1) 目标领导法的前提

制定目标的最终目的是目标的实现,这就需要将目标进行分解,将过于笼统、抽象的总目标分解为具体的、便于执行的、可操作的和可检验的子目标。不能分解的目标,就可能形同虚设。目标也是一种激励力量,但并非那些形式简明、内容集中并能为下属接受的目标才能起到真正的激励作用。领导者运用目标领导法,必须注意以下两个方面的问题,首先,目标的实现对被领导者来说一定是有益的,即被领导者在目标达成之后能够从中受益;其次,目标的实现对整个组织来说一定是有益的。即目标的实现必须有利于组织的发展。

(2) 目标领导法的步骤

美国著名管理学家和领导学家彼得·德鲁克认为,一般组织中存在着三种错误领导因素:一是过分强调领导个人技术第一,以致每个层次的领导者只顾自己的专业技术而忽视组织的总目标,使整个住在成为散沙一堆。二是过分重视顶头上司的个人所好,以致人人尽力讨好主管,而忽视了工作的真正目标,使组织成员成了主管的应声虫。三是不同层次见仁见智的观点,致使上下意见难以沟通,赏罚不一,是非无一定标准,整个组成成为争吵、怨气、赌气的场所。那么如何走出这一条系列致命错误的领导深渊呢?德鲁克提出了以"目标"贯穿整个领导层次努力的方向。当然,我们这里所说的目标就是与个人价值观相结合,个人理性和集体理性一致的最高目标。因此,"纵向到底,横向到边"目标分解。一项积极、切合实际的目标是决策的原动力,但是现实中能有效运转的目标并不是单一的,而是由不同层次、不同性质的目标组成的目标体系。总目标往往笼统抽象、不便测量与操作,这就需要把笼统的目标分解为具体、精确的子目标。将总目标具体化和精细化的过程,在领导学中就是"目标分解"。目标分解的原则是"纵向到底,横向到边"。所谓"纵向到底"就是从总目标开始,一级一级从上向下,从组织总目标到刺激组织目标,再到更次一级的组织目标,最后是组织成员个人要达到的目标。这一层层展开的过程,是以延伸到每一个人作为终点的。在这个分解过程中,形成若干条"方法——目的链",因为通常上一级实现目标的手段或方法就是下一级的目标。所谓"横向到边"是指在目标的横向分解中,每一个相关的职能部门都要相应地设立自己的目标,不能出现"盲区"和"失控点"。横向分解后得分目标表示处于同一层次的,是实现上级目标的不同手段。可见,为达到总目标必须有部门目标(横向的)和层次目标(纵向的)来支持,这样就把组织的追求、领导的追求、部门的追求和个人的追求整合在一起了,在有效整合的基础上形成了一个左右相连、上下贯通的目标网络,这样的目标体系才能使整个组织更加紧密、更有力量。

(3) 目标的层次

对于任何组织来说,其目标可分为以下四个层次:

※ 最高目标。即能够内化为组织成员心中的价值目标,也就是组织的使命,它是支撑整个组织的精神力量,是整个组织的价值导向,是构建组织文化的关键所在。

※ 总目标。也称为基本目标,反映整个组织基本功能和发展方向的总体目标,总体目标明确规定组织最基本的活动方向,这是目标分解的基点。

※ 职能目标。规定了组织内部各种具体的活动项目,指明人们应当从事或应当开展的工作,本质上反映的是组织内部具体的工作职能和部门追求,这是在总目标基础上的第二层目标分解。

※ 工作目标。这是在智能目标的基础上引进的更深一层的目标分解,规定的目标主体在某一阶段内过完成的各项具体工作,以及完成工作应达到的程度要求,如规定具体工作项目,以及完成工作任务的时限、数量和质量等方面的要求。

第三节 领 导 技 能

一、领导的五种技能

领导者除全面理解领导的原则和掌握领导方法外,还必须掌握相应的领导技能,更灵活地处理领导活动。

1. 情况的判断与处理

领导者常常要对许多事情做出正确和迅速的判断和处理,同时要承担无法回避的责任。因此,领导者必须具备这两方面的能力。

一般来讲,在决策或问题处理时有三种选择:一是自己做出决策,然后告诉别人决策是什么;二是说服有关人士,作出有关决策;三是将决策贯穿于组织之中,最后达成民主决策。

当领导者告诉别人决策是什么时,他虽拥有绝对权力,但同时也承担了全部责任,但他说服别人决策是什么时,他与群体共担责任和分享权力;但他把决策融入组织之后,群体将承担绝对责任,也拥有绝对权力。

实际上,国内外有很多学者都进行了这方面的研究,他们将领导者根据上述三种选择分为三类,但各有各的提法。麦克格雷格、厄威尔和乌奇称为独裁型、参与型和一致通过型;彼得·德鲁克称为专家型、合作型和一致通过型;弗里曼则称为给与、给与和获取、参与管理;巴纳德则将其描述为指导性独裁、指导性民主或宽容性独裁、宽容性民主。有些领导者只能成为其中一种,高水平的领导似乎可以根据情况改变自己的想法,即在不同的情形下采用不同的形式。

2. 沟通

沟通指的是在工作中激发动力,领导委派工作并向所有的员工进行传达时(或是反向传递信息时)所做出的特定的行为和技巧要达到的目的。沟通影响着工作的绩效,因此,如果你想有一个高绩效的团队,你就需要确立有效的沟通来确保你能得到好的结果。缺少了良好的沟通渠道,工作就很可能会失败。

领导的原则和技术的实现直接依赖于领导者的沟通技能,实际上沟通向来都被认为是最基本的组织技能。沟通是使领导者与被领导者之间更好的理解,沟通的主要要素有:理解力、注意力、建立友善关系、说服力、记忆力等。为提高沟通的能力,应该从这些要素角度加以锻炼和改进。这些能力发挥的基本方式是听、说、读、写,所以这四个基本技能也同样重要。良好的沟通意味者领导者说出你心中所想,并充分理解所有的反馈。

3. 内部市场化

内部市场是相对于外部市场而言,是借助了外部市场交易的原则,把市场机制引入企业内部,以经济结算关系代替企业内部的分工协作关系或行政隶属关系,形成以经济结算为主,行政命令为辅助的管理方法,从而使每一个企业内部单位都转变成经济单元,充分体现人的经济属性和经济价值,调动劳动者的生产积极性。

激励重在"目标"和"参与"。即若有具体的、事先确定的目标。群体若能参与目标的事先确定,激励将会更有效,激励相容的原则通过"内部市场化"这个重要的领导技能来实现。"内部市场化"意识是在组织内部开展另一种类型的促销活动,这种促销活动不是推销产品或服务,而是致力于使组织内每个成员更好地为自己的利益做好分内的工作。"内部市场"的关键在于将组织成员工作上的努力与其心灵深处的个人利益和发展目标结合起来,个人理性与集体理性向一致,让每个组织成员的潜力均得到充分的发挥。

4. 风险评估

工作中的问题一般都出在没有对风险做出恰当的估计和没有处理好对风险的恐惧。在面临风险和恐惧时,成为一位熟练老道的决策者就是很重要的领导技能。

风险评估是对信息资产面临的威胁、存在的弱点、造成的影响,以及三者综合作用而带来风险的可能性的评估。作为风险管理的基础,风险评估是组织确定信息安全需求的一个重要途径,属于组织信息安全管理体系策划的过程。风险评估的主要任务包括:识别组织面临的各种风险;评估风险概率和可能带来的负面影响;确定组织承受风险的能力;确定风险削减和控制的优先等级;推荐风险削减对策等。

一般情况下,评估风险和处理风险有以下几个步骤。

(1) 对风险进行分类。如果风险很大,收益很小,决策很容易做出。通常,决策就是在风险和收益之间做出权衡。不同的收益和风险的组合反映了不同的决策局势。

(2) 分析相关的担心和恐惧。恐惧和担心是害怕决策失误的一种反映,这里,关键是决策,只要逐步弄清下一步的风险所在,才会减少害怕。

(3) 采取不损失策略。面对困难和问题,主要有三种思路:出击、退却、绕过去或原地不动。在一定情况下,这三种思路都是正确的。但在现实中的领导们常会墨守成规,每次都是基本相同的选择,这也许是由于经验或轻车熟路所致。因此,每当决策时若能同时考虑这三条道路就变得十分重要。

(4) 双重决策。通常,到了第四步就是决策的实质阶段了。但考虑到风险和相关的担心,实际上有两个决策要做,没有第二个决策,第一个决策甚至没有用。要取得最好的结果这两个决策必须同时进行,即及时做出基本决策、准备处理未考虑到问题。因此,决策的同时,要做好对突发事件中情况的分析和应付的策略。只有按照这种思路去做,双重决策才是有价值的。

5. 关系的更新

领导者与被领导者、单位与单位之间的关系随时间、环境的变化可能发生变化。当误解和障碍经常出现的时候,就要考虑关系是否需要改善和修复。因为关系是领导的基础,所以要随时注意革新和修复关系。维护关系要注意的是冲突的解决和防止关系的破裂。解决冲突的方法很多,一是置之不理、否认冲突的存在、面对冲突、进行仲裁、解决冲突、从冲突中得到好处等;二是在此基础上根据双方的需求,在相互尊重的情况下建立新型的工作风格。以下几个步骤有利于关系的建立和维护。

※ 如果想修复一下破裂的关系,最重要的是双方必须尊重,让对方体会到自己的真诚,所谓真诚,就是真实诚恳、不虚假。人际交往过程中,诚实是最重要的,应当神态自然,心口如一,切忌虚伪客套、言不由衷。真诚是做人之本、处事之根。它能消除人们之间的隔膜,为人们架起理解的桥梁。

※ 除了真诚之外,还需要人和人之间的相互接触,从而相互认可,相互接受,做到这一点的关键是相互信任。

※ 没有真诚和信任,谈不上共识。而要真正达成共识,最主要的是要抛开个人偏见,客观地看问题和处理问题。

※ 真诚客观并设身处地地站在对方立场看问题有助于达成共识,固执地坚持己方的立场无疑会使双方的关系陷入僵局,有时不得不适当折中或妥协,而创造可在其中发挥重要作用,在黑夜中见到曙光。

※ 如果有了尊重、认可、共识和创造,而为跨出建立新关系的最后一步,便会前功尽弃。而新关系的建立最重要的是让双方看到成功的前景和希望。

※ 最后的步骤就是双方共同运作。真正的运作一般是在希望变为信心之后开始的,相互充满信心,就不难达到成功的彼岸。

二、领导技能的应用

领导的角色可以简单表达为:首先,他们必须理解基本的领导原则;其次,他们在工作中能够并善于应用那些已被证明是有效的领导技能或方法。一旦人们使用这些知识和技能武装了自己,领导就不是一种可望而不可即的东西,无论你处在哪一个层次,都可以轻松自如地成为领导。

1. 认识个人的潜力

个人能力有两方面的含义:一是领导者自己的潜力;二是被领导者的潜力。几乎任何领导在一开始都未能正确认识自己巨大的潜力,同样的情况是被领导者也未能充分开发其潜力。领导的真正作用在于恰当处理群体间的关系,解决各种矛盾,创造宽松的环境,使全体人员的潜能为了组织的目标,尽可能地释放出来。要发挥这些作用,处于领导地位的人必须逐步形成这种有效的领导关系和作用过程。对于从事领导行为的人,下面的步骤会有助于做到这些。

(1) 想法影响别人

影响他人是领导的基本作用,领导要用自己的能力去影响尽可能多的人,让组织成员都能感受到你的力量,激励他们完成设定的目标。领导的能力越强,这种影响力就越大,追随者越多,越能克服困难和挫折,就越容易既定目标。

(2) 寻求与他人的共同点

领导关系的建立和改善,必须是建立在关系双方共同利益与需要的基础上。在交往过程中,要清醒地认识到双方的粘合剂。具有相似性的人或者共同语言的人容易共事相处。作为领导要善于去寻找自己和大家的相似性。试图具有相同的价值观,用别人容易理解的方式谈话,与大家有尽可能接近的个性,才更容易带领大家一道工作。

(3) 满足别人的期望

韦尔奇说"在你成为领导以前,成功只同自己的成长有关。当你成为领导以后,成功都同别人的成长有关。"作为领导者,你不是让你变得如何如何的强,而是让你的员工变得更强。在组织中以及领导者想影响的人中,大家都会有自己的需求和希望,领导者应有能力认识这些需求和欲望,并设法满足他们的需求,实现他们合理的期望。

(4) 使用和放弃领导角色

领导者应有能力取得领导角色,然后再放弃领导角色。不能以领导者自居,动不动就发号施令,而应把自己也视为组织中的一员,无非使承担的责任有所不同,重要地是唤起大家,使大家知道每个人都有责任维护组织的发展。在某些组织中,一眼就能看出谁是领导,但工作却难以推进;有些组织中,很难看出谁是领导,但是充满了活力和秩序。领导要能和组织成员打成一片,感觉不到他的压力,但却离不开他。

(5) 互相协助

相互协助、相互支持,领导应能发现和营造组织中相互支持的气氛,在组织中这种气氛越浓,被领会会变得更加积极,领导越能得到更多的支持,工作就越好做,业绩就越好。

(6) 弄清自己的价值

领导应有能力了解和判断自己的价值,希望别人支持时,首先要想自己是否值得支持,不要一味苛求别人。当工作中遇到负面影响时,要认真分析,换一个角度想一想,找出其中客观的东西。然后再重新思考如何正确的开展工作。

2. 自愿是行动的第一步

领导的职位并不是所有人都愿意做,因为领导工作有时会沉重而痛苦,当然也会有成功后的辉煌。愿意者不见得一定具备领导才能,不愿意这也不一定没有领导才能。这其中有个人价值判断、对局势的分析和各自的生活观。但要做好领导,首先要有做领导的意愿。影响人们意愿的因素,有些可以起到推动的作用,有些则起抑制的作用。通常,影响人们意愿的因素有:

(1) 自发的意愿

要做好领导,最好有发自内心的意愿,而这种意愿又取决于自己对自己力量以及各方面力量和人生价值的取向。

(2) 外界的刺激

现代社会是一个快速变化的社会,剧烈的变化将会产生许多不确定性,也会给人们提出新的挑战和威胁,这些都会加大领导的难度和风险,对领导有一定的制约作用。但反过来看,社会剧变虽然加大了领导的难度和风险,但另一方面也衬托出领导的重要性,担当领导责任并取得成功对一个人来讲同时也是一种推动力。于是,有人就脱颖而出,顺利晋级为领导者。

3. 使用领导技能的方法

由于领导者本身的经验和水平、被领导者的水平和期望、所面临的局势要求不同,领导者会对同一局势做出不同反应。以下四种动态方法可以将领导者的意愿转化为实践,利用这四种方法可以帮助领导者判定是否适合做领导角色。

(1) 势时造领导

成功的领导者善于捕捉恰当的时机或局势去影响别人,而局势某种程度上正是因为需要他们的领导经验。如果缺乏领导经验,那么领导生涯最好从小的局势或较小的组织内起步。如果领导经验丰富,则会有较多的可供选择的机会,这可为进一步提高领导才能和扩大领导业绩提供条件。当领导的经验日益丰富时,必须对自己的喜、恶有清醒的认识。特别是当一个时机来临时,首先要判断是否该采取行动了,采取行动之前你要想一想这些问题你是否感到你在该机遇中占有地位?你是否弄清楚在该局势下,你可以做什么或不可以做什么?你是否明白组织成员希望做什么而你又能否根据他们的希望去运作?你是否清楚组织中的人和事的相互关系?

(2) 自我鼓励

作为领导,自己首先要有动力和情绪去进行积极的组织,以保证任务顺利完成。没有这种内在的动力,就可能会很被动、缺乏热情,自然也难以把事办好。而这种内在的动力一般来自个人理想目标的实现,就是相信自己,并且对目标充满期盼。领导者应善于主动给自己设置目标和提出挑战,不断地鼓励自己,这样才会保持长期奋斗精神和工作激情。

(3) 自我认可

当自己的行动、主张得到接受和认可,自己的信息就会增强,从而会更自信地提出更多的建议或更多的主张。正确地指导别人实现其目标,也会提高自己的自我认可。

(4) 被别人认可

当更多的人接受了领导的建议或安排活动,领导地位就得到别人的认可。要得到别人的认可并不容易,大家更注重领导的成果,而这些成果的出现是需要时间的,不想自己形成一个主张而相信主张是正确的那样简单,大家更关心的是最后的结果。由于情况多变,结果综合设想有一定的距离。要得到更多人的认可,不只是提出主张、作出决定,更要干出业绩来。

4. 自我估价

自己是否成为领导者有时很难回答,因为这还取决于外部的因素,但如果你有机会成为领导者,你能否做好领导工作,你对此要有把握,最好要做出自我估价。

(1) 个人风险

作为领导者的风险来自多个方面:一些出自于自身的考虑,如害怕失败、害怕难堪、害怕现任领导怨恨、害怕同事误解等;一些与真想成为一个有效领导有关,如过分投入可能导致的风险或干不好工作的风险;另一些风险出自于考试考虑别人的需求,而忘了自己的需求。他们可能害怕得罪别人,或者缺乏自信,或者对现任领导尊重不够等。这些风险的不良后果是追随者的失望和背叛。

(2) 个人的生活态度或先后秩序的安排

弄清一个人生活的优先顺序无疑是非常重要的,但又不是件容易的事。一般而言,我们必须认真地认识自我,估价身体上的自我、头脑或智力上的自我以及感情或精神上的自我。

(3) 个人知识

知识是无止境的,人们知道的越多,想知道的也就越多。但知识积累到什么程度就可以做一个成功的领导者?恐怕没有人能够回答这个问题。但可以说,知识越多越有利于领导,个人的知识有两个方面:一方面是学来的;另一方面是在实践中直接体验的。一般后者更有利于增加领导的自信心。好的领导对后者的依赖更强。也就是说在一些活动中,实践中的经验胜过理论知识;其次,比较聪明的做法是与组织中的其他成员分享知识。最后,不必为知识和经验的不足感到不安,接受你是领导在这一事实。在工作中尽力扩充知识和经验,逐步熟练运用领导技能。

(4) 个人能力

好的领导者应该成为追随者的楷模,称为追随者所希望的形象。所以你要考虑自己是不是具备一个领导者所需要的基本能力。比如处理事情的能力、让人认可的技术专长、协调组织的能力等。

5. 估计追随者的潜力

目标的实现依靠领导者和被领导者的密切合作,特别是作为领导就是要协调组织成员进行工作,如果领导者能够准确地估计追随者实现其选定使命的能力,那么完成组织既定的目标就存在可能性。否则,再好的设想也停留在空想的地步。

6. 群体自觉行动

有尽可能多的自觉行动、主动工作的追随者。领导极可能取得令人瞩目的成功。做到这一点的关键是要有能在追随着中产生自我满足的感觉。但现实生活中使每个人都达到这种状况是不可能的,有些人永远都无法自我满足,也没有确切的方法事先知道哪些人能够达到自我满足,而哪些人又不能。所以对于领导者来说,应尽力使更多的人达到这种状态。以下三个步骤有助于领导者得到尽可能多的自觉行动的追随者。

(1) 启动

要告诉大家,只要达到自我满足、自觉行动的状态,实现高水平的生产率是可能的。随后,发现一些具有这种精神的人,特别是那些将来可能成为领导的人做出样子,带动别人,有人说:"告诉我,我会忘记;做给我看,我会记住;我们一起做,别人也可能和我一起做。"

(2) 同化

只要高生产率的行为可以实现,就可以使其他组织成员效仿,进而大家都会被感染,逐步走到同化。领导在这一过程中的重要作用是做个榜样,"榜样就是领导"。

(3) 授权

好的领导不可能自己把所有的事情都做了,一旦自我满足的意识形成,大家会主动工作时,一个重要的任务是授权给有关的人,让大家都来承担一定的责任,这样大家就会产生一定的动力,积极带领更多的人努力工作。领导者在这里所起的作用,就是协调组织好大家,让组织成员之间相互帮助,为完成同一个目标而努力。

第四节 领导方法与领导方式的异同

一、领导方法与领导方式的区别

通常情况下,人们习惯于把方法与方式放在同等意义上使用。然而认真研究,可以看出两者之间还是存在着差别的。

1. 概念的差异

领导方法和领导方式有着不同的界定范畴。领导方法是指在领导主体的领导活动中,为实现一定的目标所运用的各种手段、办法和程序的总和。领导方式是领导主体在长期的领导活动中形成的某些认识和处理问题的基本出发点,以及某些经常使用的相对比较固定的领导方法,是领导者进行活动时对待下级部属态度行为的表现。

2. 直接与间接

领导方法,无论是一般方法还是具体方法,其落脚点在于对个性的分析,对个别问题的解决,它对实现领导目标起着直接的重要作用。领导方式则不像方法那样外在直接,一般来说,方式更受领导者内在性格、气质心理等因素的影响,运用方式解决问题通常要借助方法的直接性,因此,无论是从单纯解决问题的角度,还是帮助实现领导目标的角度看,领导方式较之领导方法的影响和作用都是内在的和间接的。

3. 具体与抽象

领导方法内容丰富,极为庞杂,而且随着领导实践活动的不断发展,是无可穷尽的。领导方法和解决具体问题一一对应,不同的问题要运用不同的方法去解决,方法对头,问题就能迎刃而解。领导方式则是在庞杂多样的方法基础上归纳综合而成,它既无领导方法的形式多样,也无其解决问题时的一一具体对应性,比较而言,方法侧重于具体,方式则显得较为抽象。

4. 随机与规范

在实际领导活动中,领导者具体采取何种方法解决问题实现目标,要依实际情况的变化而定,因此,方法的运用是随机的,个性化的。与此不同,领导者运用何种方式来进行活动则较为固定,由于方式的内在稳定性,因此领导者一旦形成某种方式后,就会很规范地支配其整个领导思想和活动,而不会轻易更改和变动。在这种意义上,领导方式、领导风格和领导作风是同一层次的概念。

二、领导方法与领导方式的联系

领导方法与领导方式尽管存在着区别,但是这种区别是相对的。领导方法和方式相辅相成的,领导方法是领导方式的外在和综合表现。领导者要使下属认同和接受其领导方式,实现有效的领导,创造性地完成各项领导任务,就必须讲究领导方法并娴熟地加以运用。巧妙地得心应手地运用领导方法,是实现领导方式,提高领导效能的有效途径,也是成熟的领导者的重要标志。

1. 领导方法为领导方式提供可靠保证

领导的职能有许多方面,要使这些职能得以充分实现,就必须掌握和科学运用各种领导方法。领导方式整合和组织领导方法,并对其产生影响和制约。不同的领导方式必然运用与其相适应的领导方法,领导方法为领导方式的实现奠定可行性基础,提供可靠保证。没有无方式的方法,也没有无方法的方式,它们是相互渗透、相互影响、相辅相成的。

2. 领导方式和方法是调动被领导者积极性完成领导活动的必备条件

没有被领导者,也就没有领导活动。领导决策是要通过各种各样有思想、有意志、有要求、有利益、有渴望、有追求的活生生的个体及由这些个体结成的社会群体去实现的。推动决策的执行,离不开领导方式和领导方法。决策再好,如果不执行,等于失去意义。而要执行,就须充分调动下属与广大群众的积极性,形成群众的凝聚力。这种凝聚力,决不是只靠领导的权力、权威,而是靠领导的恰当的方式、方法来聚集。只有受人敬仰的领导者,有效行使其正确的领导方式和实事求是、灵活的领导方法,激发被领导者的热情,才会产生出一种无形的巨大的统御力,形成强大的凝聚力,才能产生经济上的生产力,军事上的战斗力,政治上的影响力。

第十章 领导效能

人是社会化的动物,人类自从有了社会,便逐渐形成了组织,随之便有了领导活动。现代社会中,社会分工逐渐细化,社会结构越来越复杂,人类所面临的矛盾情况也不断增多。因此,领导者比以往任何时代所要面临的问题都要多、要复杂。这也要求组织更好地回应来自社会各方面的需求以达到预期的目标。换言之,就要求公共组织的运转能够具备更为充分的领导效能。领导效能是领导活动中的重要方面,是领导活动的最终目标和归宿,也是评价和衡量领导活动有效性的基本尺度。我们在这一部分将论述领导效能的相关问题。

第一节 领导效能的概述

一、领导效能的含义

领导效能是领导活动的出发点和归宿。所谓领导效能就是指领导者在实施领导过程中的行为能力、工作状态和工作结果,即实现领导目标的领导能力和所获得的领导效率与领导效益的系统综合。领导效能主要包括三个要素:

1. 领导能力

领导能力,就是指领导者的工作本领,具体是指领导者在领导活动中所发挥的作用大小以及组织目标的实现情况。领导能力决定于领导者的综合素质,即领导者所具备的政治、经济、科学、管理、专业、作风、身体等方面的内涵水平。可是在现实生活当中,许多领导者面临复杂的矛盾不知所措或者迷失自我;有人面对世间万象迷惑不解,失去方向;有人面对人生困境,精神不振;有人面对诱惑意志不坚,腐化堕落。这一切主要缘于其精神世界里缺乏一个富足而清纯的文化家园。文化贫乏,就无以构成全面健康的综合素质。拥有良好的综合素质就会内心充实、心态平和、乐观豁达,就不会出现空虚、浮躁、"恶搞胡来"的病症,因此,加强文化修养是不断提高领导能力的需要。

其实,每个领导都知道能力的重要性,都有提高自身能力的愿望,只不过有人还没有把握能力的内涵,如何才能提高自身的综合素质和领导能力呢?

提高自身的综合素质和领导能力,首先要多读书。读书,能开阔人的视野,促使人树立远大的理想;读书,能不断加固信念堤坝,更加坚定奋斗的决心;读书,能不断丰富生活,更加宽和地对待人生;读书,能使领导不断提高综合素质,更有水平地干事业。可以说,读书是领导吸收文化养分、打好文化基础、提高能力的一个首要途径。

提高自身的综合素质和领导能力，其次要善于思考。思考，是打开能力之门的金钥匙，是源源不断供给能力的传送带，是一座掘之不尽的能力宝库。人类社会一切伟大的成果，都是经过反复思考、探索、实践而完成的。牛顿从苹果落地发现万有引力，他说："我的成功归功于精心的思索。"如果领导养成良好的思考习惯，勤于思、善于思、深于思，长此以往，就能提高思维的深刻性和系统性，从而更加有条理、有深度、有力度地学习和工作。

提高自身的综合素质和领导能力，还要注重实践。实践，可以创造财富，可以提高学习质量，可以检验能力的高低，也是获取能力的重要渠道。只有思路，而不"走路"，工作必然"断路"。水稻之父袁隆平，正是靠在稻田里千百万次、不屈不挠的"走路"，才铸就超凡的能力，创造了杂交水稻的奇迹。著名杂技艺术家夏菊花，正是靠凳椅上千次万次与失败抗争，历经磨炼，才获得了高超的顶碗技巧，创造了杂技的辉煌。

总而言之，提高领导能力，要有"功夫在诗外"的自觉性，即在文化滋养的过程中，使自己的综合素质强根固本、全面提升，实实在在练就一套适应新形势创业干事的真本领，为人民干更多的实事好事，谋更多的福祉。

2. 领导效率

效率通常是指工作量与时间之比，而领导效率是指已经实现的领导任务与时间之比，即完成一定数量和质量的领导任务的速度。优秀的领导者一般具有较高的战略头脑、分析判断能力、决策能力，能根据现实工作复杂多变的具体情况，抓住其主要矛盾、主要问题；能制定出正确的工作主攻方向，并按照这个方向，把关键的工作抓好。这样便可以以较少的人力、物力、财力，达到较好的预期效果，提高效率。而那些在战略头脑、分析判断能力、决策能力方面欠缺的领导者，或在纷繁复杂的多头工作中难以找准其主要环节，确定主攻目标；或者找错主攻方向，迂回作战，花费了许多的人力、物力、财力还达不到理想的工作效果。这样，工作效率势必很低。

提高领导工作的效率是一项十分重要的领导艺术。一个领导者如何提高自己的效率呢？以下几点值得特别注意。

（1）领导者必须时时记住自己的职责，决不让精力与时间作不必要的消耗。为此领导者首先要做到不干预越级的自己职权之外的事。美国前总统罗斯福有一句名言："一位最佳领导者，是一位知人善任者，而在下属甘心从事于其职守时，领导要有自我约束力量，而不可插手干涉他们。"其次不颠倒工作的主次。一个领导者深入基层调查，参加必要的专业劳动，不仅有助于了解情况，联络下层和加深与职工的感情，而且可以从群众中汲取智慧。但是，必须明确这不是领导者的主要职责。"样样管"和"事必躬亲"都是现代领导者应该尽力避免的。

（2）任何工作都要问三个"能不能"。美国一位享有声誉的管理专家曾提出了提高效率的三条原则，即你处理工作时先要自问：能不能取消它？能不能与别的工作合并？能不能用更简便的东西代替？这就是说，可做可不做的事情坚决不做。减少不必要的时间浪费，可以极大地提高工作效率。

（3）提高会议效率。会议在现代领导人一天的时间安排里占据着很大的分量，缩短会议时间是提高工作效率的一个必要途径。有以下几个方面需要注意：必须准时开会；报告人要作充分准备；要说短话，开短会；不开没有明确议题的会；不开有许多议题的会；不开没有准备的会;不开可开可不开的会;不要无关的人参加;不要作离题的发言;不要作重复性的发言;不要议而不决。

(4)善于运筹时间。领导者要把主要时间花在最重要的事情上,就要有勇气并机智地拒绝不必要的事、次要的事。一件事情来了,首先要自问:"这件事情值不值得做?"决不可遇到事情就做,更不能有做了事、没有偷懒就心安理得的想法。时间总是常数,人的精力也是有限的,但只要领导者能够运用得当,便能从时间中产生巨大的经济效益。

(5)精兵简政是领导者提高工作效率的基础。大企业、大组织精兵简政的内容可以归纳为:精简掉一切无用的可有可无的管理机构;精简掉多余的或不胜任现有管理工作的人员;建立一个高效能的科学的组织结构,并选用适合这些组织效能的高质量的管理人员。

3. 领导效益

效益一般是指投入与产出之比。领导效益是指领导活动的最终结果,即领导活动投入与领导活动结果之比,它包括经济效益、政治效益、文化效益、人才效益以及社会效益等。领导效益是个综合性的指标。

当然,衡量领导效能的最重要的指标就是实现目标的程度。必须把领导效能限定在任务绩效的范围内。首先,工作群体与组织的基本目标是完成上级组织赋予或者群体成员自己制定的任务。其次,群体或组织的成功与失败,由群体或组织达到预期目标的程度来衡量。

二、领导效能的特点

1. 综合性

领导效能的综合性非常强。首先,它包括领导者的自身因素,有身体素质、心理素质、政治素质、能力素质、业务素质、认识水平、领导能力、组织能力、管理能力、协调能力、创新能力、自律与自控能力等。其次,包括领导群体的因素,如在领导群体中,是否贯彻执行民主集中制,领导群体结构是否合理,集体领导与个人分工负责制是否健全,领导群体是否团结一心、步调一致,是否有健全的权力运作与监督机制,是否与人民群众建立了密切联系,思想政治工作与激励机制是否有效等。再次,包括被领导者的自身因素,如被领导者是否明确意识到自己的主人翁地位并担负起相当的责任,发挥相当的作用;被领导者对领导的态度如何,即是否响应、接受并服从领导;被领导者能否正确地对待并评价领导者的功过是非,进而正确地对待领导者,理解、信任并支持领导者的工作;领导者与被领导者是否形成一种齐心协力、团结互助的良性关系等。最后,包括领导活动得以进行的客观环境因素,如自然环境、政治环境、经济环境、文化环境、社会环境、机构环境等。

2. 社会性

领导效能具有社会性,主要表现在两个方面:一方面,领导活动作为一种有组织的社会活动,是社会活动的有机组成部分,这就使领导效能不可避免地受到各种社会因素的影响与制约;另一方面,领导活动作为一种有目的的社会活动,其最终目标是为促进整体社会的发展服务。这就决定了领导效能具有很强的时代性特征,它不仅要适应所处社会与时代的发展要求,而且要反映并提升所处社会与时代的发展水平。

3. 历史继承性

领导效能所反映和体现的,总是在某一特定的时间和空间里,某一个领导者或领导群体率领被领导者,在一定的环境与条件下改造客观世界所取得的工作成果与所释放的领导能力。领导效能一方面是阶段性的,另一方面又具有历史继承性,呈现出环环相接的螺旋式上升,经过日积月累,最后达成终极目的。

4. 主观与客观的统一性

总体来说,领导活动必须首先在一定的自然与社会环境中进行,因而,领导效能的取得必然受到所处客观环境的影响与制约。同时,根据马克思主义的认识论,人具有改变客观世界的主观能动性,在一定的时期和一定的条件下,在人们认识并掌握客观世界规律的前提下,是可以利用并进一步改造客观环境因素的。因此,领导者或领导群体在充分调动被领导者与人民群众的积极性的情况下,实施科学领导,是可以使客观环境为创造良性的领导高效能而服务的。

第二节 领导效能的理论

人类有史以来一直面临着将所处世界进行抽象化把握的冲动,这种对现实世界中现象背后的抽象化把握就形成了理论。一个系统的理论是许多学者对大量的社会现象和社会活动综合分析和深刻把握之后才形成的。在领导效能方面也有许多学者进行过孜孜不倦的探索,试图从特定角度对其内在的联系给出最深刻全面的描绘。在人类社会的进程中形成了许多领导效能的较为系统性的理论,这些理论根据取向不同可以分为三种理论模式,即封建制领导效能理论、科层制领导效能理论和权变式领导效能理论。

一、封建制领导效能理论

成熟的领导效能理论是产生于现代西方国家的,封建制领导效能理论即是弗雷德·巴菲德勒在其专著《领导效能新论》中所提出的。封建制领导效能理论并不是一个单一的理论,它更多的是一种探索的思维路向,在这种路向中,领导被视为一种领导与领导者之间的个人关系,而领导活动的效能与这种个人关系的性质有关。

早期的领导理论与封建制领导相联系,注重对个人特质和领袖魅力的研究,试图在领导者和他们的追随者之间划出一条清晰的分界线,确立具有领袖气质的领导者(如马丁、路德、恺撒大帝等)与无领袖气质的群众之间的行为差异。这种理论认为领导者之所以能成为领导者,是因为他们具有其他人所不具备的独特品质与个性,由于过分注重对领导者个人特质的研究,具有浓重的附魅色彩。但是,这种看法的缺陷是显而易见的,因为单纯的特质对解释领导绩效来说并不充分,完全以特质差异为基础的解释忽视了情境因素。

由于早期的领导效能理论具有明显的缺陷,从 20 世纪 40 年代开始,这些看法便不占主导地位了。关于领导绩效新的研究开始偏重于对领导者行为方式的考察。麦戈雷格的"X 理论"和"Y 理论"以及利克特的系统理论根据下属的参与程度对领导方式加以分类,将领导方式分为独裁型、民主型与放任型,并进一步认为民主的、参与的行为可以使下属感到自己的责任,进而提高群体与组织的领导效能。这些看法对人们进一步认识领导效能作出了贡献,在一定程度上影响了管理理论与实践,尽管这些观点缺乏更多客观证据的支持。

20世纪40年代末领导者行为产生并逐渐占据主导地位。这种理论把领导行为划分为两种维度,分别称为员工导向和生产导向。员工导向的领导者重视下属的需要和人际关系,而生产导向的领导者更倾向于关心生产技术和工作任务。研究结论认为,员工导向的领导行为与高群体生产率和高工作满意度成正相关。而生产导向的领导者则与低群体生产率和工作满意度相联系。

总之,封建制领导效能理论作为早期的理论,既对领导效能理论的整体研究做出了突出的贡献,同时又体现出严重的不足。即它只注重从人的角度,包括从领导者的个体特质与被领导者的表现,来对领导效能进行研究,却忽视了组织结构与制度以及组织环境的因素。

二、科层制领导效能理论

科层制领导效能理论主要关心的是组织结构,包括组织的沟通系统、工作与任务的设计等问题。领导者的职权被控制在一定范围之内。工作、工作条件、绩效标准和对工作不满的反映程度都有明确规定。对领导效能的评价是建立在实现组织目标的客观基础之上的。

当前最具代表性的科层理论是结构理论,这一理论的代表人物是伍德沃德、普格、西克森、海宁斯、特纳以及西蒙等。他们认为,领导效能取决于组织的特性而不取决于组织中领导者的特性,组织中有各式各样的"领导替代物"存在。也就是说,组织中健全的任务与结构以及受过专门训练的人员,可以完全取代领导者的作用,使其成为不必要。这些"领导替代物"的存在可以使我们创造一种这样的环境,如允许信息的畅通、有效地制定决策,并且在没有特定领导者的情况下运用权力。

这些不带任何感情色彩与偏见的办法对领导效能的研究贡献很大,毋庸置疑,在组织结构、工作任务明确划分的情况下,领导者更容易出色地完成组织任务。然而,如果彻底否定领导人格特点的作用,不可避免地会影响领导效能研究的科学性与完整性。同时,科层式领导效能理论也忽视了对领导环境的研究,以至于将领导者与组织结构完全分裂开来。

三、权变式领导效能理论

权变领导效能理论实际上是一种试图将封建制领导效能理论与科层式领导效能理论合二为一的理论。权变领导效能理论中最具代表性的就是豪斯的路径-目标理论和菲德勒的权变理论。

路径-目标理论是当前较受关注的一种领导效能理论。该理论认为,领导者的工作是帮助下属达到他们的目标,并提供必要的指导和支持以确保各自的目标与群体的总体目标相一致。豪斯首先将领导者的行为方式分为四种:指导型领导,明确地告知下属完成任务的时间要求,以及完成任务的具体方式,并且明确提出任务的目标描述;支持型领导,十分友善,并表现出对下属需求的关注;参与型领导,与下属共同磋商,并在决策前充分考虑他们提出的观点和建议;成就导向型领导,设定富有挑战性的目标,并期望下属发挥最大的潜力。

1964年问世的权变模型描述了具有特定人格的领导者在一定的组织环境中发挥作用的条件,阐述了领导者的效能或者组织的效能依赖于(或者说"取决于")两个主要的因素:一是领导者的动机结构或领导者的风格;二是领导环境给领导者提供的控制或影响的程度。权变领导效能理论的主要内容是,领导者要有动力,要得到群体成员的支持,要与他的直接上司保持良好的关系,如此才能取得较好的效能。

显然,权变理论对领导效能的看法显得十分全面且自信,它充分考虑了复杂的领导行为中各种可能的方面,而不是以一种单一的不变看法去分析一切问题,因此日益成为当前领导效能理论的主流。

第三节　领导效能的考评

领导效能的考评是指对领导效能的三个组成因素领导能力、领导效率、领导效益所进行的综合测评。有效的领导对社会的发展具有积极的促进作用,因此对领导效能的考评就显得十分重要。人类社会在发展进步的过程中已经积累了很多的对领导效能的考评方法,但是由于领导行为是跟随着社会生产力的发展而发展的,缺乏稳定性,因此,对领导效能的考评要形成一个规范的标准是一件很困难的事情。每一件事都有其发展规律可循,我们可以抛开关于领导活动的那些变量,而从领导的本质入手来确定领导效能的考评原则。

一、领导效能考评的内容

领导效能考评通过确立一定的标准促使领导者或组织不断提高自身的实力,在一定程度上能够促进了社会的进步。因此,领导效能的考评具有很重要的意义。领导效能考评的内容主要包括用人效能、决策办事效能和时间效能三个方面。

1. 用人效能

用人效能是指领导活动中对人的选配和使用所产生的效能。用人是领导所面临的问题里较为重要的一部分,因为领导活动是需要依靠各级人员的活动实现的。能否选择适当的人员从事适当工作,并使各类人员合理配置、组合,能否充分调动各类人员的积极性和创造性,不仅关系到组织目标的实现速度和效果,而且直接影响到该组织的社会存在价值,关系到领导活动的成败。如果某个组织用人是低效能,这个组织的领导活动及全部活动必然也是低效能的。

领导活动不同于其他社会活动的最为重要的特征就是领导行为与目标之间的间接性。因此,用人效能就成为考察领导效能高低的重要指标之一。用人效能是决策办事效能的组织基础,又是实现决策办事效能的组织保证。因此,用人效能的考评就成了领导综合效能考评的重要内容。

2. 决策和办事效能

决策办事效能是指领导者制定决策的能力以及处理事务的能力、效率和效益。制定决策是领导的首要职能,处理事务是领导者的主要任务。

决策的正确与否,决定着领导活动和组织中全体人员活动的目标方向是否正确。决策效能,是指决策对一个组织领导效率、直接效果以及社会环境所产生的作用或影响。一项高效率的决策,不仅能导致领导活动和组织和各项工作的高效率,更重要是还会对社会产生积极的影响。

办事效能则主要表现为进行组织指挥、协调激励等具体处理和解决问题的工作,即办理各种领导事务。领导者不必事必躬亲,但是他必须对整个领导活动有着清醒的认识。如果领导者作风拖拉懒散,办事效率低、失误率高,这个组织的运转必然是低效率的。

由上可知,决策效能与办事效能是对领导者具体业务水平的考评,它们是领导者综合素质的集中体现。因此,决策和办事效能也成为领导效能考评中的主要内容。

3. 时间效能

时间效能是衡量领导者管理、利用时间的尺度。通过对领导者时间效能的考评可以知道领导者的工作效率的高低。对领导者时间效能的考评包括以下几项内容:

首先,认识时间效能的重要性。领导者的时间,即他的时间效能与整个组织的发展联系在一起。时间对于任何人来说,都是极为重要的,对于领导者来说,也是如此。领导者必须把时间效能置于一个重要的地位,以科学地运筹时间采取得较高的时间效能。

其次,关注领导者的时间观。科学的时间观包括以下几个方面的内容:认识到领导者的时间效能是与组织的命运联系在一起的,因此要使时间的浪费减少到最低限度;要善于抓住时机;要讲求实效,即指在单位时间内完成的一定的工作量。

最后,还要掌握科学利用时间的途径。要尽可能排除琐碎事务,集中精力抓大事。大事就是指组织的发展方向、组织决策和进行抉择、进行非程序化决策、用人等。还要坚持做工作计划。最好将一天需要处理而又肯定无法处理完的诸多事务,按照轻重缓急依次分为 A、B、C 三个等级,然后依次做之。

4. 组织的整体贡献效能

组织效能是指在领导活动中组织管理、指挥协调方面所显示的成效。在领导活动的实际进程中,能否使整个组织尽可能少地偏离预定目标,形成一种齐心合力的团队精神,同时以最少的投入获得最大的产出,这些都需要靠领导者的组织协调能力。一个组织协调能力高超的领导者,往往能够优化配置大量的人力、物力和财力等各方面的资源,以求最低成本达成组织目标。

领导者的整体贡献效能不仅反映在个人所主持、负责的部门工作和单项领域之中,更重要的是反映在全局工作和整体贡献上。整个组织的总体目标实现程度如何,是衡量领导效能高低的最重要的尺度。

二、领导效能考评的原则

1. 统一规范的原则

领导效能考评坚持统一规范的原则,要做到这样几点:首先,要在建立健全各级各类领导者的岗位责任制和任期目标制的基础上,确定考核标准。考核要素、考核标准必须统一规范、清晰明确,并形成一套既能反映客观实际又便于操作的科学合理的考核评估指标体系。其次,要建立健全严格的考评制度,形成相应的考核规程或考核准则。诸如规定考核的目的、期限、范围、对象、步骤和程度等。最后,要有严谨、科学的考核方法。考核方法既要尽可能做到科学化、规范化、程序化,又要切合实际,有一定灵活性,做到规范化与非规范化、确定性与非确定性的统一。

2. 贡献为主的原则

领导效能考评要坚持贡献为主的原则。即要以实际贡献和工作成绩作为重要标准来评价领导者履行职责的状况和德才水平。首先,坚持以贡献为主的原则可以使考评具有客观性。其次,坚持以贡献大小来评价领导活动的优劣,可以把各级领导机关和领导者的注意力引导到正确的发展方向上来,从而使领导者可以脚踏实地地去从事各种领导活动。最后,坚持以贡献为主的考评原则,能使领导者改变那种"不求有功,但求无过"的观念,树立"无功即是过"的新观念,充分发挥自己的潜力和特长。坚持贡献为主的原则还必须正确处理局部与全局、当前与长远、数量与质量、效率与效果等几个方面的关系。

3. 客观公正的原则

领导效能考评必须由具体的组织和人主持进行,即要有考核主体。考核过程必须坚持客观公正的原则。所谓客观,就是实事求是;所谓公正,就是不抱有偏见。这是领导效能考评得出正确结果的必要条件。

现代社会,提到考评,往往会引起人们反感的情绪,主要原因有两方面:一方面,考评的指标、方法不太切合实际,导致考评结果不全面,使被考评者感到考评结果没有反映出自己工作的全部状况;另一方面,由于考评主体或其他的原因,考评结果与被考评者的实际效能出入较大,使被考评者感到得出的结论难以接受。

在领导效能考评的过程中要坚持客观公正的原则,应做到这样几点:首先,考评者要为人正直、作风正派,即要清正廉洁,克己奉公,尊重事实,实事求是,不主观臆造,更不抱成见,不徇私情;其次,考评的标准要统一,过程要公平,同一级组织内部的不同领导者工作内容有特殊性,但可以统一的标准应统一;最后,考评的结果应当来自准确、完整的资料和数据以及对事实的调查分析,任何一个结论都必须以事实为依据。

4. 民主公开的原则

领导效能考评必须坚持民主公开的原则。所谓民主公开的原则,就是用不同方式让下属和一般员工参与和监督领导效能考评。坚持民主公开的原则要做到以下几点:

(1) 领导效能考评要在员工参与的基础上进行

坚持民主公开的原则必须采取上级考评、同级考评、下级考评和自我考评相结合的方法,多渠道、多层次和多角度地对领导效能进行考评。所谓上级考评,即领导者的直接上级领导对领导者的考评,他们因处于"居高临下"的地位,不仅可以看出下级领导者如何处理局部与全局的关系以及在整个系统中所做的贡献,还可以在下级领导者之间进行比较,得出比较全面的看法。同级考评,即在具有密切协作关系和工作联系的同级领导者之间相互进行的考评。"同级"不仅与被考评者朝夕相处,了解掌握的情况比较多,而且所处地位相同,"平面比较",较为真实、深刻。自我考评,即领导者根据组织要求和考评内容,由其本人实事求是地进行自我评价,其结果供组织考评参考。下级考评,即领导者的下属和群众对领导者的考评。这是坚持民主公开原则中的一个重要环节。

（2）领导效能考评工作要接受群众监督

群众对考评工作的监督是群众对领导者及领导活动监督的一个重要方面。它包括对考评主体的监督、对考评过程和考评结果的监督。对考评主体的监督,就是要看考评主体是否正直、正派,是否具备考评能力和考评条件;对考评过程的监督,就是看考评是否严肃认真地进行,考评标准、考评程度和考评方式是否一视同仁,是否有营私舞弊的情况;对考评结果的监督,就是看考评结果是否受非正常因素的干扰,是否客观公正,是否符合被考评者的实际。只有实行全方位的群众监督,才能克服封闭式、神秘化考评方式所产生的种种弊端,才能避免考评过程中的主观随意性和主观片面性,保证考评结果的全面性、客观性。

（3）领导效能考评结果要公开

必须用适当的方式向被考评者和群众公开其考评结果。向被考评者反馈其考评结果有多种方式,如面谈式、图表式、报告式等。面谈式,即用谈话方式把考评结果反馈给被考评者,这是反馈考评结果的一种基本形式。面谈时,主谈者应开诚布公,以肯定成绩长处为主,对问题和缺点,既要说透,又要注意方式,恰到好处,并注意倾听被考评者的反映和要求。图表式,就是将考评结果用曲线图形式反馈给被考评者。所谓曲线图,就里用曲线表示数据资料的统计图,用"时间数列"绘成的动态曲线图,可以反映出现象在时间上的变动情况。报告式,就是用总结报告将考评结果反馈给考评者。在评价弱点和缺点时,不宜点名。总之,向被考评者和群众公布考评结果,只要使用恰当,就不仅有助于防止减少考评中可能出现的主观偏见和种种误差,有助于领导者总结经验教训,提高领导水平,还有助于群众掌握情况,便于对领导活动和领导者实施监督,并激发其主人翁精神和工作积极性。

三、领导效能考评的方法

有效的领导是社会与组织顺利运行的根本,因此进一步对领导活动的绩效进行测定评估就显得十分重要。人类在长期的组织化生活中已经总结出大量行之有效的关于领导效能测定的方法。然而,几乎所有的研究者与实践者都承认,要对领导的效能进行纯粹客观的测度是一件十分复杂的事情。这是因为领导之所以为领导,并不在于它是一种可以无限次复制重复的机械操作,而是在很大程度上包含着勇气与创造在内的开创性行为。但是,尽管如此,我们还是可以从领导活动的本质出发,找出一些具有规律性的测评方式,从而尽可能减少主观干扰和人为因素带来的误差。

1. 目标考评法

任何领导活动都要追求并达到一定的目标。目标考评法,又称目标对照法,就是按照领导活动中预定的目标项目指标,检查其完成情况,从而评定被考评者的工作成效。由于目标具有可分性、层次性、阶段性和综合性的特点,所以目标考评可以从内容上、层次上和时间上分项、分层、分段地进行,也可以综合地进行。

使用目标考评法的前提条件是各个组织不仅要为本单位制定规范、综合和全面的目标,还应为领导者制定分项、分层项目指标;不仅要制定总体目标,还要把总体目标分解为相互联系、相互制约、多层次和多样性的具体目标项目,以形成领导组织的目标体系。

如在某领导活动开始前或初期,侧重评定领导者的知识素质和能力素质(预先评定);在工作过程中,侧重评定领导者的工作态度和工作作风(过程评定);工作结束后,又侧重评定其工作效率、成绩和社会效益(终点评定)。最后将各段评定的结果进行全面的综合分析整理,形成最终的考核结论。

目标作为领导活动中一个基本要素,既是领导活动的起点又是领导活动的归宿。在目标考评法中,一定要严防"目标替换"现象的发生。对于执行决策的部门和下属来说,在对他们的工作效绩进行考评时,也要注意其子目标与总目标之间的关系。所以,在对其工作绩效进行考评时,不能因为他们已经实现了分目标而断言他们有着较高的绩效,即不能以实现的分目标替代整个组织的总目标。

2. 员工评议法

员工评议法,就是通过员工测评、民意测验等方式对被考评者进行评议,以获得被考评者的总体情况的方法。它是以标准化的等级量表"很称职"、"称职"等进行投票评价。包括对话法、问卷法等。对话法是指由考评者找个别人谈话或召开小型座谈会,直接了解对被考评者的评价。问卷法则是将考评指标项目分级分类列表后发放,要求被调查者填好后送回,然后由考评者进行数据处理和综合分析。这一方法的有效性依赖于问卷设计的科学性和被调查者的配合程度。但是这种考评方法也有缺陷,可能会因为多种因素,导致很多无效问卷的产生,从而影响考评结果的正确性。

3. 定量分析法

任何领导活动的效能都反映在质和量两个方面,既可以在质上定性,也可以从量中分析。对领导效能进行定量分析,具体可以围绕用人、办事、整体贡献和时间节约进行,从中找出有效量与总量之间的比率。比率高,说明领导效能高;反之,则说明领导效能低。

定量分析的主要方面包括:时间效能、用人效能、办事效能和整体贡献效能四个方面。时间效能可以从领导者自己时间的有效利用率、部属的时间有效利用率和组织整体的时间有效利用率三个方面进行分析。用人效能指领导者对部属的培养、选拔、配备、使用等方面的成效。办事效能方面是就其具体表现形式而言,主要是发现、处理和解决问题。整体贡献效能方面主要是分析成果与耗费,以及成果得到社会承认的情况。

4. 比较考评法

比较考评法,就是通过选择一定的参照系来对比评价领导者效能的方法。比较的方式很多,可以进行纵向的比较,如现在同过去比较,新班子与老班子比较,年度间的比较,现在与未来之间的比较,完成任务进度与目标的比较等;也可以进行横向的比较,如同一领导组织中领导者之间的比较,不同领导组织的同类领导者、同类领导班子的比较,同类地区、部门、单位的比较;还可以进行多视角、多层次、全方位的比较。既可以比量,也可以比质;既可以比速度、进度,也可以比较果、效益;既可以比综合指标,也可以比几项或单项指标。主客观条件较类似的,可比综合指标;差异较大的,则选择单项或几项可比的指标进行比较。

5. 模拟考评法

模拟考评法,就是让被考评者进入一个模拟的工作环境,要求他按照给定的条件进行模拟操作,用多种方法观察他的行为方式、心理素质、反应能力等,并根据这些观察来测评他的各种能力。目前已成为欧美等发达国家流行的挑选和训练管理人员的重要方式。模拟考评法的主要方式有:公文处理,这是模拟测试最基本的方式;小组讨论,即将5~6名被测试者编成一个小组,进行无主持人方式的讨论,整个过程由考评小组在一旁观察评价;口试,即通过答辩会、记者招待会等方式进行。每人一般应回答两个以上题目。

坚持模拟考评法应解决好两个问题:一是测评人员组成要合理,一般应包括:组织人事部门的干部、有关专家和被测试者的上级领导;二是测试的内容设计要科学合理,具有相似性、先进性、适用性和动态性。

四、领导效能评估的步骤

领导效能的评估对领导活动具有重要的意义,是一项科学严谨的工作,而要做到这一点就必须遵循一定的程序。总体来看,领导效能的评估有以下六个步骤。

1. 评前准备

评前准备主要包括两方面的内容,及评前宣传、确定评估参与者和被测评人的自我总结。评前宣传就是在评估开始之前要进行一定的舆论宣传和思想动员,让被测评者充分认识测评活动的重要性,端正态度,打消顾虑。所谓确定评估参与者,就是要将参与考评工作的人员和组织方式确定下来,做好考评者的具体分工,并将有关的纪律和制度公开展示清楚。所谓被测评人的自我总结,就是被测评者应当依据自身岗位的职责要求,总结分析自己在任职期间的工作业绩和问题教训,以及今后履职的设想规划和对组织的建议,撰写成书面材料,全面地向主管领导和上级报告。在总结中,既要恰当认识工作所取得的进步,同时也要清醒认识存在的问题和不足,通过这种全面的总结使上级和群众充分了解自身的工作情况,同时也能使自己对过去的工作取得更深一层的认识,明确今后应该努力的方向和目标。

2. 民主评议

评前准备之后,正式考评之前,还有一项工作要进行,即是民主评议。参加民主评议的人员,既包括被测评者所在单位和部门的其他领导者,也包括下属单位的负责人与群众代表。民主评议的目的是从被领导者和其他领导者的角度,对被测评人的绩效表现从多个角度和多个层次进行充分的评价,保证测评结果做到实事求是。为使民主评议工作落到实处,避免走过场,开展评议时要坚持两个原则:第一,坚持实事求是的原则。民主评议时,被测评人必须以事实为依据,是什么问题就是什么问题,要实事求是,重点突出,尽可能做到深入细致,避免泛泛而谈,或者只说好话,回避问题。第二,坚持民主公开的原则。参加民主评议的人员应当尽可能地广泛,具有充分的代表性,防止只挑选局部范围和群体人员参评的现象出现,避免因参评对象的片面性影响测评的客观公正。

3. 组织考评

组织考评是指负责测评工作的组织和人员,在前面进行被测评者的个人总结与民主评议的基础上,深入调查,广泛取证,以实事求是和客观公正的态度,依据手中掌握的各种材料以及相关人员的反馈,对被测评的领导者在任期中各方面的表现以及所做的各项工作进行考核和评价。组织考评是领导效能评估的关键环节。经过这个环节,对被测评者领导效能的评估意见得以形成,并成为下一阶段奖惩和任职调整的根据。

4. 结论反馈

考评结果被通报之后,测评者还要注重被测评者对考评结果的信息反馈。在适当的时间,测评者与被测评者之间要进行必要的语言和思想沟通,并做好被测评者的思想政治工作。之所以把结论反馈作为领导效能测评中的重要一环,是因为领导效能的测评最终应当有利于领导绩效的改善。在正面的意义上,对领导者绩效的肯定与鼓励有利于增强其工作的积极性,进一步挖掘工作潜力,在接下来的工作中再接再厉,开拓前进。在负面意义上,对领导者工作过程中暴露出的问题和不足及时反馈,有利于帮助其调整方向,改进工作方法,避免错误继续发展下去引起大的失误。结论反馈的实施应当讲究一定的艺术。

5. 考评总结

考评总结可以为此后的测评工作提供借鉴和参考,从而使领导效能的测评工作不断完善。考评总结是指在整个领导效能考评工作结束之际,要针对此次考评进行必要的回顾总结,总结考评活动的优点与不足,以及相对于考评目标的完成情况。

第四节 领导效能的提升

我们之所以研究理论的问题,就在于为实践服务并指导实践。同样,研究领导效能以及做好领导效能的考评工作,其目的就在于更深刻地把握领导效能的本质与结构,从而有效促进领导活动绩效的提升。要探索领导效能的提升,首先我们应该了解影响领导效能提升的因素。

一、影响领导效能提升的因素

影响领导效能提升的因素很多,综合起来主要有领导者的素质和能力、领导活动相应的资源和条件、组织目标确定是否恰当、领导环境的因素、被领导者的潜力和能力是否被充分调动等几个方面:

1. 领导者的素质和能力

领导不同于单纯的管理,而是一项具有高度复杂性与创造性的活动。这是因为领导活动不仅要求完成常规的组织和协调工作,还要求有充分的勇气与开创能力。领导者的素质和能力都有很高的标准:一个有效的领导者不仅要有人格魅力能凝聚起群体成员的内在潜力,团结协作、勇往直前,还应该有将纸上的规划和构想转换成现实的的实际操作能力。但是,并不是每个领导者的能力都能与其自身所处的岗位很好地相称,因此,就会使得集体中各个成员的力量难以被充分汇合起来，群体中出现不信任和涣散情绪，从而影响到绩效的发挥。这就需要指出一点的是，不同层次岗位对领导者的能力有着不同的要求，而最佳的状态就是使领导者素质与岗位要求合理匹配，各得其所，不会出现"高才低用"和不称职的状况。

2．相应的资源和条件

任何事物的发展都离不开一定的物质基础，领导活动也不例外，它也是在一定的物质环境和现实条件中展开的，需要消耗一定的物质资源和人力资源，客观环境毕竟是有限的，它可以为活动的开展提供一定的物质条件，也会引起自身的有限性束缚领导活动的进行。这就会使一些有价值的目标无法进行。例如，所在部门和单位的财政收入状况、经费开支约束等都会影响决策方案实施的程度，下属人员的文化程度、工作经验也会制约领导效能的发挥。宏观政策环境的存在常常是影响领导活动目标能否实现的一个不可忽视的因素。

3．目标确定是否恰当

目标是人们行为的最终目的，是激励人们努力工作的动力，一切领导活动的目的都是要实现某种现实的目标。目标的价值，不仅在于它的正确性，而且相当大程度上还是在于它确定的是否切当、合适。一个符合实际的、可实施的目标体系是有效进行领导的基础。当人们明显感到目标可望不可即时，就会是到卓有成效地完成目标任务的动力。而当一个目标定得过低时，又难以把人的潜能激发出来。日常生活中出现更多的强者。在现实中，有的领导者政绩欠佳，甚至出现难以容忍的失误，很多时候主要的原因就是在于决策过于主观随意，好大喜功，从迎合上级需要和某种不切实际的远望出发，片面将目标拔高，结果在一开始就埋下了工作失误的种子。因此，确定恰当的目标对活动的展开以及目标的达成都很重要，是一切活动开展的前提，不恰当的目标则会浪费大量的人力、物力、财力。

4．环境因素

领导活动的开展是在一个大环境中进行的，政治、经济、文化等各个方面共同构成了一个相互联系、相互影响的有机整体。组织也存在于社会环境的大系统中，从外部获取资源，在内部进行加工，输出能被外部接受的产品。当今的环境变化尤为迅速，不确定因素无法避免。尤其是动荡时期的社会，其社会结构、经济结构等社会的各个方面均处在不断的变化中，很大程度上影响着组织领导效能的发挥。组织作为一个开放的体系，在现代社会中与外部环境的联系和互动日益增多，很多不确定因素也会通过种种途径影响到组织活动，这些都给领导活动带来了相当的挑战，无论是谁都无法避免不确定的环境对领导效能发挥的影响。

5．被领导者的潜力和能力是否被充分调动

领导者如果缺少领导技巧，即使对于工作投入再大的精力，却也未必能使整个组织的工作氛围却出现所期待的局面。其原因在于领导者事必躬亲，大事小事一律过问，从而剥夺了下属人员在各自范围内决策活动的权力，极大压抑了下属的积极性和创造性。实施上，如果领导者在每件事上都身体力行，那么就不需要领导，不需要组织。另一种极端的情况是，领导者只把精力放在自己的私利上，凡事只考虑自己是否能够得好处，而对组织的整体利益漠不关心,因而极大伤害了下属努力工作的热情,感到干好干坏都是一个样。这种情况的存在,使组织成为一盘散沙,更谈不上领导效能的发挥。一个优秀的领导者从不干预自己职权之外的事情,同时能很好地运用领导技巧把自己的分内事尽力做好。

二、提高领导效能的基本途径

提高领导效能的基本途径主要有确定可行的目标、提高领导者的能力、塑造共同的愿景、掌握授权艺术和科学利用时间。

1. 确定可行的目标

领导者要想提高其领导效能,首先目标要具体、明确、可行。所谓可行,是指领导者在制定目标时要符合实际,不应头脑发热,只凭空想,不具备实现的基础。要做到这一点,领导者需要注意切合实际情况和目标的变动性两个方面。

(1) 切合实际情况

任何人的能力都是有限的,在目标的确定阶段,领导者不能依靠领导意志和主观臆断行事,而应当经过充分的论证和决策,广泛听取各方面不同人士,包括专家和实际工作者的意见确定最合理可行的方案。应充分考虑的内容包括:组织期望的结果,存在的问题,成功的机会,把握这些机会所需的资源和能力,自己的长处、短处和所处的地位等。例如,在引进外资发展本地经济问题的决策上,领导者要切忌片面攀比,好高骛远,而应当全面考虑本地的资源条件和要素,本地的产业结构与企业集聚格局,外资区位选择的主要因素,与其他地区相比本地引资的有利方面和不利方面,然后结合本地产业发展战略确立引进外资的目标规模和目标产业。

(2) 目标的变动性

领导者不应把目标的确定视为一个静态不变的过程,目标的确定应该结合环境因素的变化不断修正,以使主观目标及时适应变化的客观条件。人的知识能力是有限的,在决策时无法获得所有可能的信息,对环境的改变也缺乏全面的估量能力。为了避免决策目标可能的滞后和失误,领导者应当及时把握形式的发展,尽量避免变动与不确定性对组织活动的冲击,从而有效提升领导效能,以提高确定目标的适应性。

2. 提高领导者的能力

领导者的能力是提高领导效能的有力保证,领导者必须具备一定的能力才能完成领导过程。这种能力不是单一的能力而是各种能力的集合,是具有多种功能、多个层次的综合体,具体可以分为四个部分:创新能力、转化能力、应变能力和协调能力。创新能力主要是指领导者善于敏捷地发现现状中存在的问题,准确地捕捉新事物的萌芽,提出大胆新颖的推测和设想,并且转化为可行的计划。转化能力是指领导者将创新思想转化为具体可操作的方案的能力,转化的方法包括综合、移植、改造、重组等。应变能力是指领导者适应变化的现实、与时俱进的能力。领导者应当能够善于判断形式与潮流的新动向,在变化中产生应对的方针与策略,时刻居于主动地位。协调能力是指领导者有效整合组织内部各部资源,团结下属成员共同工作的能力。组织中的个体都有自己不同的利益要求,具有分散的取向,但分散的个体必须与整体协调一致,才能形成整体的能力,保证领导目标的顺利实现,因此领导者的协调能力就显得十分重要。

3. 塑造共同的愿景

组织的共同愿景是指组织中所有成员共同发自内心的意愿,这种意愿不是一种抽象的东西,而是具体的能够激发所有员工为这一共同意愿而奋斗的任务、事业或使命,它能够创造巨大的凝聚力。真正的共同愿景能够使全体成员紧紧地连在一起,淡化人与人之间的个人利益冲突,从而作为一个有机的整体发挥效能。愿景具有价值导向、行为约束、文化凝聚、精神鼓励四个方面的功能。一个组织一旦形成共同的愿景并不断强化,就能不断增强人们之间工作的合作效益,从而有效地提升领导效能。塑造共同愿景,首先,应把组织的现状真实地告诉组织内的每一位成员,让他们知道组织的处境,从而产生一种克服困难和障碍的冲动;其次,领导者应努力将组织共同愿景发送到组织成员的心中,以推动他们为实现共同愿景而全身心奉献,并充分听取成员对愿景的不同反应;最后,领导者应当将组织中的共同愿景具体化、个人化,让成员经过透彻的思考,把组织愿景与个人期待结合起来,提出在各自岗位上所要实现的个性化愿望和目标,从而塑造每个成员积极向上的动力源泉。

4. 掌握授权艺术

一个组织中需要面对和处理的问题很多。领导者不可能也无必要事事亲自解决,否则不仅会让领导者陷入琐细事务的汪洋大海之中,使得下属无所适从,而且还可能降低办事的效率。领导者要想提高领导效能,必须善于分清并抓住主要问题,同时善于授权,将次要的问题和由他人来做会。这样,一方面能够使领导者在众多琐碎的小事中脱开身,集中精力思考最重要的问题,把握住对组织发展来说最关键的问题;另一方面也有利于增强下属和成员的效能感,充分调动他们的积极性,让他们感觉到通过自身的努力能够为组织做出适当的贡献。如今,社会发展的专业化倾向日益增强,特定岗位对专门信息掌握的要求不断提高,及时充分的授权对保证领导活动的高效显得更为重要。领导者在充分授权的同时,还要注意进行必要的控制,确定相应的控制标准,及时把握事务的发展方向,使事务的运转沿着领导者期待的方向发展。

5. 科学利用时间

科学、合理地利用时间是有效的领导者的一个明显特征。任何人的时间都是有限,领导者必须善于对自己的有限时间进行综合统筹,把它用在最主要的工作上。科学利用时间主要是指把握办不同事情的时机。有的事情时机未到,过早地去办,效果会不好;时间已过才去办,效果也不好。领导者应当在最适宜的时刻办最应该办的事,以争取更好的绩效。

为了有效利用时间,有的研究者经过分析提出了一个简单有效的方法,可供领导者参考。第一步记录时间,连续几天或几周记录自己的每天的时间耗费状况,可以自己去记,也可以请别人帮助记录。第二步,对自己每天的时间记录进行认真的分析,发现其中可以改进的地方。例如,找出哪些事情可以找人代办,哪些事情是由于缺乏事先计划和预见性而造成了时间浪费,然后对这些事情找出各自的原因,及时进行调整。第三步,合理安排时间。在分析了时间利用状况,消除了各种浪费时间的潜在因素之后,就可以对自己的时间从新进行更为合理的安排,将悠闲的时间资源配置于最重要的问题上。

第十一章 领导创新

出生在奥地利的美籍经济学家熊彼特认为：企业家是经济发展的带头人，其作用在于"创新"，创新是企业家的本质特征。他把企业家的创新称为"创造性地破坏"，认为是不断破除旧的生产方式、创造新的生产方式，经济结构不断地从内部进行革命的突变的过程。美国著名管理学家彼得·德鲁克也认为："市场经济是一种开拓进取型的经济，因而创新是一种最宝贵的企业家精神。"这些观点明确传达了一种认识，即组织领导必须具有创新能力与创新意识。在全球化的时代下，在竞争日趋激烈的变动环境中，创新对于任何一个组织中想要有所作为的领导来说，其意义显得愈益重要。"创新则生存，僵化则衰亡"，创新已成为领导活动成败以及组织发展的关键因素。

第一节 领导创新概述

要实现领导目标，领导创新是关键。这是领导本质的体现，是领导实践的必然要求。领导创新不是凭空产生，而是由领导观念创新、领导方式创新、领导环境创新和领导制度创新所组成的能力体系。在新的历史条件下，领导创新能力主要表现在处理不确定性、非常规性、变革性的工作之中。

一、领导创新的含义

组织要在激烈的竞争中求得生存和发展，组织的领导必须要有创新意识和创新的能力，这里我们所说的就是领导创新。但是领导创新是什么呢？

了解领导创新之前，需要了解创新的概念，因为领导创新是领导和创新活动的结合。创新的概念，最早是由约瑟夫·熊彼特在其1912年出版的著作《经济发展理论》中提出来的。他把创新纳入到了经济发展的研究中，提出了以下对创新的理解：

※ 采用一种新的产品——也就是消费者还不熟悉的产品或一种产品的新的特性。

※ 采用一种新的生产方法，也就是在有关的制造部门中尚未通过经验检定的方法。这种新的方法绝不需要建立在科学上新的发现的基础之上，并且，也可以存在于商业上处理一种产品的新的方式之中。

※ 开辟一个新的市场，也就是有关国家的某一制造部门以前不曾进入的市场，不管这个市场以前是否存在过。

※ 掠取或控制原材料或半制品的一种新的供应来源，也不管这种来源是已经存在的，还是第一次创造出来的。

※ 实现任何一种工业的新的组织，比如造成一种垄断地位，例如通过"托拉斯化"，或打破一种垄断地位。

这些界定从不同侧面反映了创新的本质。创新是指经济主体为了一定的目的，遵循事物发展的规律，对事物的整体或其中的某些部分进行变革，从而使其得以更新和发展的活动，这种更新与发展可以是事物的某一种形态转变到另一种形态。

其实上，创新不仅仅发生在经济领域，所有革新与淘汰旧的事物，创造与促进新事物产生的过程，都属于创新的范畴。创新的含义特别体现在实现既定目标的过程中，引入新的方法、思维、工具、程序、变更实现目标的资源配置方式。

一个组织如何将创新的精神和实践引入组织的领导实践中，从而提高领导活动的绩效，增强领导活动与组织内外部环境的适应性，进而提高组织的生命力，就成为领导创新活动的重要内容及目标取向。

因此，我们认为：领导创新是创新活动在领导理论以及实践中的应用，指的是将新的思维、方式引入领导活动中，革新原有的领导关系和情景，创造新的领导方法和途径，塑造新的领导者与被领导者，从而提高领导活动的绩效，更好地实现领导活动的预期目标。它包括领导观念创新、领导关系创新、领导方式创新等多个方面的内容。

二、领导创新的特征

领导创新是开发一种新事物的全过程；领导创新是运用知识或相关信息创造和引进某种有用的新事物的过程；领导创新是对一个组织或相关环境的新变化的接受；领导创新是从产生新思想到行动的过程。所以领导创新有着鲜明的特点，具体表现在以下几个方面。

(1) 变革性

领导创新不是在原有的组织领导活动的基础上进行简单的模仿和修改，创新意味着突破和创造，是对已有事物的改革和革新，是一种深刻的变革。因此，领导创新活动必然要产生首创性的成果，比如新的领导方式、新的领导观念、新的领导关系等。这其中虽然有继承和延续，但是必然包含过去所没有的新的因素在内。

(2) 目的性

任何创新活动都有一定的目的，这个特性贯彻于创新过程的始终。领导创新的组织者一定在进行创新活动的时候，必须要有明确的创新目的。将创新成果应用于组织，提高组织的绩效，这既是创新活动的出发点，也是创新活动的最终归宿。为了达到这一目的，任何领导创新必须从组织的现实需要出发，根据组织的现状、领导活动的弊端与不足、组织的发展趋势以及领导活动的客观规律，有针对性地开展创新活动，进行创造和改革。

(3) 风险性

领导创新是对当前领导活动的扬弃，对未来的安排和规划。而未来总是充满了诸多变数。在领导创新过程中，人们详尽地总结过去，评估未来，预测未来，可是仍然很难精确地与其未来及其发展趋势。特别是当今环境的变动越来越呈现加速度的趋势，而人们是不能左右环境的变化及其发展的。环境的变动性决定了领导创新具有相当的风险性。但是风险性和收益是联系在一起的。

（4）价值性

创新成果应当具有一定的社会价值，能取得相当的收益。领导创新最终体现在改善组织的领导关系和现状，增强组织的和活动里和环境适应性，使得组织能以更好的资源消耗实现更多的产出。这种收益既可以体现在经济收益方面，也可以体现在非经济性收益方面，比如增强组织的凝聚力，改善领导活动的方式和程序，实现组织的持续发展等方面。价值性应该体现在领导创新的整个过程之中。

（5）超前性

在领导创新活动中产生了新的领导方式方法、领导观念，这些毫无疑问具有新颖性。但是一项创新不能仅仅追求新的想法、新的事物出现，追求标新立异。领导创新的成果必须要比原有的领导方式、领导观念更适应组织的环境，特别是组织未来可能面对的环境，能改变组织运行过程中原有的痼疾，明显提高组织的绩效，这些都是原有的领导活动所不可能产生的。新事物代替旧事物，必然体现其中的进步性。进步性体现出更好的适应性、效益性和前瞻性。

三、领导创新的内容

领导创新主要包括领导思想观念上的创新、领导方式的创新、领导环境创新和领导制度创新四个方面的内容，这四个方面的内容相互联系、相互影响。

1. 领导思想观念上的创新

观念是人类支配行为的主观意识。观念的产生与所处的客观环境关系密切，正确的的观念就是人的大脑对客观环境的正确反映。人类的行为都是受行为执行者的观念支配的，观念正确与否直接影响到行为的结果。观念的创新就是运用新的观点、新的思维方法去研究组织领导实践中的现实问题，寻求解决问题的新途径，利用新的创新成果来改造组织的领导活动过程。转变组织的观念，就是要实现包括组织治理形式、管理方式和经营理念的创新，而其中最为关键的是领导者的观念创新，包括树立知识价值观、竞争优势观和知识更新的观念；准确把握和主动适应世界经济的重大变化和发展趋势，尽快挣脱传统思维定式的束缚，用市场经济、努力提高创造性、前瞻性的思维和决策理念；凸显战略管理思想，同时还要创造良好的经营管理机制和创新机制，实现企业价值、经营理念、经济效益和员工利益的双丰收。要使得无论是管理人员还是普通员工，都能与时俱进地不断更新观念，共同促进企业的进步与发展。

2. 领导方式创新

领导方式是指领导者从事领导活动所遵循的比较稳定的领导模式。一般组织中常见的领导方式有：集权式领导、分权式领导、重事式领导、重人式领导、人事并重式领导、专断式领导、民主式领导、放任式领导。一个组织在长期发展过程中，往往形成比较固定的领导模式，有着一套习惯的领导方式方法。显然，这样的而领导方式是适应当时的组织环境、工作人物特点、领导者和被领导者的状况的。随着客观环境的变化，领导方式不是教条式一成不变的。领导者要根据对各种因素的分析掌握，因地制宜、因时制宜、因人制宜，根据不同的对象和情况，进行领导方式的创新。领导方式创新既包括在领导活动中探索出具有突破性的全新的领导方式，也包括在组织中引入已经产生但从未在本组织运用过的领导方式。由于思维和制度的惯性,对原有领导方式的摒弃和新的领导方式的引入必然存在着较大的阻力,领导者应该知难而上,协调有关因素,善于将压力转化为动力。

3. 领导环境创新

环境是客观的,不以人的意志为转移的,但这并不意味着人们在环境面前是消极被动的。环境创新首先需要正确认识环境,这是人们能否驾驭环境和开展创新的基础和前提。创新者首先对领导活动环境中的各个因素进行把握,既要看到有利的方面,也要看到问题和困难的方面;既要了解历史和现时的环境,又要预测和把握未来的环境。只有全方位、多层次、多角度的认识环境,才能为环境创新打下基础。其次,环境因素的客观性,决定了在领导活动中必须遵循环境及其客观发展规律。适应环境,要求适应环境的发展规律,要求按照环境的客观规律办事。违背了环境发展的趋势和力量,注定是要碰壁的。再次,环境创新不能局限于适应环境,它不仅包括为适应外界环境变化而调整组织自身的领导活动和关系,而且要发挥人的主观能动性,通过领导创新活动去影响、改变环境,使环境更加有利于未来领导活动的顺利开展。最后,领导环境创新不仅要积极改变组织内环境,比如工作氛围、工作关系、领导者与被领导者的关系,也要积极改变组织外部的大环境,这需要有意识地去组织开展一系列的公关,与环境积极沟通,参与社区活动。

4. 领导制度创新

制度是实现某种功能和特定目标的社会组织乃至整个社会的一系列规范体系。领导制度创新(Institutional Innovation)是在人们现有的生产和生活环境条件下,通过创设新的、更能有效激励人们行为的制度来实现组织的持续发展和变革的创新。所有领导创新活动都有赖于领导制度创新的积淀和持续激励,通过制度创新得以固化,并以制度化的方式持续发挥着自己的作用,这是领导制度创新的积极意义所在。领导制度创新的核心内容是社会政治、经济和管理等制度的革新,是支配人们行为和相互关系的规则的变更,是组织与其外部环境相互关系的变更,其直接结果是激发人们的创造性和积极性,促使不断创造新的知识和社会资源的合理配置及社会财富源源不断的涌现,最终推动社会的进步。

四、领导创新的地位和作用

创新在整个人类的发展和进步过程中都发挥着不可替代的重要作用,成为改变世界的最强有力的力量。将创新引入领导活动中,也将深刻地改变领导和活动的面貌,带来领导活动新的变革和突破。没有创新的领导必然是僵化的领导,停滞的领导。领导创新在领导活动中的地位和作用体现在以下几个方面。

1. 领导创新是组织的立身之本

市场经济的发展一日千里,组织在市场经济的大潮中如逆水行舟,不进则退。经济全球化是当今世界经济发展的特征,各国经济通过商贸往来相互联系、相互依存、相互融合。我国已加入WTO,融入世界经济的大潮中,现代资源、技术、信息、人才和商品在全球范围内流动,企业竞争日趋激烈。市场经济的法则是优胜劣汰。组织要想在在竞争中要想占据优势地位,出路只有一条,那就是贯彻落实科学发展观,提升管理水平,实现领导创新。组织必须尽快创新自身的领导体制,适应现代企业领导制度的要求,才能在竞争中站稳脚跟，在竞争中求得发展。创新是一种理念，更是组织生存发展的内在要求。只有通过领导创新才能使组织的管理体制和运行机制更加规范合理，实现人、财、物等资源的有效配置。

2. 使领导活动能更好地适应不断变动的环境

领导活动是认识世界、改造世界的活动，它必然要面对组织内外部的客观环境因素，包括一切领导活动的政治、经济、历史、文化传统等环境，还包括组织内文化、权力关心、惯例、制度等。"人们创造自己的历史，但是他们并不是随心所欲地创造，并不是在他们选定的条件下创造，而是在直接碰到的、既定的、从过去继承下来的条件下创造。"领导活动能否适应客观环境、符合客观的发展规律，是决定领导活动最基本最首要的客观因素。进入新的世纪后，在科学技术进步和发展的推动下，环境的变动越来越呈现出加速度的态势，由此增加了环境的动荡性和复杂性。环境的变动推动了领导活动的变革，过去的领导活动适应低是当时的组织环境，新的环境因素是一个动态的发展过程，环境变化的加速度对领导创新的速度和时效性也提出了更高的要求。

3. 提高领导活动的绩效

领导活动绩效包括领导活动的效率和领导活动的效果。领导活动的效率是指：领导活动中指出的成本和取得收益之间的比率。领导活动的效果则是领导环境对环境产生的影响程度，或者说领导活动在多大程度上实现了预期的目标。领导活动的绩效既取决于领导者和被领导者的素质、领导方式、领导手段、领导制度等领导活动的内在因素，也取决于组织文化、组织凝聚力、组织资源状况、创新活动的开展等组织外部环境。领导创新活动正是将领导活动与外部环境连接起来的纽带，所以对于提高领导活动的绩效起着特殊重要的作用。领导创新可以提高领导者与被领导者的素质，提供新的领导方式和领导手段，改善领导关系中领导者与被领导者的关系，进而使得领导活动能够更加适应变动的环境，从而保证领导活动目标的顺利实现，不断改善和提高领导活动的绩效。

4. 在领导者与组织成员之间建立起更加融洽和谐的关系

领导活动的实质是一种影响力，领导活动中的双方——领导者与被领导者——之间是一种互相影响和互相制约的关系。这种影响力不仅来源于领导者在组织的特殊地位——领导者掌握着组织的资源分配的权力，而且来源于领导者自身的素质，最重要的也是最为关键的在于被领导者对于这种影响力的认同和接受程度。没有这种认同和接受领导活动是不可能顺利进行的，领导活动中的绩效提高和目标实现更是无从谈起。领导活动创新可以改变传统的僵化的领导方式，特别是领导活动创新的过程中可以积极建立和发展民主的作风和制度，鼓励所有组织成员积极参与领导创新，提出对领导活动的设想和意见，从而增强员工在领导活动中的主人翁意识，提高员工的积极性和主动性，激发领导者和被领导者的创造性，从而使得领导活动的认同程度和接受程度不断得到提高。领导者在组织领导创新的过程中，也会更加关心组织事务，关心环境变化对组织领导活动的要求，主动发掘领导活动中的问题，改变一些僵化的不合理的传统作风和领导方式，使得领导方式不断趋于合理，领导关系更加融洽。

第二节 领导创新的环境因素

环境既是对领导创新活动的约束因素,也是对创新活动的激励因素。我们既要看到有利的方面,也要看到问题和困难的方面;既要了解历史和现时的环境,又要预测和把握未来的环境。只有全方位、多层次、多角度的认识环境,才能为领导创新打下基础。

一、组织成员的创新意识与能力

领导创新不仅是领导者的问题,也是组织所包含的每一个成员的问题。因为领导关系是遍及到整个组织,涉及组织中的每个成员,没有成员的相互配合,领导创新活动就无法正常进行。

1. 领导者的创新意识

对于领导创新者来说,需要有一种高层建瓴的大局观,能够敏锐地把握环境发展的趋势,能够在纷繁复杂的现象背后找出深层次的原因,抓住问题的本质,并大胆地提出切合本组织实际的设想。比如,环境变化了,什么样的领导方式更符合新的环境的要求;员工所预期和满意的领导者应是具有什么样的素质。创新意识是建立在一定的价值基础之上,创新导向的价值观和谨慎指导向的价值观会导致两种截然不同的行为,毕竟,价值观是一切喜好、判断和行为的基础和前提。一个注重未来和发展的人会时刻把眼光投向未来,注重创新及其应用,以适应未来环境的要求;一个惧怕风险的人肯定会选择最稳妥的工作方式,尽量维持现状,而很少考虑环境的变化因素,不管这样是否会有效率,或者能否适应未来的环境。

任何组织的领导者由于在组织中的核心地位,以及掌握的资源,必然在创新活动中居于主导地位。领导者的创新意识和素质对整个创新活动的成败具有关键的作用。

2. 组织成员的创新素质和能力结构

知识是创造力的基础,领导创新需要知识创新,需要知识的储备和积累。因此组织成员必须具备一定的文化知识素质以及关于组织有关业务活动的技能,特别是关于领导活动的业务知识与对其的熟悉程度。个体的综合素质决定了个人在领导创新方面会有多大的能力和行为。从集体的角度来看,组织整体创新能力和素质不仅仅是每个个体的素质与能力的简单相加。创新需要多种类的知识和学科的交叉与碰撞,组织成员需要掌握不同门类、学科背景的知识和技能,并且需要处于一种合理的互补状态。另外这种整体创新能力还取决于组织成员之间的智力结构、组织文化、组织制度、组织结构、领导者与被领导者的关系结构等种种因素。

二、组织文化

组织文化是组织所有成员的价值观、信念、理想的结晶和升华。敢于尝试、不断进取的创新文化不同于僵化保守的组织文化,而两种文化对创新活动的影响是截然不同的。

因此，塑造积极进取的组织文化，建立整体的创新氛围，是领导创新必不可少的文化环境因素。

（1）创新中领导者的作用

在领导方式上，领导的观念应包括：领导者平易近人，提出明确的使命，使下属有明确的目标和掌握实现目标的手段。在创新导向的环境中，领导者应做出表率，不断进取，鼓励尝试，并通过与员工的接触和交流，鼓励员工大胆创新，从而有利地促进创新文化的形成。

（2）创新的文化需要正确地对待失败

创新是一个高风险高收益并存的过程，期间也充满着失败的风险。创新过程中必然要正确地对待失败的问题。必须认识到失败对于创新来说是正常的，也是必需的。失败并不一定意味着不可挽回的损失。只有允许失败，甚至支持和鼓励失败，才能在组织范围内塑造起全面创新的氛围，鼓励与动员员工的创新积极性、主动性。一味地强调避免失败，甚至对失败者冷眼相待，严加惩罚，只会助长组织内保守、僵化的文化。虽然这样可以导致员工行为的谨慎，一定程度上减少眼前的失败及其带来的损失，但是从长远看，在变动的环境面前，组织表现出来的僵化和不适应才是更大的风险和难以弥补的损失。"无过便是功"的观念是创新活动的思想障碍。当然，需要指出的是，鼓励创新、允许失败，并不是允许和鼓励不讲规律的实际情况的蛮干和不负责任的行为。只有从失败中总结经验、吸取教训，修正原有的创新想法和方案，才能不断地将创新引向成功。在此过程中，对创新过程进行反馈和控制，及时地调整和改变，也是减少损失，减轻创新活动对组合带来的影响和冲击的有效方法。

（3）营造良好的创新氛围

创新的文化可以营造一个好的创新氛围，好的创新氛围可以促进人的思维活跃，产生更多的想法和创意。不好的氛围不仅损害了人的积极性，也会禁锢人的思维，僵化人的思想，导致思路的堵塞和行动的迟缓。要让创新的氛围时刻弥漫于组织的每个角落，影响到组织的每个成员，让每个成员都明确那种不思进取、安于本分或者创新方面无所作为的人是不受欢迎的。所以可以采取一些措施，诸如让各部门经理在一个必须受到限制的明确范围内拥有按自己的方法实施管理的自由；努力在严格控制与灵活性之间寻求一种平衡，谋求最佳的控制效果；强调全员参与，不仅各个管理层的成员有一种强烈的责任感和参与感，而且通过各种途径培养员工的责任感和参与感等手段营造良好的氛围。

三、组织的制度

组织的制度是组织运行的构架和基础，规定了组织运行的基本方面，包括工作制度、责任制度、奖惩制度等。工作制度规定了一个组织的日常管理的方方面面，比如信息的收集和处理、数据采集、统计归档、工作流程、岗位规则、岗位职责标准等，反映了一个组织的管理情况。只有管理良好的组织，才可能为创新提供组织基础，同时也为创新提供及时而准确的信息和数据资料，推动创新的顺利进行。

奖惩制度是对创新活动有着重要影响的组织制度之一。为了满足个人的自我实现和成就的需要，就必须对创新者的劳动成果及其辛苦努力给予承认，以及公正的评价、合理的报酬。奖惩会对创新活动有着强烈的导向性。对于不犯错误的奖励和纵容的是僵化、不思进取，对于风险的容许和对创新行为成果的高评价将会在组织内促进创新的繁荣。我国传统的领导体制以及奖惩、升迁制度，是导致"但求无过，不求无功"思想的重要制度原因。建立合理的奖惩制度应注意以下几点。

(1) 及时奖惩，事因明确

有功就奖，有问题就罚，并且指出问题所在，让被奖惩者知道制度奖励是对自己创新行为的鼓励，惩罚是由于自己的创新不力和不思进取。

(2) 奖惩明确、公正

奖惩结果和措施要在组织内明确公开，暗箱操作只会带来不公正的现象，引起组织成员的猜疑和不满情绪。让每个组织成员明确奖惩的结果和原因，会让每个组织成员指导创新行为是被鼓励的，被奖励者也会以模范作用激发创新的热情和主动性，对因循守旧的行为也是一种鞭策。公正的奖惩能促进组织成员之间的竞争，从而激发每个个体的创新动力，促进创新的想法和方案的不断产生。另外，创新也是一种集体力量的结合。集体力量可以凝聚具有不同的知识和能力背景的个人，发挥协同效应，放大创新成果。为此，也要多对集体的创新行为进行奖励，充分肯定集体的力量。对集体的奖励可以避免奖励或者分配时的不公正和偏差现象，防止过度竞争产生的破坏合作、互相封闭的现象。

(3) 物质奖励和精神奖励相结合

根据马斯洛的需要层次理论，人不仅有生理物质方面的需要，还有自我实现与成就等更高层次的需要。因此，物质利益是基础，这既是对个人努力付出的报酬，也是用于满足个人利益、个人发展以及持续创新的需要。但物质奖励不是唯一的方式，甚至在很多情况下都不是最有效的方式。当创新者满足生理和物质方面的需求，有了一定的物质基础后，所追求的便是更高层次的自我成就的需要，而精神奖励可以给予创新者以荣誉感和更大的心理满足。

(4) 注意奖惩的导向性

如果奖励的是"不犯错误"的人，惩罚的是"失败和错误所带来的损失"的人，必然会打击组织内的创新气氛。因此，组织不仅应鼓励提供创新成果，产生贡献的组织成员及其创新行为，对那些积极致力于创新活动但暂时没有成果产生，甚至出现暂时挫折的组织成员也应该肯定和鼓励，只要是参与了创新的过程的成员都是值得奖励的。这样，每个成员都会积极投身于创新和尝试，这会在组织内产生我们所希望看到的创新氛围和创新局面。

四、组织的结构和资源

1. 组织的机构

所谓组织结构是在组织理论的指导下，经过组织设计，由组织要素相互联接而成的相对稳定的结构模式。组织结构描述组织的框架体系。组织也是由结构来决定其形状。组织结构可以被分解为三种成分：复杂性、正规化和集权化。复杂性指的是组织分化的程度。正规化是指组织依靠规则和程序引导员工行为的程度。集权化考虑决策制定权力的分布。在一些组织中，决策是高度集中的；而在另外的一些组织中，决策权力被授予下层人员，这被称作分权化。组织结构通常包括组织结构人员的职责、权限和相互关系的安排，组织结构人员的安排通常是有序的，组织结构的正式表述通常在质量手册或项目的质量计划中提供，组织结构的范围可包括有关与外部组织的接口。

一般地说，当有两个或两个以上的人，为了既定的目标而自觉地协调其活动时，就形成了一个正式组织。人员与组织的关系就好像一辆汽车上驾驶员和乘客与汽车本身的关系一样。如果我们想改进汽车的效能使其达到它的目标，即使它成为迅速、安全而且舒适的交通工具，我们就要去做改变这的努力。例如，改进汽车的设计，使它更好地适合于可能使用它的，包括使它更能适合于它所行驶的道路的特性，改变汽车的设备或者调整它的某些机械特点等。汽车的设计总是根据对使用它的人和使用它的环境的特点的预测来进行。这种对汽车的各种改善与调整恰如人们对组织结构的调整一样，只不过一个具体，一个不具体罢了。

组织结构是否合理，对于组织的发展与生存起着至关重要的作用。有人曾这样说，组织结构的重要性仅次于组织最高领导人的挑选。对于各层管理人员来说，在一个结构设计良好的组织中工作，能保持较高的效率，并且能充分显示其才能；而在一个结构紊乱，职责不明的组织工作，其工作绩效就很难保持在一个较高的状态了。结果往往变成：由于职责不清，管理人员无所适从，对组织产生失望乃至不满情绪，最终是组织效率低下，人员纷纷离开。因此，适当的组织结构可以使组织的各项业务活动更顺利地进行，可以减少矛盾与摩擦，避免不必要的无休止的协调，也才能提高公司的效率。

因此，组织结构就是组织各构成部分以及部分之间的相互关系。这就是说，公司组织结构首先是由各个部分构成的，各部分的划分是基于公司的目标之上，即把要完成的任务划分和安排成几个可以管理的部分。通常用来表述分析、划分和工作安排为几个可以管理的部分的这一过程称作"部门化"。其次，与公司组织结构关系密切的是所谓"管理的跨度"。亦就是公司总管所能管理部门的数量，及各部门负责人所能下辖的人员数量。第三，现在大多数公司所存在的各种各样的委员会。

组织的结构形态对领导活动有着重要的影响。对领导创新来说，有机式结构更加适宜。由于有机式结构的集权化、正规化、程序化的程度较低，而且结构扁平，可以提高组织的灵活性、应变能力和跨越职能协调能力，使得创新更加容易开展。在扁平组织中，个人之间、各职能部门之间的沟通更加密切，委员会、任务小组、团队的形式得到大量采用，协调、沟通、合作更加频繁，不仅给领导活动的变革带来压力，也为创新提供了组织条件。

2. 组织的资源

组织资源是组织拥有的，或者可以直接控制和运用的各种要素，这些要素既是组织运行和发展所必需的，又是通过管理活动的配置整合，能够起到增值的作用，为组织及其成员带来利益。组织资源有有限性、客观性、可控性的特点。

(1) 组织资源类型

按照组织资源的内容,我们可以把组织的重要资源分为人力资源、关系资源、信息资源、金融资源、形象资源和物质资源六大类。从组织角度来看,人力资源是那些属于组织成员、为组织工作的各种人员的总和。进一步说,人力资源是指组织成员所蕴藏的知识、能力、技能以及他们的协作力和创造力。关系资源是组织与其各类公众良好而广泛的联系,组织的关系资源也决定了组织的舆论状态和形象状态,它们构成了组织最重要的的无形资源。从信息的流向来看,信息资源可以分为"外部内向"和"内部外向"两种信息资源。"外部内向"信息资源是指组织所了解、掌握的,对组织有用的各种外部环境信息。"内部外向"信息资源是指组织的历史、传统、社会贡献、核心竞争能力、信用等信息。这些信息为外界所了解,就会转化为组织谋求发展的重要条件。金融资源是指拥有的资本和资金。金融资源最直接地显示了组织的实力,其最大的特点在于它能够方便地转化为其他资源,也就是说它可以被用来购买物质资源和人力资源等。组织形象是社会公众对组织的总看法和总评价,组织形象有其内涵和外显两大方面,良好组织形象应该是内外统一的,这些是组织的形象资源。物质资源包括组织拥有的土地、建筑物、设施、机器、原材料、产品、办公用品,等等。一般来讲,物质资源是可以直接用货币单位来计量的。

按资源的表现形态,组织资源可以分为有形资源和无形资源两大类。有形资源通常是指那些具有一定实物、实体形态的资源。如组织来以存在和发展的自然资源以及建筑物、机器设备、实物产品、资金等。无形资源是指那些不具有实物、实体形态的资源。组织赖以存在和发展的社会人文资源就是无形资源。典型的如信息资源、关系资源、权利资源等。

(2) 组织的资源是创新的重要基础

组织的资源也是创新的重要基础。拥有丰富资源的组织可以集中调动更多的人力、物力、智力等组织资源,其从组织外吸取资源的能力也更强,对创新失败带来的风险和损失也会有更强的承受能力。创新过程需要消耗大量的资源,特别是智力资源在创新中的作用格外重要,没有丰富的可利用的资源,以及合理的资源结构作为保障和支持,创新便无从谈起。

五、参与式的组织管理

参与式管理就是调动所有组织成员的积极性和创造性,共同参与组织领导活动与日常管理活动,将集体的智慧和力量进行集中和放大,以推动创新活动的开展。领导效能的一个标准就是领导者能将集体的能量和外界的力量调动和发挥的程度。

(1) 参与式管理可以为创新提供良好的环境支持

通过创造一个人性化的工作环境和鼓励创造性思维发挥的氛围,让每个组织成员都感受到本职工作的好坏是与组织的兴衰发展紧密联系在一起的,激发每个人的主人翁意识,满足成员的自我实现的成就意识。给予组织成员参与管理和领导活动的机会,会让组织成员有种被信任和被尊重的感觉,对领导活动及领导者产生一种很积极的肯定和认同态度。归属感的增强将会把人从封闭状态中解放出来,增强与领导者以及其他成员之间的交流和沟通。从而使得组织者增强对工作的投入。此外,信息的交流与沟通会促进新的产生和方案的制定,大大加快创新的进程。

(2) 参与式管理需要领导者对组织成员的发展提供支持和教育

领导者应该给予被领导者充分的尊重,通过举行讲座、培训,以及加强沟通、交流、现场指导等方式,帮助员工不断提高能力和素质。而创新正是一项智力资源消耗性的活动,组织知识资源的获取与积累是创新的基本条件。

(3) 参与式管理需要将权力和责任相结合

不同的领导方式也是在不同的权力分配状态之间的选择和取舍。参与式管理意味着一定程度上的权力下放和分散。权力过度集中在领导者手中,影响的是组织成员的积极性和创造性,参与管理也就无从谈起。权力过于分散,也可能造成组织的混乱和无序。因此,既要给予员工一定的参与权力,又必须明确员工在行使权力的过程中所应承担的责任,使员工的主动性和责任感、使命感相结合。

(4) 参与式的范围广泛

参与式的范围不仅可以包括本组织内的员工,也可以借用"外脑"将范围扩大到组织外的人员,这是对外部资源特别是智力资源吸收和利用的有效方式。

(5) 参与式管理需要以自我管理为基础

自我管理是个人能动地对自身事物进行管理,通过以自我对象的全面管理,做到自我约束、自我激励、自我发展。自我管理不是放任自由,也不是按固定的程序和模式去套用,将自身束缚起来。而要以环境的需要为前提,通过满足社会、组织对个人的期望和要求,来实现个体的个性发展。善于自我管理的人可以更好地与别人进行协作,更好地参与组织的事务,独特的个性才会得到发展和应用。而个性对于创新是有着重要意义的。

总之,领导者和组织员工面临共同的使命和目标,分担组织的任务,共同承担组织面临的风险,共同解决组织发展中的问题,可以在组织内创造一种不断进取和创新的氛围,从而成为领导创新开展的基础性条件。

六、创新中领导者的素质

领导在于创新,创新需要领导。创新是运用新思维、新途径、新方法、新技术,确立和追求组织目标的创造性活动和过程,以及实现最终结果所需要的能力素质。创新是一个组织生生不息的不竭动力,创新素质对一个领导者来说尤为重要。领导者在组织结构中处于特殊关键的地位,领导者掌握着更多的资源,拥有在组织内进行资源分配的权力,是组织的决策中心,以及信息处理中心。正因为对资源掌握的这种不对称性,使得领导者在组织创新和活动中起着主导作用。领导者的素质和能力也将在很大程度上决定着创新活动的成效。在建设创新型国家,实现自主创新的大背景下,提升领导者的创新素质刻不容缓。

1. 心理素质

心理素质是领导者的心理活动过程和个性特征表现出来的持久而稳定的基本特点。心理活动过程包括人的认知活动、情感活动、意念活动;个性特征包括人的爱好、性格、气质、兴趣、信念等。心理素质影响着人的价值观和思维模式的形成,并且直接决定着人们的行为方式。创新型的领导者必须具备以下的几种心理素质。

(1) 意志力

意志力，指贯穿活动始终的一种向往、执着的心态，主要表现在意志的独立性、坚持性、自觉性和自制力上。毅力及恒心是领导者对创新工作的热爱和关注，毅力强弱往往取决于创新激情的持久性。意志力强，创新才能实现最终的结果。

美国管理学家威尔德在对90多名美国最高级领导人研究之后，发现他们有许多共同点，其中之一就是顽强的意志。"有效的领导者还必定具有献身精神和坚持不懈的作风。我所研究的人们都能'吊死在一棵树上'。使用'吊死在一棵树上'这样的话或许有些粗俗，不过它能表达我的意思。"创新需要毅力，毅力是创新的有力保证。

创新的过程中充满了不坚定性，会有许多意想不到的问题产生，损失和周围群众的不理解也会贯穿整个过程。坚强的意志，将有利于创新的领导者排除各种主客观因素的干扰，将已开始的创新自始自终地贯彻坚持下去，这既表现为一种坚持不放弃的决心和韧性，也是在这种支配下的行为。如果没有这种意志，在创新未取得成功之前，在暂时的挫折和损失发生时，在外界的不理解和舆论压力面前，创新工作可能会半途而废。

有坚强意志的领导能够为了目标的实现，严格自制，既不盲目随波逐流，坚定走自己的路的信念，也能抵御外界的干扰、压力和诱惑。

(2) 决断力

舍与得是领导者日常决策之事，利与害也是领导者每天要权衡之事。决断体现在创新的领导者善于选择时机，勇于承担责任，一旦有了创新想法和方案后，迅速做出决策并付诸实施。创新成功的一个重要因素是时间性，一旦错过最佳时机就会失去时效性，不适应变化了的环境，增加了创新的风险性。因此，具有果断能力的领导。才会在机遇出现时及时做出决策，当机立断，不犹豫、不拖延。缺乏果断性的领导只会优柔寡断，瞻前顾后，等到方案研究结束了，环境也变了，从而延误时机，给组织带来不必要的损失。

(3) 乐观自信

乐观是在任何情况下都乐观豁达，情绪饱满，在逆境中泰然处之，不悲观消极。特别是创新从开始到成功需要付出较长时间的努力，在这样的过程中可能屡次遭受失败的打击，得不到别人的理解和支持。唯有忍耐和乐观，才能坚持不懈，最终走向成功。领导者对自己的能力、对自己所开展的创新活动不仅要乐观，还要抱有充分的信心。相信自己的判断，坚持自己的决策。遇到挫折打击时，不会产生动摇或对自身能力产生怀疑，从而一蹶不振，缩手缩脚。只有自信的人才会有坚强的毅力、开朗的性格和不断尝试的勇气。

(4) 自知能力

只有具有自知之明，才能准确了解和掌握自己的长处和短处，对自己的特点和地位有正确的判断，从而扬长避短，发挥自身的特长。特别是领导者，由于在组织中身居高位，掌握资源配置的权限，只有做到自知，才能谦虚谨慎，正确对待自己的地位和权力。要做到有了荣誉保持清醒，有了成绩不贪功，有了过错不推诿。也只有自知，才能正确对待别人，不以个人好恶待人，吸取别人的长处，改正自身的缺点，在合作中共同发展。

2. 优秀品德

高尚的品德，是人生的桂冠与荣誉，是一个人的人格与品格的表现；高尚的品德，是人生的财富，而且是任何物质财富不能与之媲美的财富。也许我们会发现，有些人并没有值得人崇拜的才华,但却受到一种灼灼生辉的人格魅力。这种人格魅力是不能与实际能力和才华相提并论的。创新中的领导者一般都具有优秀的品德,这种人格魅力去刺激、激励和推动其他人勤奋工作。对下属有某种情感号召力,可以鲜明地拥护某种达成共识的观念,激励他们的工作方向。

(1) 进取精神

积极进取、敢于拼搏是从事开拓性创新工作的基本条件。积极进取,表现为不安于现状,不因循守旧,同时还要敢于向风险挑战,不惧怕失败。陶醉、满足过去是和创新精神格格不入的,指挥导致停滞不前。

(2) 责任感

只有重视和关心组织发展和自所从事的工作,才会有积极和热情去研究组织和领导活动的现状,才会有迫切去改变现状的愿望。如果不把组织当做自己的家,把领导活动当做自己的事业,领导者是不大可能付出艰辛的劳动,也不会冒险从事创新活动。责任感,是领导者价值观、人生观的反映,也是力量和毅力的源泉。同时,具有强烈责任感的领导者必将带动和鼓舞组织成员的干劲,增强组织的凝聚力。

(3) 勤奋好学

创新型领导者要有强烈的求知欲,对周围事物保持好奇心和探索欲,对追寻事物的本质有着浓厚的兴趣,进而深入思考组织中发生的问题,不断产生新的创意。创新是一种智力和知识资源大量消耗的过程,没有知识的积累和交叉融合,是不可能实现的。勤奋好学使领导者能够跟上知识的发展、技术进步的不发,掌握最新的科学技术知识。

(4) 科学和民主的作风和态度

科学意味着要理智,创新是一种尝试,但不是蛮干。科学的态度建立在信息、知识和创意积累,以及对客观规律尊重的基础上。科学也表现为诚实地对待现状,不弄虚作假,不投机取巧。创新是一种有着自身规律的科学实践活动,是来不得半点虚假和马虎的,违背规律,必然会受到规律的惩罚。

创新活动是一项集体智慧和力量结合的过程,广泛参与是重要的保证。具有民主品质的领导者不会只顾追求自己的地位、利益和权利。民主是充分相信组织成员,鼓舞组织成员积极参与,在创新活动中广征博采,集思广益,集中群众的智慧形成切实可行的创意方案。民主的领导者可以激发组织成员的想象力和创造力,开阔视野,激发思路,调动全体组织成员的主动性和积极性。民主才能将众人的力量集中在一起,增强组织的凝聚力。

3. 富有远见

创新是对未来的探索和预测,领导者的分析判断、预测想象力会使他有着超越一般人的洞察能力,这是创新活动的思维意识基础。

(1) 大局意识

处理问题的时候要自觉地把问题置于大局之下,妥善地处理好全面利益与局部利益的关系,从领导活动的实际出发,确定服务大局的内容和重点,找准服务大局的切入点和着力点,真正做到主动服务、自觉服务、全面服务。领导者要对整个组织负责,因而其思维出发点必须是组织整体,而不能以个人、小集体或部门出发。思维方式应是一种系统的全方位思维方式,能从局部看到整体,从现象看到本质。

(2) 敏锐的洞察力

洞察力是在仔细观察的基础上,找出事物的内在本质的能力。敏锐的洞察力能够及时找出实际存在与理想模式之间的差距,能洞察到别人没有注意到的情况和细节,能不断发现人的潜在需要和潜能,并在领导活动中巧妙地加以运用。因此,敏锐的洞察力是领导者应当努力加以培养的一种能力。在培养洞察力的时候,要有目的有计划地进行。因为观察的主动性状况直接影响观察的效果。人们总是记住那些自己感兴趣的时间和细节,因此,在观察时要确定观察的目的、观察的步骤和任务,在观察时按部就班地进行。这样才能做到周密地观察,获取的信息才能有效准确和完整,对于决策才具有参考性。在观察时,要排除一切主管因素,不能先入为主,带有任何成见或者是偏见。要保证尊重客观现实,真实反映事物的本来面目,这是确保观察具有价值的唯一标准。在观察事物和现象时,要做到全面、细致,切不可以偏概全。要善于发现那些不明显而又意义重大的细节,因为这些细节的忽略又可能掩盖事实的真相,从而影响决策的正确性。因此,洞察力的高低通常在于对细节的掌握程度。

(3) 丰富的想象力

想象力是对人脑已有的表象进行加工、改变建立新形象的能力。人脑在反映客观世界时,不仅能产生表象,而且还能形成新的形象。想象不是凭空产生的,而是在实践活动中,在已有表象的基础上形成的。无论想象的内容如何新奇,仍然来源于客观现实。想象包括再造想象和创造想象,再造想象是根据语言的描述和图样的示意,在人脑中形成新形象的过程。创造想象是不依赖于现成的描述,在头脑里独立的创造新形象的过程。创造想象离不开再造想象,再造想象是创造想象的基础。创造想象的基本特点是想象新颖并具有开创性。创造想象对领导者来说是极为重要的,因为领导者必须具有创新精神和创造性行为,领导业绩才能出色。想象是人们在知识积累、信息收集的基础上,通过对事物表象的分析,借助归纳法、演绎法,通过大脑一系列思维改造活动,凭借联想、设想,建立新的事物表象的心理活动过程。想象也是人类发现新事物、揭示新理论、发明新技术等一切创新活动的摇篮。想象枯竭了,创新活动也就停止了。想象为从现在跳跃到未来的创新插上了翅膀。

(4) 思维的能力

恩格斯说,人类思维是"地球上最美丽的花朵",而创新思维是其中最璀璨的一枝。创新不仅仅是要解决眼前的组织问题,更是为了组织更好地适应未来环境的变动所做的准备。这种思维应是动态的、跳跃性的。要在准确分析预测的基础上,将注意力集中在环境的变动及其趋势上,而不是为了眼前组织烦琐复杂的问题而疲于奔命,耗费精力。创新是组织的希望,创新离不开充满生机与活力的创新思维。如果说创新是时代发展进步的灵魂,那么创新思维就是创新的基本前提和必要条件。

(5) 对最新知识、信息的掌握和及时更新

创新来源于知识的积累,不断学习最新的知识,并加以融汇综合,可以对旧的想法和认识产生冲击和替代,从而提出更具创造性、突破性的设想和创意。创新来自多学科的融合、新旧观念的碰撞。

4. 创新的能力

创新能力是领导者在组织和自己所从事的领导领域中善于敏锐地观察现有事物的缺陷,准确地捕捉新事物的萌芽,在此基础上通过分析、判断和推理,推出大胆新颖的推测和设想(即创意),然后进行周密的论证,拿出可行的方案来付诸实施的能力。创新能力包括对组织的创新,对技术的创新、产品的创新和观念的创新,这些创新能力是领导者带领组织走向成功的关键。创新能力是领导者综合素质在创新活动中的应用和体现,表现为领导者通过领导活动的调查和了解,善于找出其中存在的问题,把握环境的变化及其趋势,提出具有创造性和突破性的设想,并将其顺利付诸于实践,并且在其过程中能够排除一切干扰的能力。是否具有创新能力决定了领导者从事领导创新活动能够取得多大的收效。

(1) 创意能力

创意能力是运用创造性思维,提出突破性想法的能力。它包括:对环境有着敏锐的洞察力,及时发现组织实际运行过程中的问题,决策被别人忽视的情况和细节,并把握环境发展的规律和趋势;能够辩证和系统地思考,对事物有着大局观,善于从不同角度分析问题、解决问题;不盲从,不随波逐流,坚定自己的观点和主张。看事物要从别人忽略的角度出发,敢于向一般大众观念和权威发出挑战。

(2) 应变能力

创新是充满着风险和不确定型的过程。环境的变化是纷繁复杂的,也越来越呈现出一种加速度的趋势。在不断变化的环境面前,原有的方案、计划往往遇到意想不到的问题和局面,进而出现诸多困难和不适应性。应变能力表现为领导者迅速地把握环境中的变动因素,及时采取措施,调整运行组织的运行和创新的过程,是一种快速应对能力。应变能力主要表现在:

当环境变化时,敏锐地觉察出变化的因素和趋势,以及组织面对新环境表现出的不适应,及时将其转变为创新活动的压力和动力,以变化为契机,发动一轮轮的创新;在预料不到的环境面前,要善于找出应对之策,及时修正方案或调整方案的实施和操作,而不要盲目坚持,得以顺利实施;在纷繁复杂的变动过程中始终保持清醒的头脑,有明确的方向感,目标感。保证在创新过程中不断完善方案,使得其在变动的环境下,能够实现既定的创新目标,这是一个动态的调整、控制过程。

(3) 应用能力

创新最重要的是在于应用,如果创新成果不能转化为现实的收获,再有创意的想法也不会产生产生任何作用。应用能力就是领导者将最初的想法、创意转化为具体得、可操作的、切合实际的创新方案的能力。

应用需要领导者熟悉组织的现状,掌握领导活动的程序和规则,懂得领导的艺术,并有着丰富的领导工作的经验和技巧。

领导者需要综合、吸收、容纳组织成员的各种创意、意见和设想,将其中各种合理的成分系统地综合成一个方案。对方案进行不断改造、重新组合,根据实际情况进行不断地调整,形成新的方案,并在其中融入新的因素和新的意见,将其迅速地付诸实施。

创新需要组织投入大量的人力、物力、财力和智力的资源,领导者要能统筹大局,合理科学地配置资源,特别是对人力资源的安排和使用,这需要领导者具有相当的组织协调能力。具有组织协调能力的领导者可以将集体的力量凝聚在一起，形成一个充满活动的创新团队，将集体智慧协同放大，还可以保证资源在适当的时候供应到合适的位置，避免创新过程和组织运行过程中出现的无序和紊乱。组织协调能力可以使领导者将个人、单位、组织各自不同的目标协调在一起，使个人与组织的运行目的和方向上保持一致。

（4）学习能力

创新对领导者的知识结构和全面素质提出了新的更高的要求。这就需要领导者不仅要具有坚实的理论基础，而且需要获取信息与知识的各种方法与技能，如熟练应用电脑的技能。通过不断地掌握最新的知识和信息，为创新奠定坚实的理论基础。所以，领导者要不断研究学习方法与学习技巧，养成终身学习的习惯。

领导者不但要要有不断获取最新知识的愿望，还要有吸收、转化和综合这些不同门类知识的实际能力，这是领导者学习能力的体现。学习能力表现为认知能力，是对周围未知世界的探索进而认识和理解世界的能力。学习能力表现为对知识的获取能力，知识的获取要做到广泛、全面。学习能力也表现为归纳、总结、开拓、发展知识的能力，能够将知识准确无误地表达和传递。学习能力也体现为对已经获取的知识不断创新，将具有不同背景、不同门类的知识交叉融合，继而提出新的开拓性的观念和创意。

第三节　领导创新程序

创新是对新事务的探索，是一种首创性、开拓性的尝试。在这个过程中，不仅没有现成的资料和经验可以查询和借鉴，而且领导创新要打破原有的领导关系、领导制度，摒弃原来的领导方法，是一种"破坏性"和"重塑性"相结合的过程。因此，不可能也没有必要在创新之前开始精心设计出一套事无巨细的程序和步骤，然后去严格恪守这些设计精良的程序和规则。摸着石头过河的开拓性尝试是创新活动的常见形态。但是，领导创新也是一种科学性的活动。人们可以从成千上万的不同内容、不同性质、不同形态的创新活动中总结出一般性的规律，使得领导创新仍有一定的程序可以遵循。

一、环境的分析

领导活动是在组织内外部环境的约束下展开的，好的领导必然是适应环境的领导，因为领导创新也首先要从对环境的分析与预测开始。在环境分析中要将环境中所有代表过去、现在及未来的要素进行对比分析，从中敏锐地察觉出环境的变化。

在几乎所有的案例中，领导创新的动机都源于对组织现状的不满：或是组织遇到危机，领导活动中感意外事件的发生或问题的出现。比如领导者与组织成员的关系陷入一种对抗状态，领导活动的既定目标未能实现，原来的领导方式降低了整个组织的喜爱率或者打击了组织成员的士气。领导活动中效率的降低，这种减低可能产生于领导活动外部环境的变化，也可能由于领导方式方法的不合理，或者领导思维的僵化。或是外部环境变化以及新竞争者出现而形成战略型威胁，或是某些人对操作性问题产生抱怨。

问题是事务发展过程中的实际状态与理想或者预期状态之间的差距，是事务发展中的一种不协调性现象。领导活动中问题将会层出不穷,能否在纷繁复杂的问题中找出要害、抓住问题的本质,决定了环境分析能取得多大的成效。

通过环境分析找出问题后,这时的问题多是琐碎的、凌乱的,要根据问题的性质和轻重缓急对问题进行整理、归类和分析。根据主要矛盾的原则,挑选出具有战略意义,对组织领导活动全局有重大影响,对领导创新活动具有关键意义的那些问题,并以此作为创新活动的着眼点和突破口。

二、信息的处理

在环境分析中,以至在整个创新过程中,信息的处理和积累都是关键性的。在创新初期,由于没有现成的资料和经验可以借鉴,可获得的信息量是微不足道的,信息也是支离破碎、不成体系的。随着对问题的察觉和分析,新的想法的产生,调查研究活动的开展,信息会有一个加速度式增长的过程。这是,信息的积累与处理就被逐渐提上议事日程。首先,要广泛查阅、收集有关资料;其次,对各种资料进行分析处理,去粗取精、去伪存真;再次,将资料和数据进行分类、存储、传递、汇总等相关工作。在信息处理中,计算机数据库技术和互联网技术的普及和应用可以使工作更加省力且更加精确。

经过处理的信息将被用于对环境的分析和预测,对问题的判断和分析,将会帮助人们掌握环境及问题的一般规律与发展趋势。信息的积累和处理,还有助于人们不仅从定性角度加以判断,还可以从定量的角度作出分析,这将提高人们对环境把握的精确度,增强创新活动的可操作性。

三、想法的产生

创新往往起源于一点点的想法或者灵感。领导创新者的灵感可能来自其他社会体系的成功经验,也可能来自那些未经证实却非常有吸引力的新观念。

有些灵感源自管理思想家和管理宗师。1987年,Murray Wallace出任了惠灵顿保险公司的CEO。在惠灵顿危机四伏的关键时候,Wallace读到了汤姆·彼得斯的新作《混沌中的繁荣》(Thriving on Chaos)。他将书中的高度分权原则转化为一个可操作的模式,这就是人们熟知的"惠灵顿革命"。Wallace的新模式令公司的利润率大幅增长。

还有些灵感来自无关的组织和社会体系。20世纪90年代初,总部位于丹麦哥本哈根的助听器公司奥迪康推行了一种激进的组织模型:没有正式的层级和汇报关系;资源分配是围绕项目小组展开的;组织是完全开放的。几年后,奥迪康取得了巨大的利润增长。而这个灵感却来源于公司CEO——Lars Kolind——曾经参与过的美国童子军运动。Kolind说:"童子军有一种很强的志愿性。当他们集合起来,就能有效合作而不存在任何等级关系。这里也没有勾心斗角、尔虞我诈,大家目标一致。这段经历让我重视为员工设定一个明确的'意义',这种意义远远超越了养家糊口。同时,建立一个鼓励志愿行为和自我激励的体系。"

此外,有些灵感来自背景非凡的管理创新者,他们通常拥有丰富的工作经验。一个有趣的例子是ADI的经理Art Schneiderman,平衡计分卡的原型就是出自他的手笔。在斯隆管理学院攻读 MBA 课程时，Schneiderman 深受 Jay Forrester 系统动态观念的影响。加入 ADI 前，他在贝恩咨询公司做了六年的战略咨询顾问，负责贝恩在日本的质量管理项目。Schneiderman 深刻地了解日本企业，并用系统的视角看待组织的各项职能。因此当 ADI 的 CEO Ray Stata 请他为公司开发一种生产质量改进流程的时候，他很快就设计出了一整套的矩阵，涵盖了各种财务和非财务指标。

上述例子说明了一个简单的道理：推动创新进程的想法不可能是不切实际的空想，这种想法必须具有现实性，这些想法建立在对环境和领导活动中出现的问题的调查与把握的基础之上；想法有大量信息作为支撑；想法产生于组织的现实需求；想法包括所预期的目标，也包括对实现目标的各种手段和方法的设想。

想法到创新方案之间不可能是一帆风顺，一个好的想法也会遇到许多暂时性的困难而难以进行下去。这时，改变原有的思维模式，甚至将问题先搁置一旁，往往会取得意想不到的结果。领导创新也不是凭一个人的力量可以完成的，特别是在想法的产生与提出的过程中，集体的力量可以起到事半功倍的成效。对各种想法和创意应详尽地进行记录，并作为创新活动的下一阶段开展的基础。在对环境与问题的分析和预测的基础上，需要从不同的角度和途径出发，提出尽可能多的想法，以便为创新活动提供广阔的思考和选择的空间。

四、方案设计与评估

切实可行的创新方案必须包括这样的基本因素：欲达到的目标，用以实现目标的方法、手段以及对途径的设计和选择。方案的设计和选择过程起到了连接最初的可能并不成熟的设想和创新成果之间的桥梁作用。

方案以确定的目标指导创新的方向，用各种方法、手段来保证人们沿着既定的方向前进。方案建立在组织内外部对于组织领导活动的要求和设想的基础之上。从不同的想法出发，进行分析、计算论证，方案也就是对最初的想法进行的明确化、丰富化、具体化的努力。在这个过程中，需要着重考虑的是方案的合理性、可行性。看起来合理适当的想法并不一定就能导致合理科学的方案产生，方案是否可行取决于组织的现实需要、资源保方式方法的选择以及对环境的适应性等多种因素的作用。

经过对最初想法的发展和完善，会形成若干备选方案。在方案设计过程中，应注意保持方案之间的独立性。不同的方案之间应有差异性，尽可能做到从不同的角度和不同的途径出发。在此基础上，进行方案的初选，通过初步评价与选择，淘汰明显不具可行性、不符合需要的方案。通过几轮的初选，保留有限数量的方案，以进行全面、深入、系统的分析与评价。这个过程应该将慎重和果断结合起来，不要轻易删除那些具有潜在价值的方案。

对初选后留下来的方案可以做一定的修改和补充，使得方案更加具体、完善、细致。在此基础上，进行仔细的分析、比较和评估。在分析过程中，要注意：将定性和定量分析手段相结合，特别是定量手段的应用，尽量将评价指标加以量化；将成本、收益和可行性分析相结合；不仅看到近期的效果，更要给中、远期的影响以更多的重视。

与其他创新一样，领导创新也有风险巨大、回报不确定的问题，要考虑到组织的接受程度和组织成员的心里接受力。因为很多人无法理解创新的潜在收益，或者担心创新失败会对组织产生负面影响,因而会竭力抵制创新。而且,在实施之前,我们很难准确判断创新的收益是否高于成本。因此对于领导创新人员来说,一个关键阶段就是争取他人对新创意的认可。包括获得组织内部的人士的支持,以及获得"外部认可",以说明这项创新获得了独立观察者的印证。在尚且无法通过数据证明领导创新的有效性时,领导通常会寻求外部认可来促使内部变革,包括商学院的学者、咨询公司、媒体机构、行业协会等。

在此基础上,对方案的利弊得失进行比较,完成方案的优劣排序。一个满意的方案至少应符合以下一些标准:保证有充足的资源和丰富的手段去实现预期的目标;以尽可能少的代价和资源消耗实现决策目标;同样的资源消耗情况下,方案取得的效益最大;风险尽可能控制在一定的范围之内,给组织及环境的冲击最小;重视方案的新颖性,特别是有可能给领导活动带来突破性的改变。

五、领导创新的实施

经过方案的评估与选择,最终会导致这样的两种结果:一种是选定了一个最满意的创新方案,另一种是将几个方案中的创新因素加以综合、汇总,形成一个经过整理改进的综合性方案。创新的实施也就是将最终方案付诸实践的过程,也是激昂创造性想法加以落实,转变为实际成果的最具决定性意义的一步。在实施过程中,要制定好具体详细的操作方法、措施、指导原则,不能空洞无物。把领导创新的目标、方案和有关政策、细节在组织内公布,让每个组织成员做到心中有数,为了共同的目标而努力。明确地将任务、责任与权利分配给组织内每个与创新有关的成员。

领导创新需要有及时果断的实施行动,任何创新都具有相当大的不确定性和风险性。想法和方案也不可能做到万无一失,尽善尽美。由于没有以往历史中可供借鉴的经验,实施过程将会发生什么样的情况及其影响也无从预料。创新始终是与风险并存的,但这并不意味着必须等到方案十拿九稳、成熟完善之后再去付诸实施。相反,创新意味着果断、及时地行动。"没有行动的思想只会自生自灭"。环境的变化是迅速的,等待观望往往会坐失良机,等到方案在细节上完善、成熟的时候,可能原有的方案已经不能适应变化了的新的环境因素了。

当然,为了减少不确定性,避免不必要的损失,在领导创新全面开展之前,在一定范围内的试验和尝试是一种颇有成效的方式。试验可以将风险控制在一定的范围内,及早发现问题和薄弱环节,可以对整个创新过程及其结果做预先的估计和预测。但试验需要优先考虑创新活动在时间上的及时性原则。

在创新实施过程中,要重视方案的系统性原则。系统性要求将整个方案及其目标按一定的层次逐层展开。每个子系统有各自的目标、程序和任务分工,子系统之间相互配合与联系,下一层次的子系统要服从上一层次的系统。这种系统性还有一个好处,就是一旦创新的实施中出现了意想不到的问题时,可以将问题迅速界定在有限的范围,通过局部的调整和纠错来解决问题,而尽量减少给整体创新活动带来的冲击和影响,保证创新活动整体方向的可调控性。

六、领导创新的追踪

领导创新的追踪就是在整个领导创新实施过程中,通过一定的标准,将创新方案的设计执行情况与预期的状态进行对比,对收集的信息加以反馈,从而不断修改完善方案或调整方案的实际执行过程,使得执行过程在不脱离方案所允许的范围,并处于创新者可以掌握的限度之内,从而保证创新方案的顺利实施,完成预定的创新目标。

1. 创新活动的检查

领导创新不是根据方案实施就完毕的事情,还要对创新活动进行检查。检查的依据就是创新方案本身,检查的过程是把反映方案实际状态的数据和方案进行对照的过程,检查的目的是能够发现问题的所在。为此,在方案制定中,要重视方案的具体性和可操作性,特别是可量化指标的应用,以制定相应控制标准和尺度;把方案的总体目标进行分解,落实到单位和个人,便于个人在领导创新的过程中根据自己的职责、权限随时进行自我检查;制定相应的配套政策、规章制度,以制度来保证组织的合力指向方案的目标和方案的顺利开展;把有关方案的目标、规则、细节、制度等在组织内公布,让每个组织成员做到心中有数。

在方案执行过程中,由于主客观环境的变化,或者方案制定过程中的疏漏和不完备等客观原因会造成执行过程与结果同创新目标相偏离的现象。通常情况下出现问题的原因在于执行过程中人的主观失误,表现为执行者不按照方案执行,粗心大意,违反政策和程序,懈怠,失职等;方案在制定只能够考虑得不够周详,未能准确地分析环境及其发展趋势,方案本身存在许多漏洞,在执行过程中,漏洞逐渐暴露出来;环境发生了预想不到的改变,出现了预期不到的新情况、新问题。这个时候要把这些问题的信息收集起来,检查的目的就是发现问题、收集信息的过程。

2. 反馈问题

检查是发现问题、收集信息的过程,检查工作的成果是信息的收集和储备,之后就是将信息及时地进行反馈。信息反馈,就是把各种有关方案的执行情况的信息,特别是执行过程中发生问题,通过组织内的信息渠道准确、及时、连续地传递给有关责任人和决策中枢,通过组织的管理信息系统加以处理,可以使有关人员了解情况,对偏离目标的各种情况进行调整、修正、完善。

信息反馈的工作是连续的,这个过程是对创新方案执行过程中的数据采集、处理、传输,这不仅包括问题、偏差,也包括正常范围内的各种数据资料。反馈的目的是让有关人员及时把握创新执行情况,无论这种情况是正常的,还是不正常的。

信息反馈要贯穿于领导创新活动的全过程,不过在创新实施阶段更为突出和重要。在创新的初期,由于缺乏以往的历史资料、数据和经验,信息大多是一些零乱的设想和假设。随着设想的成熟和完善,信息量会呈现一个逐步增长的过程。特别是到了执行阶段,想法通过方案逐步与实践相结合并碰撞,想法和方案在实践中得到检验,信息会呈现出爆炸式的增长。信息处理与反馈的工作量也最为繁重。这个时候,创新及其方案的效果如何,是否符合客观环境和组织的要求,存在什么不合理之处和缺陷,创新目标能否实现,都会得到比较集中的反映。信息工作的成效如何,将决定着创新活动能否得到顺利进展,以及执行的结果能在多大程度上按照创新活动的方向进行,因此具有十分重要的意义。

在信息反馈中,越及早发现问题,越早将信息传递给决策中枢,越能保证方案的顺利实施,避免偏差的发展及其对组织的影响。确实可靠的信息有助于人们全面、准确地把握创新过程。信息的收集和反馈需要一切从实际出发,实事求是,有一说一。

对通过反馈反映出来的偏差和问题,可以采取的处理方式包括:由主观原因导致的偏差,要加强对创新的意义及其方案在组织内的宣传教育工作,深入现场进行指导和修正,完善有关规章制度的制定和实施,强化责任制度,明确奖惩措施;对于不完备的方案,要不断进行修改和补充,使之更加完善;在环境发生变化的情况下,有可能造成损失时,要启用备用方案、应急方案,对原方案进行大的变动;若方案被证明确实不适应环境的要求和组织的情况,应及时果断地放弃,这样可以使组织避免无畏的资源耗费以及影响组织正常运行等更大的损失。但这应建立在充足的调查研究以及资料分析的基础之上,而不应该草率行事。

在追踪的过程中,应尽量避免对方案做大范围的调整个变动,或者随意改变方案的目标和方向,以免给组织带来大波动,或者是使创新实施过程中的人们失去方向感。另外,大的变动也意味着原来方案的疏漏较多,这时需要重新审视和考虑原方案的合理性,甚至重新制定方案。领导创新是对未知的探索,对未来的预测,因此充满了不确定性。从设想到实践的过程也是一种尝试的过程。尝试必然是成功和失败的双重可能性的结合。挫折是难以避免的,也是暂时的,创新者需要有信心和毅力,将创新活动坚持下去,半途而废只会导致前功尽弃。通过不断总结经验教训,不断修正原有的想法与方案,创新才会不断推进。在此过程中,原来的想法会在不断的尝试中得到完善,新的想法也会不断涌现。

以上这些步骤构成了领导创新活动的基本程序,这是领导创新活动作为一种科学活动一般规律的反映。但是,这些步骤不是一成不变的,在实施过程中更需要的是灵活应用。需要创新活动的领导者根据具体的情境,发挥主动性,如果呆板地照搬照套,不仅违背了创新的首创精神,而且如果每个步骤都细致、严格、公式般地执行,会延误创新的时机,增加人力、财务、财力等的付出。所以灵活性和应变性的原则是领导创新过程中所要注意的两大原则。

参考文献

[1] 苏保忠主编. 领导科学与艺术. 北京:清华大学出版社,2007.
[2] 李成言编著. 现代行政领导学. 北京:北京大学出版社,2003.
[3] 邱霈恩等著. 领导创新. 北京:中共中央党校出版社,2003.
[4] 宫玉振著. 曾国藩兵法与领导艺术. 广州:广东经济出版社,2005.
[5] 吴肇基著. 领导方法与艺术. 北京:中国戏剧出版社,2001.
[6] 戈尔曼,博亚兹,麦基著. EQ高情商(21世纪的领导情商课). 向红丽,向桢译. 三亚:海南出版社,2007.
[7] 姜法奎,刘银花著. 领导科学. 大连:东北财经大学出版社,2004.
[8] 刘艳良编著. 老虎挑起了华尔兹——世界顶级CEO的成功真经. 上海:上海科学普及出版社,2005.
[9] 彭向刚主编. 领导科学. 长春:吉林大学出版社,2002.
[10] 亨利·艾伯特. 现代管理原理. 上海:商务印书馆,1986.
[11] 杨建伟,钟立功主编. 现代领导学. 广州:广东人民出版社,2005.
[12] 胡于辰,李良智,钟运动,王筱琴等编著. 企业管理学. 北京:经济管理出版社,2003.
[13] 科恩,布拉德福特著. 领导力:如何展示非权力的领导魅力. 亓晓颖,叶凯译. 北京:电子工业出版社,2007.
[14] 高伟编著. 卡耐基论领导艺术. 北京:北京燕山出版社,2007.
[15] 刘兰芬,周振林主编. 现代领导科学基础. 北京:中国经济出版社,2001.
[16] 理查德·哈格斯等著. 领导学. 第4版. 朱舟译. 北京:清华大学出版社,2005.
[17] 米歇尔·海克曼等著. 领导学. 第3版. 瑞华译. 上海:上海人民出版社,2004.
[18] 王乐夫著. 理论、实践与方法. 第3版. 广州:中山大学出版社,2006.
[19] 李成言编著. 领导学基础. 北京:中央广播电视大学出版社,2003.
[20] 曾仕强. 领导的沟通艺术. 北京:中国科学文化音像出版社,2004.